邏輯與思維談概

——陶文樓文集

陶文樓　著

序

　　邏輯是有效思維的工具，是一門「求真」的學問，它跟人們的日常思維密切相關，人們的學習、工作和生活都離不開邏輯。美國學者威爾‧杜蘭特說：「邏輯的意思，簡單說來，就是正確思維的藝術和方法。」

　　恩格斯曾經說過：「一個民族要想站在科學的最高峰，就一刻也不能沒有理論思維。」

　　我國近代啓蒙思想家嚴復指出，邏輯，「爲一切法之法，一切學之學。」

　　世界著名數學家、中國科學院院士華羅庚也對邏輯予以高度重視，他說：近代科學的突飛猛進有兩大基礎，「一個基礎是從盡可能少的假定出發，憑邏輯推理，解釋盡可能多的問題。」「另一個基礎是作系統的科學實驗。」

　　曾任中國社會科學院哲學研究所副所長兼研究室主任、中國邏輯學會會長的著名哲學家、邏輯學家金嶽霖，在 1978 年全國邏輯討論會開幕式上的講話中說：「爲了實現新時期的總任務，一定要極大地提高整個中華民族的科學文化水平，這其中也包括提高人們的邏輯思維能力。」

　　曾任中共十二大、十三大中顧委委員、常委，中國國際交流協會會長李一氓，於 1979 年 5 月 18 日與中國社會科學院邏輯工作者的談話中說，邏輯學是一門重要的學問，要搞現代化，廣大幹部都要學習邏輯，提高理論水平。全民族都要提高理論水平。

　　儘管許多著名的科學家、思想家都對邏輯學的作用給予了高

度的評價，但它距離大眾的實際生活和工作似乎太遠，總是難以接近。為了讓邏輯走出「象牙塔」，走出「冷宮」，關鍵是要進行跨學科研究。不但要用邏輯來研究與之相關的自然科學問題，而且要注重用邏輯來研究與之相關的人文社會科學問題，特別是充分發揮邏輯的社會功能。在這方面，中國邏輯學會理事、科學邏輯專業委員會與辯證邏輯專業委員會顧問、天津市邏輯學學會名譽會長陶文樓教授，就是這樣一位跨學科研究的知名學者。

《邏輯與思維談概》，是陶文樓先生的一部學術論文集，分為「科學邏輯篇」、「辯證邏輯篇」、「邏輯思維技巧篇」、「創新思維研究篇」、「書評篇」和「學哲學、用哲學篇」六大部分。

「科學邏輯篇」由 7 篇論文組成，分別對於科學發現的邏輯方法、科學驗證與科學發展的邏輯方法、科學預測的模型與方法、科學解釋的模型與方法、真理判定的邏輯方法及歸納法中的認識論問題等，不僅從理論上作出分析、論證，而且從應用上提供了操作的原則、策略、程式和方法。例如《論科學想像》一文，不僅對「科學想像」的主要特徵、功能作出了分析、論證，還提出了「仿造想像」、「因果想像」、「跳躍想像」和「複合想像」等科學想像的具體方法，以及科學想像的「合理性標準（規則）」。這對於人們在實踐中應用科學邏輯方法是很有幫助和啟發的。

「辯證邏輯篇」由 15 篇論文組成。陶先生認為，辯證邏輯是關於辯證思維的邏輯理論，是研究辯證思維形式及其規律的學說。他比較了辯證思維和抽象思維的不同；對辯證思維形式（辯證思維中的概念、判斷和推理）的由來和特點作了分析、說明；通過比較普通邏輯思想史和辯證邏輯思想史，說明了辯證邏輯與普通邏輯（傳統形式邏輯）兩者在概念、判斷和推理等思維形式上的不同，以及各自具有不同的功能和適用範圍。陶先生明確提出「任何科學都是應用辯證邏輯」的論斷，並從如何做好思想政

治工作乃至服務於中國的現代化建設出發，來闡述辯證邏輯的重要作用。陶先生的辯證邏輯研究，是對傳統形式邏輯的繼承與創新，提出了許多獨到的、很有學術價值的見解，是理論與實際的緊密結合，有力地回應了對辯證邏輯的懷疑和偏見。

「邏輯思維技巧篇」共收錄 8 篇短文。陶先生採用經典故事或典型案例，運用普通邏輯和辯證邏輯的有關原理和方法，教給人們一些邏輯思維的技巧。這一部分內容十分有趣，對邏輯科學的普及和邏輯方法的應用很有意義。

以上三個部分，在內容上既有相對的獨立性和完整性，又有一定的聯繫，可謂相得益彰。

除了研究邏輯以外，陶先生還重視研究創新思維。創新是人類社會進步的核心動力和國家興旺發達的永久動力。中國的改革開放，就是一項偉大的創新工程。中國大陸所設定的發展目標之一，就是堅定不移地走自主創新的道路，到 2020 年成為創新型國家。正是基於此種時代背景，陶先生開展了創新思維研究。

「創新思維研究篇」共收錄 10 篇論文，這些創新思維研究具有很強的現實意義。因為他結合管理決策、高等職業教育和經濟體制改革等現實問題來探討創新思維問題，尤其是對改革開放總設計師鄧小平的創新思維模式進行了探討，很多觀點均頗有啟發性。

學術的生命力在於創新。陶先生十分看重有學術價值和實用價值的創新之著，並樂於為之寫書評，以推薦給學界和讀者。該書收錄了他撰寫的 5 篇書評。陶先生寫書評，都是經過仔細閱讀原文和反覆思考，實事求是，評斷中肯。其思想性和學術性很強，有分析、論證，更有識見。

「學哲學、用哲學篇」共收錄 11 篇文章。有探討哲學理論問題的；有揭露「四人幫」詭辯術的；有對公民道德建設思考的；

有解讀鄧小平「科學技術是第一生產力」思想的等等。這些文章，從若干方面可反映出陶先生對於中國大陸思想文化建設的哲學思考。

總之，《邏輯與思維談概——陶文樓文集》是一部跨學科研究的好書，它深入淺出，信息量大，知識面廣，學術性強，體現了理論與應用、繼承與創新，普及與提高相結合的特點。雖然書中的文章出自不同的年代，且其中有些文章因受當時歷史時代的制約，其研究的內容在中國大陸當今的邏輯學研究領域已不再具有超前性，但仍然具有較高學術研究的參考價值及史料價值，尤其是細讀之後，從中可使讀者及研究者窺見到中國大陸在邏輯學方面的發展過程及學術環境狀況，對更深入地瞭解大陸學者的思想意識和學術風格具有一定的「視窗」意義和啓發意義。

我之所以願意爲陶文樓先生的這部著作寫序，並積極地向讀者推薦此書，其原因之一，就是希望人們能從中學點邏輯與思維科學的知識，爲創新思維積蓄動能。

劉明明

2014 年 6 月 18 日

（注：作序者係天津財經大學教授、天津市社會科學界聯合會社團管理專業委員會委員、天津市邏輯學學會副會長兼秘書長）

目　　錄

邏輯思維技巧篇

科學邏輯篇

論科學想像

科學想像是獲得科學發現的重要邏輯方法。愛因斯坦說得好：

> 「想像力比知識更重要，因為知識是有限的，而想像力概括著世界上的一切，推動著進步，並且是知識進化的源泉。嚴格地說，想像力是科學研究中的實在因素。」[1]

那麼，什麼是科學想像？科學想像有哪些類型？它有哪些基本特徵？怎樣進行科學想像才是有效的、合理的，科學想像的合理性標準（規則）是什麼？下面就這幾個問題，筆者談談幾點淺見。

什麼是科學想像？

所謂科學想像，有的科學家稱之為科學猜想，有的科學家稱之為科學聯想、設想。總而言之，科學想像是運用形象聯繫和抽象概括的認識活動，是依據某事物去認識新的事物的思考方法。

關於科學想像的方法，最古老的見解，可以追溯到古希臘。那時人們所運用的想像還是直觀的靜態的想像。這種直觀的靜態的想像，主要是仿造想像，把想像和記憶看成是差不多的東西。記憶就是一種靜態的想像方法，在亞里斯多德看來，想像和記憶在本質上是相同的，是直觀的靜態的東西。古希臘的畢達哥拉斯就把太陽想像成一團火，其它星球都圍繞著這團火，至於太陽是怎樣的一團火，他也只是直觀的想像而已。直到近代，還有一些科學家把想像看成直觀的，把它和記憶看成是一個東西。霍布斯說：想像和記憶原本是一件東西，由於不同方面的看法而有不同

---

[1] 《愛因斯坦文集》，卷1，頁284。

的名稱。科學想像在古代科學和近代科學那裡，主要還是「同類求新」的認識活動，即從某一事物（知識）出發，想像出另一新事物（或新知識），然而它們還是屬於近似類型的事物，只是稍有創新。但是科學從近代發展到現代，自然科學所運用的想像，既有直觀的、靜態的，又有抽象的、動態的，人們已把直觀的仿造想像和抽象的跳躍想像結合起來，現在的想像已發展到「異類求新」的階段了。

　　然而，從古到今，任何科學想像都不是「異想天開」、「胡思亂想」。科學的想像是以一定的知識背景為基礎的。沒有一定的知識背景，沒有產生這些知識的經驗事實，雖然有某種問題刺激頭腦，但想像力的能源卻是很少的。換句話說，具有豐富知識和經驗的人，比起沒有或者很少具有知識和經驗的人，更容易產生科學猜想和獨到的見解。在科學發展史上，許多著名的科學家，正因為他們具有豐富的知識和經驗，並借助於科學想像以及其它方法，才獲得了重大發現。例如著名的化學家道爾頓由於豐富的想像力而形成了原子理論。傑出的物理學家法拉第，在他的全部實驗之前和實驗之中，科學想像發揮了巨大作用，想像力推動著他的全部實驗，從而提出了電磁場理論。可見，作為一個科學家，他的力量和多產，在很大程度上都應歸功於科學想像給他的刺激和鼓舞。而他們所運用的科學想像恰恰是建立在廣博的知識和豐富的經驗之基礎上的。

　　科學想像在科學發現中具有十分重要的作用，具體表現在：

　　第一，科學想像能引導人們去認識未知層次的物質世界，在科學發現的過程中具有探索作用。

　　由於想像是一種思想方式和方法，因此它具有能動性，具有認識世界和改造世界的實際作用。在認識世界時，科學想像引導著人們去認識未知層次的物質世界，牛頓正是通過想像，發現了

萬有引力定律。萬有引力定律的作用，不僅在於解釋地球和月亮的關係，更大的作用是對於新的沒有發現的天體有預測作用，正是根據萬有引力定律，1781 年，赫歇爾才發現了天王星。後來，勒威耶才預言了海王星的存在。諸如此類的例子是不勝枚舉的。

第二，想像對提出科學假說具有突出作用。

想像的基礎是已知的理論和事實。想像的產生是這些理論和事實、事實和事實、理論和理論之間矛盾運動的結果。新的事實用舊的理論解釋不了，就要根據已知事實，提出猜想、假說，對舊事實加以闡明。想像正是以假說作為自己的理論形式而存在的。科學的想像所以能吸引著人們去認識未知層次的物質世界，這是和它所提出的假說的嚴密性及其能對未知事物作出圓滿的理論解釋分不開的。

科學研究也並非要等到客觀事物把本質充分暴露和感性材料十分豐富以後再進行加工、再去認識事物。如果科學研究要等到材料「絕對豐富」才進行，那是不可能的，也就無所謂科學研究了。於是，科學研究要依靠想像，在一定條件下，提出科學假說，為建立科學理論做準備。例如 1910 年，德國氣象學家魏格納在看地圖的時候發現，大西洋兩岸的海岸線不僅海岸線形狀相似，而且地質構造、礦物岩石、生物化石也很相似，他運用科學想像，進行猜測：距今 3 億年前，全球只有一塊大陸，四周都是汪洋大海，由於潮汐和地球自轉離心力的作用，到了距今 2 億年的時候，開始水平漂移，一漂幾千公里，成為如今的海陸面貌，這就是通過科學想像形成的「大陸漂移說」。因此科學家必須具備想像力，才能想像出肉眼觀察不到的事物如何發生，如何作用，並構思出假說來。

由於科學想像都具有聯想的性質，是從某種事物（形象物或知識）聯想到另一事物（形象物或知識）。前者我們稱之為引發物，

後者我們稱之爲創造物。隨著人們對引發物和創造物之間關係認識的深化，依據引發物和創造物之間具有不同的聯繫性質，我們試圖把科學想像區分爲從初級發展到高級的不同類型。

仿造想像

這種想像方法，是模仿引發物而設想出與其基本相似的創造物的想像方法。例如，我國清代建築設計家雷發達，在設計北京故宮太和殿之前，受各種各樣房屋，特別是南京等地的宮殿、寺廟、道觀、亭台、樓閣、寶塔等精巧建築物的啓發，開展設計故宮太和殿圖形的科學想像活動。這種想像不是在對過去見到的建築物來一個依樣畫葫蘆，而是在過去見到的建築物的感性材料中，選擇那些用得著的東西，進行仿造加工，從而創造出故宮太和殿的圖形。雷發達在這裡的設計，運用的就是仿造想像的方法。他是以各種精美的房屋爲引發物，而仿造想像出基本類似而有所創造的更精美的房屋。再如飛機設計師莫托伊斯基，他反覆觀察空中的飛鳥，仔細研究鳥飛翔的機制，並以此爲引發物，通過想像活動，構造出了新的創造物，即最初的飛機外形。莫托伊斯基在這裡運用的也是仿造想像的方法。儘管通過科學想像創造的飛機，不管是外形還是它的結構，均與原來的飛鳥都有所不同，但他們還是基本類似的東西。

仿造想像是簡單的直觀性很強的想像方法，因此還是初級的想像活動。仿造想像的手段是同類求新的思想活動，即依據某事物，想像出同類的新事物。在這種想像中，人們對引發物和創造物之間的關係的認識還是很膚淺的。運用這種想像，邏輯概括的廣度和深度也是淺窄的。這種想像，由於重於仿造，雖有創造性，但這種創造性是很有限的。爲了深入認識引發物和創造物之間的

關係或聯繫，獲得更大的創造性發現，科學還需要高一級的想像方法。

因果想像

所謂因果想像，就是依據作為結果（或原因）的引發物，發現作為原因（或結果）的創造物的想像方法。就是說，人們要依據事物之間的因果聯繫開動想像力，也就是依據一定的結果，想像出一定的原因；或者依據一定的原因，想像出一定的結果。實際上，這是尋求事物間因果聯繫的想像活動。例如，1781 年，英國天文學家威廉・赫歇爾發現了天王星，他對天王星進行仔細觀察後發現：天王星的運行軌道有些異常，它的運行軌道總是同根據牛頓的萬有引力定律計算出來的軌道不一致，有比較大的偏離。這是什麼原因造成的呢？當時，他和另外一些科學家運用科學想像，進行猜想，這種偏離可能是由於在天王星的軌道外面有一顆尚未被發現的行星的攝動作用造成的。1842 年，英國劍橋大學數學系學生亞當斯對這個問題進行了研究，設想出擾亂天王星運動的是在天王星軌道外面有一顆沒有被發現的大行星，並且計算出它的運行軌道。法國天文臺的勒威耶也在研究這個問題，1846年 9 月，勒威耶根據自己的計算把這顆行星的位置告訴了柏林天文臺的工作人員加勒。加勒在 9 月 23 日晚上，在勒威耶預言的位置附近，找到了這顆大行星——海王星。海王星的發現與應用因果想像是分不開的。

因果想像比起直觀性的仿造想像來，是進了一步的想像方法。因為這種類型的想像是在引發物和創造物之間尋找因果性的必然聯繫，邏輯概括性加強了，人們對引發物和創造物之間的關係認識得也比較深刻了。同時，因果想像的方法可以從某事物想像出異類事物，運用範圍擴大了。例如，俄國的免疫學的細胞學

說創始人梅契尼科夫發現細胞的吞噬作用能起到保護有機體不受
侵蝕的作用。他在這裡用的就是在異類事物之間求出新知的因果
想像。因此，運用這種類型的想像所取得的科學發現比較可靠，
富有更大的創造性。然而因果想像中引發物和創造物之間的關係
還是比較簡單的關係，如何在更複雜的事物之間開動想像力呢？
於是人們創造了更高一級的想像方法。

跳躍想像

所謂跳躍想像，是受某種困難或問題的刺激，在引發物的誘
發下，與靈感和直覺相結合，去認識與引發物不同類的創造物的
想像方法。例如，德國的化學家凱庫勒，在寫作他的化學教科書
時發生了困難，即苯的結構式到底是怎樣的？他受到了這個難題
的刺激，開展了他的想像活動。他說：

> 「事物進行得不順利，我的心想著別的事了。我把轉椅轉向爐邊，
> 進入半睡眠狀態，原子在我眼前飛動：長長的隊伍，變化多姿，
> 靠近了，連接起來了，一個個扭動著，回轉著，像蛇一樣，看那
> 是什麼？一條蛇咬住了自己的尾巴，在我眼前輕篾的旋轉。我從
> 電掣中驚醒。那晚我為這個假說的結果工作了整夜。」[2]

凱庫勒在這裡運用的就是跳躍想像的方法，由於他碰到了苯
環的難題而受到了刺激，以蛇咬自己的尾巴為引發物，猜想出苯
環的具體形象，當然這也是與靈感和直覺相結合所取得的結果。
凱庫勒的這個發現，是很有創造性的異類發現，從而使得有機化
學得到徹底革新。又如德國的細菌學家、化學療法的先驅艾麗希
也運用了這種類型的想像，畫出了他的「側鏈說」。

---

[2] 貝佛裡奇：《科學研究的藝術》，科學出版社，1979，頁 60。

　　跳躍想像比起仿造想像和因果想像來又前進了一大步，是更複雜更高級的想像活動。首先，這種想像是在更複雜的環境下進行的。就是說，在引發物和創造物之間存在著複雜的關係，如何從這些複雜的關係中尋找到引發物和創造物之間的必然聯繫和規律性呢？這就需要人們有很強的理論思維的概括能力。同時，引發物和創造物又是不同類的事物，要發現它們的聯繫是很不容易的。就是說，要發現引發物和創造物之間的必然聯繫，既需要豐富的知識和經驗，又需要靈感和直覺；既需要依據一定的原則去尋找它們之間的聯繫，又要重視機遇在發現這種聯繫時的作用。總之，跳躍想像所運用的手段是異類求新的思想活動，是難度較大的科學想像方法。然而它所獲得的科學發現具有更高的價值。

複合想像

　　這種想像是依據引發物和創造物之間多種聯繫的綜合而進行的想像。複合想像是多種想像方法的統一。就是說，它是仿造想像、因果想像和跳躍想像的綜合體。例如格拉茨大學藥物學教授洛伊，通過複合想像，發現了神經搏動的化學媒介作用。據說，這個發現是他在一天夜裡醒來想像到的。他的設想是這樣的：他準備了兩隻蛙心，用鹽水使其保持跳動。他刺激一隻蛙心的迷走神經，使其停止跳動，進而使他猜想到把浸泡過這只蛙心的鹽水取出來浸泡第二隻蛙心，果然如此，鹽水對第二隻蛙心的作用，同刺激迷走神經的第一隻蛙心的作用相同：搏動的肌肉停止了跳動。在這裡，洛伊運用的是仿造想像。當尋找搏動的肌肉停止跳動的原因時，又是用因果想像，最後運用跳躍想像，發現了神經搏動的化學媒介作用的普遍性，提出了科學假說，進而用實驗證明了他的理論。這就是世界各國對化學媒介作用進行大量實驗的起源。

　　複合想像是把幾種想像綜合起來運用的方法。它也是把直觀的靜態想像和抽象的動態想像結合起來運用的思考方法。它能使想像力在更大的範圍內發揮作用。能獲得綜合性的科學發現。

　　依據科學想像的不同類型，來考察一下科學想像的主要特徵：

　　第一，科學想像往往是思想具體化的認識活動。

　　凡有獨創性的科學家，他們的獨創性往往表現在發現兩個或兩個以上具體研究對象之間的複雜聯繫或相似、相異之點。在一般人看來，這些具體對象或設想並無聯繫，而唯有這些科學家獨具慧眼，能發覺它們之間的具體聯繫。他們所以能做到這一點，因為他們的思考方法不是單一的，他們不但運用抽象的思考方法，而且運用具體的思考方法。科學想像就是具體思考方法中的一種。據說，麥克斯韋在科學想像中養成了把每個問題在腦中構成具體形象的習慣；埃利希也大力提倡把設想化為圖形；凱庫勒就是通過具體形象想像出苯環的；貝爾納在研究傳染病時，把致病微生物想像為繼續生存而掙扎的物種；畢生致力於斑疹傷寒研究的津澤在想像中把疾病人格化。這就是說，想像往往具有具體性的特點，因此，抓住這一特點，是激發想像力的重要條件。

　　第二，科學想像具有思想的能動性。

　　科學想像具有能動性，首先表現在它具有思想的概括性。這種概括性又具體表現在想像過程中對各種知識、經驗進行選擇、改造、加工和創新等方面。就以瓦特通過構想單動作蒸汽機為例來看，它主要是在紐可門蒸汽機上加了一個和汽缸分離的冷凝器。就是說，他的想像，主要在於將他見到的那麼多機器所獲得知識和經驗改造加工為一個和蒸汽機汽缸分離的冷凝器。這就表現了瓦特的想像具有概括性。

　　由於想像具有概括性，所以它有對研究對象概括的認識能力。例如阿基米德從水對人體具有浮力想像到浮力定律。傳說牛

頓看見蘋果從樹枝上落到地上，就想像到月亮繞地球的運動，牛頓發現萬有引力定律是和他長期的科學研究是分不開的，但是，運用想像畢竟是他進行科學思考的重要因素。他的月球環繞地球運動的想像不僅反映了天體運動的現象，而且在一定程度上體現了天體運動的本質和規律性。

既然想像能夠認識本質和規律性，因而反過來能指導人的實踐活動。在人類改造世界的活動中發揮能動作用。例如，亨特從切斷鹿頭部一側的血液供給將會發生什麼情況的想像，發現了側支循環的存在及其擴張的可能。取得這個側支循環的本質性認識之後，發明了亨特式手術法，這就奠定了現代外科學的基礎。再如洛伊所想像的神經搏動的化學媒介作用，因此對世界各國化學媒介作用的實驗起了源頭的作用。

第三，想像和類比有密切聯繫。

科學想像（猜想、設想、聯想）之所以重要，不僅在於它能引導我們發現新的事物，而且激發我們做出新的努力，因為它使我們看到有可能產生的後果。事實是想像力賦予它生命，而想像若無推理幫助，就不能發揮有益的用途，只是想入非非或胡思亂想而已。最後，在科學想像中捕捉到的隱隱約約的想法，必須靠邏輯類比化為具體的命題和假說。

第四，想像的結果具有假設性。

在科學發現的過程中，想像雖然是靈感的源泉，但如果缺乏知識和經驗，不受到多方面的訓練，就可能釀成危險。正如有的科學家說，想像僅能使我們步入未知的黑暗世界，在那裡憑藉我們攜帶的知識的微光，可能看見某種似乎有趣的事。但是，當我們把它帶出來細加端詳的時候，往往發現它只不過是塊廢鐵，一時閃爍引起人們注意罷了。想像既是一切希望的源泉，同時也是沮喪絕望的緣由，因此，在運用想像時，要記住這一特徵。

在科學史上，雖然有一些想像是錯誤的，但是這種錯誤卻往往是正確的先導，克服了錯誤而獲得重大發現的也不乏其例。普朗克發現量子論時說，回顧最後通向發現量子論的漫長曲折的道路時，他對歌德的話記憶猶新。歌德說，人們若要有所追求，就不能不犯錯誤。有的科學家把檢驗和摒棄謬誤的速度看作測定智力技能的最佳標準，是有一定道理的。

那麼，怎樣進行科學想像才是有效的、正確的、合理的，科學想像的合理性標準（規則）是什麼呢？

第一，對於科學發現來說，同類求新和異類求新，這是進行科學想像的基本原則。

這是因為，任何類型的想像，無非是從某事物出發想像出同類的新事物，或者從某事物出發，想像出異類的新事物。前者多用仿造想像和因果想像，後者多用跳躍想像。隨著科學的突飛猛進的發展，異類求新的想像方法將發揮越來越大的作用。隨著科學研究向研究對象的廣度和深度進軍，隨著跨學科研究活動的大力發展，異類求新的思維方法使用的會越來越廣泛，它的具體表現就是跳躍想像的普遍應用。

第二，在科學想像的過程中，要充分運用提高想像成功率的有利條件。

首先，要善於提出問題，並在同類和異類事物中進行奔放的思考，進而要不斷地培養自己的科學想像力。

如何培養科學想像力呢？

一方面要注意知識和經驗的積累。科學發現的無數事實證明，在相同的條件下，如果誰的知識寶藏豐富，那麼誰產生重要猜想的可能性就越大。正如有的科學家所說，具有豐富的知識和經驗，是產生奔放的想像力的基本條件。因此，要培養想像力，就得不斷學習和積累知識和經驗。比如愛因斯坦，為了研究相對

論，曾花了 4 年多時間，專門補課學習數學和其它學科的基本知識。

　　另一方面，要廣泛進行科學討論，用以激發想像力。進行科學討論，有助於創造性思考，這是因為：一是不同的人有著不同的知識背景，大家可以從不同的角度觀察問題，提出新方法、新途徑；二是進行科學討論可以集思廣益，把大家的知識集中起來，互相補充，這樣就會有新的發現；三是通過交流思想，瞭解情況，可以減少重複性的想像。

　　最後，培養好奇心，把問題具體化，也能激發想像力。

　　總之，科學想像是科學家的翅膀，是科學發現的有力武器。要掌握這一武器，就要對它有一個自覺的認識。

發表於《辯證邏輯與科學方法論研究》，

湖北人民出版社 1984 年第 1 版

假說的驗證與假說演繹法

假說是依據已有的事實材料和科學原理對事物的現象與其規律所作的假定性解釋。這種解釋是真理還是謬誤，是需要檢驗的，這個檢驗的過程，就是所謂假說的驗證。

假說的驗證，從根本上看，是用實踐檢驗假說是否具有真理性的過程。我們確信，實踐是檢驗假說是否具有真理性的唯一標準。然而，具體的檢驗過程卻是相當複雜的，是邏輯證明和實踐檢驗結合運用的過程，需要借助科學的思維方法。關於這後一個問題，不少學者已開始研究，但與對前一個問題的研究相比，是很不夠的。本文旨在探討後一個問題。

（一）

在科學這部大詞典中，假說是多義的詞，科學家們對它的說明和分類，眾說紛紜，莫衷一是。我們依據知識性質的不同，可以相對地把假說劃分爲兩大類：一類爲經驗假說，另一類爲理論假說。

所謂經驗假說，就是根據觀察或實驗的種種結果而作出的假定性解釋。例如 1628 年，威廉・哈威宣佈了一個假說：

> 「人體中的血液循環是從心臟通過動脈，中間經過微小的毛細血管流到靜脈，再流回心臟。」

這個假說就是根據觀察和實驗提出的經驗假說。又如，波義耳從實驗資料的考察，進行概括，提出了一定質量氣體在溫度保持不變時，它的壓強（P）和體積（V）成反比的假定，這就是後來的波義耳定律。

　　所謂理論假說，是根據思維的自由創造，諸如直覺、類比、想像、抽象等對事物現象與其規律提出的假定性解釋。從這種假定性的命題能推導出其它的陳述。例如，牛頓根據蘋果落地、月球繞著地球運轉等現象，進行類比和想像，提出物體之間都具有引力的假說。再如，朗德福通過想像提出了關於熱是分子的運動的假說。

　　那麼，經驗假說與理論假說有什麼主要區別呢？

　　首先，提出假說的根據不同。經驗假說是根據可觀察的事物或事物屬性之間的某種關係而進行的概括。比如，威廉・哈威的血液循環假說。而理論假說則是根據不可直接觀察的事物或事物屬性之間的某種關係提出的，例如朗德福的熱是分子運動的假說。

　　其次，假說命題被確定的情況不同。由於經驗假說是根據可觀察的事物提出的，而表示可觀察事物或事物屬性之間關係的命題可以通過歸納概括而被確定，正像波義耳定律的命題、法拉第定律的命題被確定那樣。而理論假說是依據思維的自由創造提出的，表示理論假說的命題是經過綜合和各種不同命題的推演而被確定的，正像牛頓的萬有引力定律的命題、愛因斯坦相對論的命題被確定那樣。

　　最後，它們的檢驗情況不同。對於經驗假說，一般說來，可以通過實踐對它直接加以檢驗或間接加以檢驗。例如，關於北部灣海底岩層下有石油的假定，就可以通過實地鑽探直接加以檢驗。而對關於地球上生命起源的假說，認為地球上最初的生命是在原始大氣的條件下由 C（碳）、H（氫）、O（氧）、N（氮）等元素在化學反應的過程中合成的，就只能通過模擬實驗加以間接檢驗。

　　有些經驗假說原來只能間接檢驗，隨著實踐的發展，觀察儀器的進步，後來也能直接檢驗了。例如對於血液循環的假說，起

初威廉‧哈威只能間接地檢驗它，他研究了動物血循環的情況，觀察到藥物一旦進入病人血液，就能迅速擴大到身體的各個部分，檢查了人的肢體，發現當靜脈受壓時，肢體帶血膨脹，當動脈受壓時，血液就流空。後來有了顯微鏡，血液循環的假說就可以直接檢驗了。

然而，對於理論假說的檢驗就不那麼簡單了。嚴格地說，人們無法對理論假說直接加以檢驗。

這是因為：一方面表示理論假說的普遍性命題不是直接來源於經驗，而是經過了思維的自由創造，不能與經驗知識（觀察陳述）直接對照；另一方面，理論假說的概括範圍很廣，直接驗證十分廣泛的知識是不能辦到的。

因此，理論假說都用間接的方法加以檢驗，並要借助於假說演繹法。

（二）

假說演繹法的發明是科學研究方法不斷發展的結果。在古希臘人那裡，科學研究主要是屬於唯理論方面的，基本方法是演繹推論，研究成果的主要標誌是幾何學得到高度的發展。那時還沒有科學實驗的思想。

中世紀的宗教獨斷論使科學走上迷途。宗教獨斷論認為，從神學權威和宗教經典那裡進行演繹是人們獲得知識的最好途徑，從而使科學的發展受到阻礙，以致止步不前甚至後退了。

科學發展到近代，觀察和實驗成了起決定性作用的研究方法，從而創造了由科學事實和規律組成的嶄新的世界。在科學史上，多數史學家是把近代科學從哥白尼和伽利略生活的年代算起的。哥白尼提出了日心說，伽利略提供了近代科學以量值實驗的

方法。緊隨伽利略之後，一整代的科學家都用實驗的方法進行了
科學研究。

　　但是，不管實驗方法出現後獲得了多麼巨大的成果，它還只
是近代科學中的一種研究手段，近代科學還有另一種研究手段，
這就是用來建立科學解釋的理論演繹方法。如前所說，運用理論
演繹方法，在古希臘的科學中已經作出了貢獻，後來經過笛卡兒、
萊布尼茨和康德等人的發展，又顯示了巨大的力量。因此，只有
把理論演繹的方法和科學實驗的方法有機地結合起來，近代科學
才能變得更加有力。假說演繹法正是這兩種方法的有機綜合。

　　所謂假說演繹法，主要包括以下內容：

　　首先要提出假說，接著依據假說的基本理論觀點演繹出事實
結論（已知的和未知的）。

　　然後用觀察和實驗檢查這些事實結論，從而給予假說理論一
定程度的支持。

　　假說演繹法的最簡單、最不完全的邏輯圖式是：

因為假說　　　　　　——前提
_____
所以有觀察事實　　——結論

　　我們把由假說→有觀察事實的推理，看作演繹過程。而把由
觀察事實（主要是預測）真→假說真的推理看作歸納的過程，因
為這是用一個一個的觀察事實去支持假說成立的過程。

（三）

　　借助假說演繹法檢驗假說是一個相當複雜的過程，大致說來，
可以分作兩步進行：

　　第一，進行假說檢驗的邏輯推演，即從待檢驗假說的基本理
論觀點中引申出關於事實的結論。

　　在這裡必須注意，不能把演繹中的困難小看了。這是因為，如果只是以假說的基本理論觀點作前提，還不足以推演出關於事實的陳述，比如，受檢驗的基本理論觀點是：

　　「蜂類都是能夠進行單性生殖的」

　　僅有此前提還不足以引伸出下面的事實結論：

　　「蜜蜂是能夠進行單性生殖的」

　　還必須有陳述先行條件的前提：

　　「蜜蜂是蜂類」

　　另外，為了確認「蜜蜂是能夠進行單性生殖的」，還必須應用其它有關的生物學知識，諸如生物的生殖有兩種方式，即無性生殖和有性生殖。進行有性生殖的生物，它的生殖細胞不經過兩兩結合就單獨發育成新個體的生殖方式，叫做單性生殖。由此可見，從待檢驗假說的基本理論觀點引申出關於事實的結論，並非依據一個簡單的不完全的推理方式就能得出，而是要涉及許多相關的背景知識，並要進行必要的分析。最後才能進行如下推演：

　　「蜂類都是能夠進行單性生殖的」
　　「蜜蜂是蜂類」

　　所以，「蜜蜂是能夠進行單性生殖的」

　　由此，我們可以得到補充先行條件（其中包括背景知識）後的不完全的邏輯圖式：

　　∵假說（基本理論觀點）
　　先行條件（包括背景知識）

∴有觀察事實（關鍵是預測）

從待檢驗假說的基本理論觀點、先行條件和背景知識一起，引申出來的關於事實的結論又分兩種情況：一種是關於已知事實的說明，一種是關於未知事實的預測。對於檢驗假說來說，重要的不在前者，而在後者。只有預測未知的事實，才能使假說的理論觀點受到高度的支持和嚴格的檢驗。

要說明較複雜的已知事實或預測未知的事實，有時僅有基本理論觀點、背景知識和先行條件還不夠，還要作出一個輔助性假說來協助完成。例如威廉・赫歇爾發現了天王星以後，從對天王星的仔細觀察中發現，天王星的軌道總是同根據萬有引力定律計算出來的結果不一致，有比較大的偏離。後來，亞當斯和勒維耶先後應用萬有引力定律，從天王星的攝動預測出另一未知行星（海王星）的存在，這就是一個可以驗證萬有引力定律的輔助性假說。它既說明了已知事實——天王星運行軌道偏離的現象，又預測了未知事實——海王星的存在。

建立輔助性假說是必要的，但作出特設性假說是不允許的。比如，如果有人提出天王星的攝動是由於「天外來客控制」的結果，這就是一個特設性假說，因為它是無法通過觀察和實驗加以檢驗的。

第二，是對演繹出的事實結論進行驗證，即通過觀察實驗，檢查從假說基本理論觀點推演出的結論。

對於事實結論的驗證也是很複雜的，既可以採取經驗的直接驗證方法，也可以採取經驗的間接驗證方法。

所謂經驗的直接驗證方法是指，要檢查某個事實結論是否確實，直接與觀察實驗中所獲得的事實進行對照而加以驗證。例如托裡拆利假定：地球被一個「空氣之海」包圍著。如果如此，並且空氣又有重量，那麼在所有被「空氣之海」所淹沒的物體上都

存在著空氣的壓力。並且，這種壓力必然隨高度的不同而發生變化，即高處壓力低，低處壓力高。經過巴斯卡用水銀柱在山下和山上的反覆測量比較，從而確認了這個事實結論。

直接驗證的方法清晰明白，固然很好。然而，由於許多事情已經時過境遷，人們無法再現當時情景，因此，不得不採取經驗的間接驗證的方法。

例如著名的地質學家李四光提出的「大陸車閥說」，認為地球自轉速度在漫長的地質年代中時快時慢地變化著，這樣就推動地殼產生水平方向的運動。由此假說的基本理論觀點，自然地可以引申出下面的事實結論：

在過去的某個地質年代，地球的自轉速度曾比現在快。

顯然，這個事實結論是無法用經驗的直接驗證方法檢驗的，只能用間接的驗證方法了。例如有人發現，現在大海裡還在生長的珊瑚，它的骨骼上都要生長和留下 360 條左右的生長條紋，即每晝夜大約生長一條，而在距今 3 億年前的石炭紀的珊瑚化石中，發現有 387 條生長條紋，這就證明那時的一年大約有 387 天。這就證明了過去時代地球的自轉速度比現在快。因而，「大陸車閥說」的假定就得到了經驗的間接驗證。

（四）

對假說所做的驗證，結果不是被證偽就是被證實。但無論是證偽還是證實，其檢驗過程都是相當複雜的。

先從證偽說起。

過去人們曾有過下面簡單化的觀點，以為只要用假說的基本理論 H 為前提，用演繹法引申出事實結論 E，如果 E 假，則 H 就被否定了。他們依據的是下面演繹證偽的邏輯形式：

如果 H　則 E

非 E

所以　非 H

本來，這確實是一個具有邏輯必然性的推理形式，但用於證偽，卻是一個過於簡單化的形式。如果我們用 C 表示先行條件（包括背景知識），由於關於事實結論的推斷並不單純是只以某個理論為前提推導出來的，而是依據一組前提推導出來的，它的演繹推理形式應是：

如果 H 並且 C　則 E
非　E

所以，非 H 或非 C

這就是說，當引申出來的事實是假的時，並不能必然斷定是對 H 的證偽，其中或許假說的基本理論是假的，或許背景知識有問題。例如門捷列夫提出元素週期律以後，英國的化學家雷姆賽和瑞利發現了化學元素氬，可它在元素週期表中沒有相應的位置，這不能證偽門氏的元素週期理論，只能說明由於當時的背景知識沒有惰性元素的材料，後來的化學家的研究說明了這一點。

由此說明，假說的理論觀點有「韌性」，它可以通過修改先行條件，增加背景知識，提出不同的輔助性假說，來消化異常性事例，使自己免於被證偽。然而這種修正並不總是成功的。

假說證偽的複雜性還表現在經驗證據自身的可謬性上。這是由於觀察和實驗與諸多因素相關。任何觀察和實驗都離不開一定的觀察手段和實驗的設備，而觀察手段和實驗設備是與一定時代的科學技術水平相聯繫的，具有歷史的侷限性。同時，任何觀察和實驗既離不開觀察和實驗的對象，也離不開觀察者和實驗者。

我們知道，不同的觀察者觀察同一對象由於種種不同的原因會有很大差異。

由於不僅理論是易謬的，而且經驗事實也是可謬的，因此，當假說的基本理論和經驗事實不一致時，就不要簡單地斷定出錯的肯定是假說的基本理論，而不是觀察事實。

同樣，理論假說的證實過程也是相當複雜的。

為了驗證理論假說的真實性，首先要借助於假說演繹法。但有人以為如果一個假說的基本理論觀點 H，加上先行條件（包括背景知識）C，推演出一個事實結論 E，並且這個事實結論 E（可能包括許多事例如 e_1、e_2、e_3……e_n）經過觀察和實驗的檢驗是真的，就能證明這個理論 H 是真的了。他們依據的是下面的邏輯形式：

如果 H 並且 C，那麼 E

E（即 E 真）
_____

所以，H（即 H 真）

顯然，這是一個逆繹的推理過程，這種推理不是一個具有邏輯必然性的普遍有效的形式，所以 H 具有或然性（可真可假）。由於不少科學家經常使用它，所以人們似乎有理由認為這個形式能支持假說，或在一定程度上確認假說。

然而，這個形式也過於簡單化了，還有許多複雜問題必須引起人們的注意。在假說驗證的過程中，最嚴重的問題是：關於假說的「確認事例」概念通常是由下面的圖式定義的：

∵假說 H

先行條件 C
_____

∴預測事實 E

結論 E 真的任何例子,都被認爲是提供給假說 H 的確認事例。

下面這個圖式是有缺陷的,爲了顯示這個圖式的缺陷,我們用一個省略的假言推理的圖式表示:

∵（X）
先行條件

∴預測事實 E

如果用不同的陳述代入（X）,都能使此圖式成立,那麼這些不同的陳述都可作爲假說。若預測事實 E 真,就爲這些不同的陳述提供了「確認事例」。

事實上,對於任何一個被觀察到的事實,都有無窮多的可能假說。反過來,這個事實對於所有那些假說又成爲它們的確認事例。下面以虎克定律[3]的事例來說明:

外來拉力 50g、100g、150g……
彈簧伸長 1 吋、2 吋、3 吋……

爲了解釋這些事實,可以提出不同的假說,科學家們面對如此眾多的假說,他們應當怎麼辦?是否把每一種都驗證一番?回答是否定的。他們將根據一定的有效原則加以選擇,他們的原則是優先考慮先驗概率比較大的假說。

所謂先驗概率（又稱主觀概率）,是指在某次特定的經驗觀察之前,事先就給予所驗證假說的概率,這是研究者根據已有的知識和信息合理地給出的。

---

[3] 虎克定律的內容是:在彈性限度以內,彈簧伸長與外力成正比。

　　科學家在研究假說驗證時，總是先估計先驗概率，越是某領域有經驗的專家，越是能較正確地估計出先驗概率。估計的先驗概率越高，驗證成功的可能性就越大。那麼，什麼樣的假說先驗概率較高呢？一般說來，具有簡單性、相似性（相似於已知定律）、對稱性的假說，先驗概率較高。先驗概率被給予以後，再進行經驗觀察，獲得確認事例或新的資訊（通常是不完全的），計算出條件概率，並用貝葉斯方法對先驗概率進行修正，得出後驗概率。最後據此後驗概率，計算出期重值。（注：貝葉斯方法的公式：設有若干不相容事件 B_1、B_2、B_3……B_n 及

事件 A $P(Bi/A) = \dfrac{P(Bi)P(A/Bi)}{\sum\limits_{j=1}^{n} P(Bj)P(B/Aj)}$　　其中 P（Bi/A）為事件 A

已發生的條件下，事件 Bi 可能發生的概率，其餘類似。）

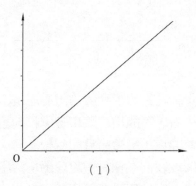

（1）

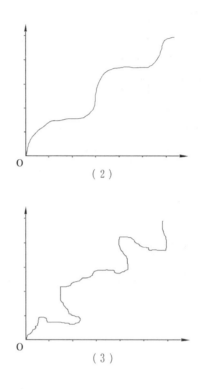

由此可見，無論是對假說理論的證偽還是證實，都不是簡單的過程。從證偽來看，不能用經驗事實邏輯地證偽一個待檢驗的理論。證偽檢驗並非只是經驗事實與受檢驗理論的二者關係，涉及的方面很廣，所以我們在探討假說理論檢驗中的證偽時，要辯證地進行科學分析。對於假說理論的證實也不能簡單從事，不能只取決於實驗次數的多少，還必須從質上加以細緻研究。總之，對假說的驗證要考慮到驗證的複雜性。

最後，我們認為確認假說的正確形式是：①確立假說，估計有較大的先驗概率；②若假說真，則預測真；③預測真（得到證實）；④沒有任何其它假說被真的預測強烈確認（即觀察預測雖對

其它假說構成確認事例，但它們的先驗概率太低）；⑤所以，這個假說得到確認，即假說真。例如星光彎曲的觀測唯一極強地確認了廣義相對論，而證偽了其它假說。

發表於《天津師大學報》1986 年第 5 期。

真理判定的兩大步驟

眾所周知，任何理論都是在科學認識的活動中總結和概括出來的，是科學認識活動的結晶。它們都以全稱命題的形式表達。它們是否具有真理性，是有待於檢驗的。

要對理論的真理性進行判定，第一步是從待檢驗的理論引伸出關於事實的結論，這是個演繹的過程。究竟應該如何演繹，應該演繹出什麼，在這裡就有見仁見智的問題了。筆者認為，在演繹的過程中，應該注意以下幾點：

第一，科學理論禁止特設性的假說。

只有能夠引伸出關於事實結論的理論，才可檢驗。相反，那些不能推出關於事實結論的理論（假說）是無法考察、無法檢驗的，因此它的真理性也就無法判定。那種不能推出關於事實結論、不能加以考察驗證的理論，就是特設性的假說。

科學理論禁止特設性的假說，包含兩個方面：一方面不允許基本理論觀點是特設性假說。比如「宇宙是受第一推動力推動而運動」的假定就是一例。另一方面，在解釋較複雜的已知事實或預測未知的事實時，僅有基本理論、背景知識和先行條件還不夠，有的還需要作出輔助性假說，但切不可作出特設性假說。例如 1781 年，英國的天文學家威廉・赫歇爾發現了天王星以後，從對天王星的仔細觀察中發現，天王星的運行軌道總是同根據萬有引力定律計算出來的結果不一致，有比較大的偏離。後來，一些天文學家考慮了已知的幾顆行星對它的作用以後，依據萬有引力定律計算出的軌道仍然不能消除和實際觀測的軌道的明顯差異。這是什麼原因造成的呢？是不是萬有引力不適用了？1842 年，英國劍橋

大學數學系的青年學生亞當斯對這個問題進行了研究，他認定擾亂天王星運動的是天王星外面有一顆沒有被發現的大行星，並且計算出了它的運行軌道，然後把計算結果寄給了格林威治天文臺台長艾利，然而這位小人物的研究成果遭到了「白眼」。後來，法國巴黎天文臺的勒維耶也研究了這個問題，他於 1846 年 9 月，根據自己的計算結果，把這顆大行星的位置告訴了柏林天文臺的工作人員加勒，加勒於 9 月 23 日晚上在勒維耶預言的位置附近觀察到了這顆大行星——海王星。原來，天王星運行軌道的偏離，是由於海王星吸引的結果。亞當斯和勒維耶應用萬有引力定律，從天王星的攝動去預測未知的海王星的存在，這就是一個可以檢驗萬有引力定律的輔助性假說。它既解釋了已知事實天王星運行軌道偏離的現象，又預測了未知的事實海王星的存在。

　　作出輔助性假說是必要的，但切不可作出特設性假說。這是因為特設性的東西是無法檢驗的。例如勒維耶在成功地預言了海王星的存在以後，他便重新修訂諸大行星的運行表，他發現自己算出的表與實際觀察結果不完全一致，最主要的差別是水星近日點的觀察值在每一世紀裡比理論值多 43 秒。於是他在 1849 年又推測，這是由於一顆比水星更接近太陽的未知行星的影響，顯然，這是他提出的檢驗萬有引力定律的又一個輔助性假說，認為有一顆所謂「火神星」存在著。儘管這是一個失敗的預言，但它還是能夠通過觀察檢驗的。如果有人提出水星近日點運動的觀察值在每一世紀裡比理論值多 43 秒的原因是「宇宙人控制」的結果，這就是一個特設性假說，這種假說是無法通過觀察和實驗檢驗的。據說洛侖茲在討論地球通過靜止乙太而運動時的「乙太風」效應時，引進了物體長度沿運動方向發生「收縮」的著名假說，他在其中假定：電子的尺度沿運動方向收縮。他的這個新論點是以特設性假說的面貌出現的，因為這個新論點是無法檢驗的。

第二，要注意演繹的複雜性。

從待檢驗的理論觀點中推出關於事實的結論，這個演繹過程是相當複雜的。科研工作者必須注意到演繹的複雜性。

一方面，如果只是以假說的基本理論觀點做前提，那是很不夠的，還不足以推演出關於事實的陳述，即只有基本理論觀點 H，還不足以推出事實結論 I。

另一方面，從基本理論推演出關於事實的結論，不是一步就簡單可以推得的，這是因為基本理論與事實結論之間的聯繫不是直線的，而是曲折的，中間需要一些中介環節，並通過理論模型轉換，才能推得關於事實的結論。例如，為了檢驗牛頓的萬有引力理論，就必須從中引伸出有關引力的事實結論來，但這種事實結論就不是從理論一步推出的，而是從最簡單的太陽系簡化模型出發，經過逐級修正，進行理論模型的轉換，逐步來完成的。這個模型轉換的過程是：

T_1——在假定太陽為固定點而且太陽和單個行星都是質點的條件下應用開普勒定律或引力定律；這個最簡單的模型有明顯的缺點，即未考慮牛頓的反作用定律，於是有：

T_2——考慮行星和太陽圍繞其公共質心而運動，作出修正；

T_3——除考慮太陽引力外，還考慮行星際引力造成的攝動影響，據此又作出修正；

T_4——考慮行星中質量分佈的不均勻性，例如非正圓球且有突起等，據此作出修正。

所有這些理論 T_1、T_2、T_3、T_4 都是從同一個基本理論轉換來的。牛頓的引力理論最初幾乎被淹沒在它的「反常的海洋」中，但牛頓用卓越的堅韌性和才智，一次又一次地通過理論模型的轉

換，把反例轉變為自己理論的例證，從而使萬有引力理論得到一次又一次的確證。

第三，必須深入研究演繹出的悖論。

在從待檢驗的理論引伸出關於事實結論的過程中，有時會演繹出兩個互相矛盾的事實結論，即出現悖論。在真理判定的過程中，如果遇到這種情況，應該怎麼辦？這是值得深入研究的問題。例如古希臘的權威思想家亞里斯多德研究了一種自然運動即物體自由下落運動，他認為重量是物體下落的原因。他提出了一種理論：物體下落速度同它的重量成正比。比如說，10磅重的物體落下時要比1磅重的物體快10倍。這種理論一直流傳了1800多年，人們都把這個理論當作真理而堅信不疑。直到16世紀，伽利略對此提出了挑戰。

伽利略認為：假定有兩個大小不同的物體（比如鐵球），一同由高處下落，按照亞里斯多德的理論，則下落速度不同，即大的落得快，小的下落得慢。再假定，把兩個鐵球捆在一起，那麼，這個捆在一起的鐵球將以哪種速度下落呢？一方面，這個速度應該小於大鐵球下落的速度，因為大速度和小速度合在一起，只能是中速度。中速度顯然小於大鐵球的下落速度。另一方面，這個速度應該大於大鐵球的下落速度，因為捆在一起的兩個鐵球的重量要比單獨一個大鐵球的重量大，於是就得出了自相矛盾的事實結論：捆在一起的兩個鐵球下落速度同時既小於又大於大鐵球的下落速度。在這裡出現了悖論。

為了排除亞里斯多德的自由下落運動理論所造成的邏輯矛盾，伽利略大膽地作出假定：物體下落的速度與它的重量無關。如果兩物體受到空氣的阻力相同，或者在真空中，兩個重量不同的物體將以同樣速度下落，它們將同時落地。1589年，伽利略登上義大利的比薩斜塔，讓10磅重和1磅重的兩個球同時下落，由

於下落速度太快，所以看起來兩個球是同時落地的。為了取得更精確的結果，他讓物體下落得慢一些，又做了斜面實驗。他在長約 11 米長的木板上刻上很光滑的溝槽，使不同重量的小球在同一高度的斜面上滾下，發現它們的滾動速度是相同的，但不是均速滾動，而是越滾越快。調整斜面到夾角 90 度時，小球的滾動就成了自由下落運動。通過斜面實驗證明，伽利略的理論是真理，終於解開了物體自由下落運動的秘密。

但是也有這種情況，即從一個理論中推出的事實結論似乎是悖論，但後來的事實證明，它們是可以辯證地統一起來容納於一個理論之中的。例如牛頓的光學理論認為光是粒子，光具有間斷性，而惠更斯的光學理論認為光是波，光具有不間斷性。光既具有間斷性又具有不間斷性，這似乎是悖論。後來，愛因斯坦的光量子理論認為，光量子是電磁性的，能量是間斷的，並包含波動性的特徵。就是說，光量子的動能、動量取決於頻率與波長，從而生動地體現了光的微粒性和波動性的統一。實際上，光具有波粒二象性，當頻率高時，光量子像是粒子；當頻率低時，光量子像是波。於是，光量子理論就把人們對光的認識提高到一個新的階段。

因此，在真理判定的過程中，對演繹出的悖論應該深入研究。應該看到，如果從某一論斷演繹出了悖論，那麼這種論斷應該推翻。但是要慎重對待能夠推出像是悖論而不是悖論的論斷，對於這種論斷進行檢驗，要十分謹慎。

真理判定的第二步是人們通過觀察和實驗去檢查從理論演繹出來的事實結論，這是對事實結論進行驗證的過程。這個過程是相當複雜的，原因如下：

第一，靠對現有已知事實的解釋，或者靠一個或幾個預測事實被實踐證實，還不能完全判定理論的真理性。

　　這是因為，對某種事實作出理論解釋並不是唯一的，可以用多種理論來解釋，也就是說，同樣的事實可以被不同的理論推導出來。例如光在通過不同介質時會發生折射現象這個事實的陳述，既可以用光的微粒說解釋，也可以用光的波動說解釋。就是說，關於光的折射的事實結論，既可以從光的微粒說中推演出來，也可以從光的波動說中推演出來。但是並不因此就完全判定微粒說和波動說是完備的真理。

　　即使對許多個別未知事實的預測成功也不能完全判定理論的真理性。例如，從牛頓的萬有引力理論出發，曾先後預見到天王星的軌道攝動是由於在它外面還有一顆未知的行星，通過觀察，就發現了海王星。後來又預見到冥王星的存在……。以至哈雷彗星大約 76 年回歸一次。這些都是成功的預測。但是，我們並不能由此簡單地認為牛頓引力理論已獲得全部證實，或說牛頓的引力理論是完備的真理。因為牛頓的理論還不能解釋一些相關的問題，比如水星近日點軌道進動的超差現象，它就解釋不了。勒維耶曾根據萬有引力理論，預言太陽和水星之間有一顆所謂的「火神星」，但至今沒有被觀察到。因此，牛頓的引力定律的真理性也具有相對性，至少在這一點上真理性還沒有得到判定。

　　第二，經驗證據是可謬的。

　　在對事實結論進行檢驗的過程中，要用觀察和實驗獲得經驗資料。由於觀察和實驗與許多因素有關係，因此獲得經驗證據要受許多因素的影響。

　　任何觀察和實驗都離不開一定的觀察手段和實驗設備，而觀察手段和實驗設備與一定時代的科學技術水平相聯繫的，而每一時代的科技水平又都具有歷史侷限性。於是，這種侷限性就對觀察和實驗的結果有所限制，而且有的觀察結果可能是錯誤的。同時，任何觀察和實驗既離不開觀察和實驗的對象，也離不開觀察

者和實驗者。我們知道，不同的觀察者觀察同一對象會有差異，而且任何觀察和實驗又都是受一定的理論指導的，用不同的理論指導，觀察和實驗所取得的事實結論可能不同，這樣也會造成經驗證據的謬誤。

因此，當理論和經驗事實不一致時，不要簡單地斷定出錯的一定是理論而不是經驗事實。當對一個理論的證偽出現時，應該允許這個理論有為自己辯護的機會，有人稱為「準予上訴」。由於觀察都是在一定的理論指導下進行的，因此所謂「上訴」不是直接指向表述實驗結果的那個觀察命題，而是指向指導觀察實驗的理論。這裡有兩種理論要區分開：一種是被實驗反駁的理論，稱之為說明性理論，一種是指導觀察進行的理論，稱之為觀察理論。「上訴」通常是指向觀察理論。

第三，實踐具有不確定性和相對性。

對事實結論進行驗證的複雜性還表現在實踐上。列寧說：

> 「實踐標準實質上決不能完全地證實或駁倒人類的任何表象。這個標準也是這樣的『不確定』，以便不至於使人的知識變成『絕對』，同時它又是這樣的確定，以便同唯心主義和不可知論的一切變種進行無情的鬥爭。」[4]

這就是說，作為判定真理的標準——實踐，既有確定性，又有不確定性；既有絕對性，又有相對性。正因為實踐具有不確定性和相對性，使對事實結論進行的驗證具有複雜性。

首先，任何個別的、具體的實踐都不能完全地判定理論的真理性。每一具體實踐只能在一定條件下相對地檢驗理論的真理性。這就是說，一個理論被提出之後，不能僅憑某些個別實踐活動的驗證就判定是否為真理。科學理論必須經受實踐的長期反覆

---

[4] 《列寧選集》，卷 2，人民出版社，1960，頁 142。

的檢驗，才能確定為真理。例如在熱素說流傳的過程中，遇到了混合熱是否守恆、潛熱和摩擦生熱等問題，布萊克解釋了這些問題，修補了熱素說理論，使熱素說理論系統化起來。熱素說認為，熱素是一種微小的、看不見的物質微粒，不同的物體有不同的比熱，是因為物體對熱素的吸收能力不同，物態變化時都要吸收或放出潛熱，這時物質微粒同熱素發生了化學反應……。後來瓦特改進了蒸汽機，在實踐中經驗到的事實和熱素說似乎一致。但這也不能證明熱素說是真理。後來倫福德研究了熱是否有重量的問題，經過反覆實驗，確認熱沒有重量。他還通過實驗，證明熱不是從空氣和水中來的，而是從運動中來的，確認熱是一種運動形式。再往後，英國的大衛在真空裝置中使兩塊冰摩擦，並使周圍的溫度比冰的溫度還低。摩擦冰塊以後，冰逐漸融化了，他指出熱不可能從周圍空氣中產生，也不可能來自潛熱。大衛得出和倫福德相同的結論：熱素是不存在的，熱現象的直接原因是運動。1857 年，克勞西斯在研究理想氣體分子的熱運動時，證明氣體的絕對溫度由其分子的平均動能所決定，對熱力學定律作出了動力學的描述。1878 年，焦耳又最後確立了熱功當量。這樣，從 1620 年培根研究熱算起，經過兩個半世紀的努力，才確認了熱動理論，最後否定了熱素說。

其次，特定歷史時代的實踐技術水平具有侷限性，因此對有些跑在時代前面的先進理論不能作出確定的驗證。任何實踐都與生產和實驗相聯繫，而生產和實驗都具有時代的特點，它們離不開一定的生產工具和實驗設備。例如早在 1930 年，泡利就敘述了有一種新粒子「中子」的想法，到了 1932 年，就發現了中子。隨後物理學家朗道就預言過「中子星」的存在，後來還有人建立了「中子星」的簡單模型。但是在相當長的時期內，由於觀察中子星的條件不具備，人們無法在實踐中對它的存在作出確定的驗

證。直到 1967 年，大型射電望遠鏡製成以後，才發現了中子星的脈衝輻射，才對它存在的預言作出驗證。

也有這種情況，隨著時代的進步，科學技術水平不斷提高，使原來無法驗證的已被淘汰的理論又復活起來，這從另一方面說明實踐的相對性。比如大家熟知的煉金術的理論，歷史上曾被人認為是無稽之談，因為「化學元素之間的相互轉變是不可能的」。然而，隨著 20 世紀核子物理學的發展，科學上取得了一個驚人的成就，那就是人工地打破了「穩定」元素。盧瑟福和查德威克在 1919 年實現了打開無放射性的氮原子核。他們用鐳放射出來的快速 α 粒子去轟擊氮核，結果是氫核從氮核中釋放出來，於是革命性的成就出現了，新煉金術的時代到來了。對其它的許多原子也做了實驗，質子從許多不同的原子中釋放出來，「元素可轉化」的夢想終於實現了。

最後，由於具體實踐的不精確性，使其結果產生誤差，給理論真理性的判定帶來了複雜性。例如在 1869 年，門捷列夫就提出了元素週期理論。到了 1875 年，法國的化學家布瓦勃德朗研究閃鋅礦時，用光譜分析法發現了一種新元素鎵，即門捷列夫預言的亞鋁。布瓦勃德朗在巴黎科學院院報上發表了簡短的報導。門捷列夫看到這篇報告後，就寫信給他，指出鎵的比重不應當是布瓦勃德朗原先所求出的 4.7 而應當是 5.9 到 6.0 之間。為此，這位法國化學家大為吃驚，因為鎵是在自己手裡，門捷列夫沒有見過鎵這種東西。於是他設法提純了鎵，精確地測定了鎵的比重，結果是 5.94，果然是自己實驗不精確產生了誤差。如果這種誤差不糾正，就會給理論的驗證帶來麻煩。

發表於《天津師大學報》1988 年第 2 期。

論科學邏輯的主體：
演繹與歸納

　　科學邏輯是關於科學思維方法論的知識體系。這裡所講的科學是廣義的，既指自然科學，也指社會科學。科學方法包括科學發現的方法、科學驗證的方法及科學發展的方法。科學方法中包括邏輯思維方法與非邏輯思維方法。筆者認為，在諸多思維方法中，演繹與歸納是主體，而且在不同的歷史時代，有著自己不同的特點。

　　在古代社會，演繹方法在當時占主導地位，歸納方法處於輔助地位。原因有二：一是人類的認識要由對整個世界的整體認識逐步向對部分事物或特殊性事物認識的過渡；二是科學的分類越來越細。總之，當時人的科學思維以分析思維為主導。因此，科學思維方法必然以演繹法為主。例如，古希臘的著名思想家亞里斯多德，他概述了古代的科學成果，並力圖通過反對柏拉圖等人的唯心主義和詭辯論的鬥爭來維護科學知識的原則。他對科學知識做了分門別類的研究。他斷言，只有通過從無庸置疑的一般命題中推出個別命題的方法，才能證明個別命題的真理性。就是說，在他看來，演繹法是科學發現和證明人的認識真理性的唯一有效的方法。然而，他並不完全否定歸納法，他從不同方面研究了完全歸納法、枚舉歸納法與直觀的歸納法。但由於他生活在生產力水平很低、科學不發達的古代，當時經驗的知識還沒有得到廣泛發展，自然哲學的猜測，從一般推出個別的方法佔據了主要地位，使得：

> 「這個人就是弄不清一般和個別、概念和感覺、本質和現象等等的辯證法。」[5]

又由於他在哲學上搖擺於唯物主義和唯心主義之間，他既承認人的感覺能反映客觀，但又否認人所感覺到的事物的現象可以反映事物的本質，於是他就不理解從感性到理性、從個別到一般的轉化問題，因此他在個別和一般等的辯證關係問題上就必然：

> 「陷入稚氣的混亂狀態，陷入毫無辦法的困窘的混亂狀態。」[6]

還由於他認識到歸納從一個一個的事例去推理，沒有確定個別的界限，而在反映事物本質的一般中則達到這一界限，這是前後矛盾的。因此，他確信，只有演繹法才是科學發現和驗證的可靠方法。於是他在制定演繹邏輯系統上狠下功夫，創立了較嚴整的方法體系，所有這些都明確體現在他的《工具論》中。在歷史上，不僅亞里斯多德如此，古中國的有代表性的墨辯邏輯也是如此，在對科學的研究方面，演繹法佔據著主導地位。

到了近代社會，以演繹與歸納為主體的科學思維方法又呈現出新的特點。

由於近代社會的生產力比古代社會的生產力有了很大發展。社會實踐中除了基本的生產實踐外，科學實驗越來越被人們所重視。隨著科學實驗的發展，近代精密自然科學迅速變化和發展。隨著近代經驗自然科學的產生和發展，有些科學家在科學思維方法的探討中，對歸納法進行了深入、具體的研究，形成了一整套方法體系。例如英國的科學家弗蘭西斯‧培根，他直接研究自然界，通過實驗去分析自然現象，依靠實驗去發現、驗證和獲得知

---

[5]　《列寧全集》，卷 38，1960，2 版，頁 418。

[6]　《列寧全集》，卷 38，頁 416。

識，實驗成爲他在探索自然科學奧秘的主要手段。同時，他認爲歸納法是科學思維的主體方法。他在 1620 年出版的《新工具》一書的第一卷中，就明確指出：

> 「演繹以及現在所有的邏輯不能用於科學的第一原理，而用於中間公理也是無效的；……因此它只能強人同意命題，而不能把握事物。」

> 「因此我們唯一的希望就在於一種真正的歸納。」[7]

在培根看來，歸納法是科學思維方法的基礎，它是從對個別事實的知覺出發，最後得出一般的理論原理。同時，他批判了中世紀的經院哲學的邏輯，特別是那種怪誕的演繹。他指出：

> 「經院哲學的邏輯不能促進科學知識的發展，我們必須找出一種科學的方法，即歸納法。」

培根的歸納法是較爲具體的，有兩個顯著特點：一是主張逐級歸納上升的科學程式；二是通過例證表而實現的排除歸納法。關於第一個特點，培根說：

> 「我們只有根據一種逐步的上升階梯和連續不斷的步驟，從特殊的事例上升到較低的公理，然後上升到一個比一個高的中間公理，最後上升到最普遍的公理，我們才可能對科學抱著好的希望。」[8]

以上就是培根科學發現的程式。關於第二個特點，培根的例證表有存在表、缺乏表和程度表。分別說明某種性質的存在、缺乏以及不同程度的比較，後稱「三表法」。正是根據這些方法去發現和驗證科學的理論。培根的歸納法，對科學研究、促進當時經

---

[7] 培根，《新工具》，《16—18 世紀西歐各國哲學》，商務印書館，1975，頁 9—10。
[8] 同上，頁 44。

驗知識的發展和反對經驗哲學的鬥爭，都是有重要意義的。但他的歸納法，是有歷史侷限性的，他雖然承認演繹在科學研究中有一定作用，但否定得太多，而把歸納法看作科學發現唯一的方法。後來的歸納主義者如穆勒等，對歸納的研究有很大進步，但沒有根本性的改變和突破。

從亞里斯多德和弗蘭西斯‧培根這兩位科學家出發，有些人把他們的思想進一步推向極端，因而產生了後來的全演繹派和全歸納派。它們之間展開了激烈的爭論，各自抓住對方的缺陷，卻都「蔽於一曲」。雖然他們手裡都掌握著部分真理，即歸納和演繹都是科學思維活動中的基本要素。但他們都「一葉障目」，即把部分要素都看成是科學思維活動中的唯一要素，結果誰也沒有使問題得到真正解決。這是因為他們都沒有抓住和解決爭論的實質問題：即一般和個別的辯證關係問題。

隨著社會生產力的迅速發展，經驗自然科學以及其它科學的不斷進步，科學思維方法也在不斷地進步。因此，科學思維方法的主體：演繹與歸納，是在現代社會，特別是在馬克思主義誕生以後，才真正科學地結合起來。辯證地統一起來，把它們放在唯物辯證法的基礎上，成為辯證的科學思維方法，使各自的侷限性得到了適當的彌補。正如恩格斯在《自然辯證法》中所指出的：

> 「歸納和演繹，正如分析和綜合一樣，是必然相互聯繫著的。不應當犧牲一個而把另一個捧到天上去，應當把每一個都用到該用的地方，而要做到這一點，就只有注意它們的相互聯繫、它們的相互補充。」[9]

---

[9] 恩格斯：《自然辯證法》，人民出版社，1971，頁 206。

論科學選擇與科學邏輯

　　選擇是思維的重要範疇，思維過程是離不開選擇的。科學選擇是科學邏輯的重要思維方法，無論是科學的發現，科學的創新與發展，都要運用科學選擇獲取成果。除了經驗科學要運用科學選擇，科學選擇還有重要的社會功能與價值。因此研究科學選擇具有十分重要的意義。本文將就科學選擇是科學邏輯的重要思維方法、科學選擇的合理性原則或有效性條件、科學選擇的社會功能與價值和與科學選擇相關的幾個要素進行探討。

科學選擇是科學邏輯的重要思維方法

　　1、科學選擇始於科學問題。

　　在科學研究的過程中，有了問題就要提出解決問題的若干假說，對於那些假說的挑選就是選擇的過程，因此，任何選擇都是源於問題，始於問題。

　　2、科學選擇是科學發現的必要手段。

　　科學發現的過程就是選擇的過程。天文學史上海王星的發現、哈雷彗星的發現、中子星的發現等，無不是運用科學選擇，都是科學選擇的成果。

　　科學理論的提出也要運用科學選擇方法。關於宇宙的「中心」理論，最早人們認為地球是宇宙的中心。提出「地心說」，古希臘的托勒密就是代表。後來哥白尼進行了新的研究與挑選，提出太陽是宇宙的中心，即「日心說」。後來的天文學家進一步研究，太陽只是太陽系的中心，而不是宇宙的中心。再如地球面貌的形成，為什麼有高山，為什麼有海洋，人們也提出各種各樣的假說，有的提出「膨脹說」，有的提出「收縮說」，還有的提出「災變說」。

又有人提出「大陸漂移說」。到底哪一種理論接近真理，科學家威格那的學說得到多數人選擇而得到承認。

再如物理學和化學史上關於燃燒的理論，有的人提出「燃素說」，認爲物體燃燒，其中有一種燃素，由此可引起燃燒；也有人（法國的拉瓦錫）提出氧氣能夠助燃燒的「氧化燃燒理論」，最後經過科學選擇，後者是科學的、正確的。

數學上微積分理論中分數分母是 0，或不是 0，或有極限，趨近於 0，這也是科學選擇的結果。華羅庚提出的「優選法」更是科學選擇的應用。

生物學上，生物的形成，開始有人提出「創世說」，後來有人提出「突變說」，達爾文經過 4 年實地考察，搜集了大量資料，最後提出「生物進化論」。生物進化論是劃時代的科學理論，它與細胞學說、能量守恆定律齊稱最有貢獻的三大著名科學理論。這些科學理論的提出，科學選擇發揮了重要作用。

3、科學選擇是科學理論的發展與創新的重要工具。

科學選擇有挑優汰劣的重要作用，從而促進科學理論的發展和不斷創新，從亞里斯多德的力學思想，到牛頓的萬有引力理論，再到愛因斯坦的相對論，都是在科學選擇的過程中淘汰舊的非科學的理論，繼承有價值的理論，補充新的理論，發展新的理論，把力學理論推到高峰。

科學選擇在不同領域要進行比較選擇，而提出新的理論，推進理論的發展與創新。例如宇宙不對稱理論是在微觀領域內有重大意義，而在宏觀領域宇宙卻是對稱的。在不同領域，作不同的科學選擇，從而推進科學理論的發展與創新。楊振寧等科學家由此而榮獲諾貝爾獎。

4、科學選擇的類型

　　科學選擇依據不同標準可分為：單種選擇與多種選擇；確定性選擇與不確定性選擇；分析型選擇與綜合型選擇。

　　①單種選擇與多種選擇。

　　單種選擇是指在若干被挑選的對象（假說）中，只選擇其中一種的選擇。

　　多種選擇是指在若干被挑選的對象（假說）中，挑選兩種以上的選擇。

　　例如醫學中診斷某人腹痛的原因，可能有多種假定，經過化驗檢查，最後挑選出一種可能假定進行診治，這就是單種選擇。若某人患高血壓，醫生會提出若干造成的原因的假定，然後選擇其中兩種以上原因進行診治，這就是多種選擇。

　　②確定性選擇與不確定性選擇。

　　所謂確定性選擇，即在被挑選的對象中，按照設定標準，挑選出符合標準（理論和實踐）的對象（假說）。例如牛頓的萬有引力理論、達爾文的生物進化論等，都是在實踐中得到充分證明的確定性理論。

　　所謂不確定性選擇，就是在被挑選的對象中，做出了不確定的模糊的選擇，即摸著石頭過河的選擇。例如在醫學中，許多癌症病的病因的挑選。

　　③分析型選擇與綜合型選擇。

　　分析型選擇是指對被挑選的某個對象進行分解，從分解的若干組成部分中，挑選出符合標準的部分。

　　綜合型選擇是指對若干被挑選的對象進行分解後，從它們中挑選出各自的部分，然後把他們綜合起來。

　　例如，醫療器械發明中，CT 的發明就是一例。既運用了分析型選擇，又運用了綜合型選擇。

科學選擇的合理性原則

爲了保證科學選擇的合理有效性，即選擇結果的科學性或有
價值，需要確定運用科學選擇的基本原則，或稱有效性條件與根
據。

1、選擇的標準要科學。

既要挑選那些符合客觀事物發展規律要求的發現、提出的理
論、或科學的發明。這種選擇的結果往往是有價值的。許許多多
的重大發現、科學的理論，或重大的科學發明創造，都是科學選
擇的結果，其中有些選擇具有重要的現實意義或歷史性意義。按
照科學標準選擇，所獲得的認識都是真理或逼近真理性的認識。
如果不按科學標準去選擇將會挑出僞科學或反科學的東西。

2、選擇的結果要經得起實踐的檢驗。

科學選擇，其結果必須經得起實踐的檢驗，只有經得起實踐
的檢驗，並證明其真理性，這種選擇才是科學的選擇。

從根本上說，實踐是檢驗科學選擇的唯一標準。但要注意，
實踐既有確定性，又有其侷限性的一面，千萬不要把實踐（具體
實踐）絕對化。實踐也是不斷發展變化的，並有時受政治形勢的
限制。科學選擇的這一合理性原則要隨著時間的變化而變化。

3、科學選擇必須與其它科學方法綜合運用，才能得到科學的
結果。

①要與比較法聯合應用。任何選擇必須先要辨別。要辨別就
必須要比較。沒有比較就沒有區別，也就無法選擇。

②要與觀察、實驗相結合。觀察與實驗是用以檢驗挑選結果
的重要方法，是實踐的重要組成部分。同樣觀察與實驗受理論的
指導，不同的挑選者會有不同的結果。觀察與實驗必須要有思維
概括的能力者把握（例如普利斯特例的燃燒實驗是對的，但他沒
有概括出氧化燃燒的理論，而拉瓦錫做到了。）

　　③要與分析與綜合相結合。分析法能分析出本質的東西，對科學選擇很有幫助。綜合是把若干假設中科學本質部分統一起來，對選擇很有益處。

　　④要與歸納與演繹相結合。科學的選擇也經常要運用歸納與演繹法，然後得出科學正確的結果。例如海王星發現的選擇，達爾文提出生物進化論的選擇等。

　　4、科學選擇要堅持發展、創新。

　　發展創新是科技進步和社會進步的靈魂。科學選擇的結果應是社會與科技革命的成果。任何科學發現、科學理論以及科學技術，都是科學選擇的成果。

科學選擇的社會功能與價值

　　科學選擇既是經驗科學的重要思維方法，同時又是社會科學必要的思維方法，也是每個人生活和工作中經常應用的思維方法，它有非常顯著的社會功能與價值。

　　1、社會管理的功能與價值。

　　任何社會的管理，包括一個國家的管理，必須選擇一種社會制度，一種經濟體制以及科學、教育、衛生等管理，也要選擇一種機制。這些制度、體制、機制的確定，必須運用科學選擇。選擇正確，就能有序、有效地推動社會進步與經濟的發展。而不運用科學選擇，將阻礙社會進步與經濟的發展。

　　社會管理離不開科學決策，決策要先提出若干方案，而對這些方案的抉擇，也必須進行科學選擇，決策正確，能推動社會進步和經濟發展，決策錯了，即選擇錯了，將阻礙或破壞社會進步與經濟的發展。

　　在社會管理的一切具體領域，都要運用科學選擇。只要有社會管理之處，都要運用許多管理方法，這些管理方法的應用，必

須運用科學選擇，選擇科學有效的方法，才能把事情辦好。否則將把事情辦糟。

因此科學選擇是社會進步與經濟發展的助動器。掌握了科學選擇的方法，將帶來巨大的社會效益與經濟效益。

2、決定人生的道路與發展。

①人的一生就是選擇的一生。

人要實現最基本的需要都要選擇。現在人們講「吃講營養，穿講漂亮，住講寬敞，用講健康，行講通暢」。這些目標的實現，必須運用科學選擇。學習、就業、工作、戀愛、婚姻、組建家庭直至晚年如何保健、戰勝疾病等等。無不要運用科學選擇。因此，有人說，選擇要比努力做什麼和得到什麼更重要，人生就是選擇，而且是不斷的選擇。筆者認為，選擇中科學選擇更為關鍵。選擇不同，便會有不同的人生。科學的選擇便會有幸運的人生，快樂的人生，輝煌的人生，對人類有貢獻的人生，非常有價值的人生。否則，就會有不幸的人生、痛苦的人生、罪惡的人生，以至對社會、人類產生破壞性的人生。

②科學選擇與人的科學觀、價值觀有密切的關係。

人應如何而活？是講科學還是講迷信？人應如何做，人生才更有價值，對社會才會有更大貢獻？做好科學選擇對這些問題都具有重要作用。

與科學選擇相關的要素

1、科學選擇與人的知識背景密切相關。

知識背景不同，選擇也就不同。科學知識廣而深厚，選擇的結果就會科學而有效。可以說，知識背景是科學選擇的重要基礎之一。

2、科學選擇與社會環境密切相關。

　　社會環境，尤其是政治、經濟條件對科學選擇有重要影響。特別對社會科學中的選擇影響更大。

　　3、機遇對科學選擇也有一定影響。

　　4、個人的才能，特別是邏輯思維的應用能力對選擇有重要作用。

在全國第 9 次科學邏輯研討會上發表的論文，

2011 年 4 月於中山大學。

略論理論模型

伴隨著新技術革命的到來，科學發展得繁花似錦、琳瑯滿目、縱橫交錯。相應地，高級複雜的科學研究手段也應運而生。科學發展的綜合趨勢，促使研究手段也具有綜合性，諸如系統方法、模型方法等，就是如此，特別是理論思維方法更具有綜合趨勢，理論模型就體現了這一點。

理論模型問題，是自然科學方法論中的重要問題。當代世界的自然科學家、哲學家和邏輯學家對此問題十分關注。那麼，理論模型的實質是什麼，它有哪些特性？理論模型在認識論中有什麼地位，在科學研究中它的作用是什麼？就這些問題試做初步的探討。

要明白什麼是理論模型，首先要弄清楚什麼是自然科學的理論。

在自然科學中，其內容主要包括兩部分：第一是低層次的定律，即經驗定律，它們陳述可觀察的或可測量的屬性之間的關係。由於人們能夠用觀察或測量語言從這些定律中演繹出具體事例，因此這些經驗定律是直接可檢驗的。例如阿基米德的浮體定律、伽利略的落體定律、奧斯特的電磁相互作用定律、法拉第的電磁感應定律等，都屬於經驗定律。第二是高層次的定律，根據這些定律，人們能推出別的定律。由於這些定律脫離了同觀察和實驗的直接聯繫，因此，對它們只能用根據它們所推演出來的較低層次定律這種結果來間接加以檢驗，這種高層次定律對於經驗定律，就像經驗定律對關於特殊事實的陳述一樣，屬於同樣的解釋性陳述的關係。人們通常把這種較高層次的定律稱為科學理論，

例如牛頓提出的萬有引力定律，邁爾、焦耳、赫爾姆霍茨提出的能量守恆和轉化定律，施旺、施萊登提出的細胞學說，達爾文提出的生物進化論等，都屬於這種高層次的定律，它們屬於理論。

　　經驗定律和理論被許多科學家和學者看作在類型和形式上相似，然而又具有不同的概括性、抽象性或確證性程度。理論大體上由於它的地位高而顯得更加可靠。也就是說：

> 「經驗自然科學是人類認識自然現象以及現象間的規律性和因果性的成果。它包含著陳述個別事實的經驗知識和解釋事實的理論知識。而後者尤為重要。因為前者不過是對自然界的個別現象的認識，它只是描述了某個現象如何如何，只是陳述事實。而後者則是對現象間的規律性和因果性的認識，它才能說明為什麼存在著某種現象（解釋事實）。由此可見，有了認識自然界的規律性和因果性的理論知識，即有了科學定律和科學理論，才能說有了科學。如果僅有認識個別事實的經驗知識而沒有陳述定律和原理的科學理論，那人的認識還是處於前科學時期。」[10]

　　那麼，什麼是理論模型呢？

　　在科學發展的每個重要階段上，一種理論的提出和發展所根據的是我們所獲得的關於物屬性的認識，而且所關注的是這類具有這種或那種屬性的事物是什麼。於是，一般說來，斷言某物具有某種屬性或某些事物的屬性具有某種關係的陳述，可以說就是涉及到各種屬性，也涉及到各種屬性之間的各種關係以及它們之間的內部結構。因此，任何完整的科學理論，不是一些基本概念的簡單堆砌，而必須通過反映研究對象的規律性聯繫的原理、定律、規則等，並對這些概念進行合理的加工、組織，才能構成一個有著內在聯繫的嚴密的知識體系，形成具有嚴密邏輯性的系統

---

[10] 張巨青主編：《科學邏輯》，吉林人民出版社，1984，頁35。

的科學理論。科學理論正是客觀事物內部屬性、關係及其結構的概括反映。筆者認爲，這種對研究對象的內部屬性、以及屬性間關係內在結構的概括表達與描述，就是理論模型。換句話說，理論模型就是對研究對象的內在結構的一種概括表達與描述。例如大家熟悉的〔（X）（ $F_x \rightarrow G_x$ ）〕這種演繹的理論模型，就代表了一種全稱條件的高層定律般的陳述，這種全稱條件判斷，對於任意個體 X，假如它具有某種屬性 F，那麼它也具有某種其它的屬性 G。此外，只有當能夠肯定或否定存在有某個 X 或至少有一個 X 存在，並且它具有這些屬性時，這種定律才可以被確證或否證。顯然，這種模型從某一方面表達了研究對象的內在結構。

有人認爲，科學理論就是理論模型，理論定律本身就是模型。當然，每一種完整的科學理論，都可以看作是現實世界中某一領域或某個過程的一種模型。例如，達爾文的進化論就是關於地球上生命演化過程的一種模型，它用「自然選擇」的原理，成功地闡明了生物界在億萬年的漫長歷史中的進化機制。當代美國科學史家庫恩提出的「規範」論，把科學的革命發展歸結爲各種科學規範的依次更替，實際上也是提出了自然科學發展過程的一種模型。

然而，一個理論模型和某一理論定律之間又是有差別的。關於這種差別我們試圖通過比較關於具有電力線的電場的法拉第模型與關於靜電力的庫侖定律的差別來說明：

庫侖曾經設計出一條用來描繪靜電力的定律，這個定律採取了平方反比律的形式，就像牛頓引力定律一樣。

牛頓定律是 $F = G\left(\dfrac{m_1 m_2}{r^2}\right)$ （也就是，兩個物體間的引力正比於它們的質量之積除以它們間距離的平方，其中 G 是引力比例常數）。根據關於重力的吸引和排斥之間存在某種關係的提法，

伯努利、普利斯特列、卡文迪什發現了一些間接支持這種提法的實驗結果，而庫侖則設計了一種直接的實驗演示。

他用 $F = C\left(\dfrac{q_1 q_2}{r^2}\right)$ 來表示這個定律，其中 F 是兩個帶電物體之間的吸力或斥力，q_1 和 q_2 是電荷量，r 是兩物體間距離，C 是比例常數。這條定律本身僅僅表述了某種被稱爲電荷的東西的可測量屬性之間的被觀察到的和可觀察的關係。可是使它成爲一條電的定律而不是重力定律的是，它所描述的是一種涉及到帶電物體而不是品質的不同現象，並因此而繼承了電概念的整個歷史。獨特的是，這一歷史引進了電的模型……因而，在這些模型中，電被想像爲通過某種機械的或物質的手段而起作用。但是，電力和重力方程的類比的力量是這樣的：它使得在理解庫侖定律時，關於重力是跨越虛空的超距作用的牛頓重力模型排擠了電的模型。法拉第，根據對鐵屑在一塊磁鐵周圍的排列和粒子在一帶電物體周圍的排列間的相似性的研究提出。電是通過一種介質而不是通過『虛空』而起作用的，而且這種介質以一種特性方式沿著『力線』方向傳遞電力。這種介質（它的結構是這樣的，即它沿著這類特性力線傳力）就是電場。於是，同樣的定律就可說是可用不同的模型來作出闡釋的。[11]

從上述的比較中，我們得出下面的結論：其一，理論定律本身並不決定一種獨一無二的理論模型。可能存在這種或那種有關該理論定律描述其屬性和關係的不同的模型。其二，理論定律自身並不構成對解釋的一種全部的說明，這是因爲模型具有達到對理論定律所描述的內容以及爲什麼以這種方式起作用作出某種解

[11]　（美）M・W・瓦托夫斯基：《科學思想的概念基礎》，求實出版社，1982，頁397—398。

釋的功能。換句話說，模型從說明我們理解定律的意義上說，它
具有解釋定律的作用。

根據我們對理論模型的理解，理論模型在科學理論發展的過
程中，具有以下的特徵：

第一，理論模型具有抽象性、概括性。

理論模型的這一特徵是顯而易見的，無需具體舉例，任何一
個模型都具有這種特性。這是因為，任何理論模型都是研究對象
在人類思維中的抽象的、概括的反映。我們已經談到，理論模型
的根本任務是集中處理和反映出原型的內在的結構關係的。由於
任何現實的研究對象，都擁有多種多樣的要素和關係。構成它的
每一要素都是互相聯繫、互相依存、互相影響的。這些聯繫相互
制約，相互依賴，並與外部物的要素有這樣或那樣的關係。從研
究的需要出發，捨棄非本質的、無關的因素和關係，從某個側面
去選取這一關係網中的本質的要素和關係，依據已知的自然規
律，充分利用已有的各種科學的規範，對這些關係進行定性或定
量的描述和推導，於是就得到了某種特定需要的理論模型。理論
模型的抽象性，就在於用一種結構上相類似但是又比較簡單的模
型來取代所研究的世界的某一部分。關於這一點，著名的科學家
錢學森說：

> 「模型就是通過我們對問題現象的分解，利用我們考究得來的機
> 理，吸收一切主要因素，略去一切不主要因素所創造出來的一幅
> 圖畫。」[12]

也就是說，正因為理論模型捨棄了一切個別的、非本質的東
西，就此而言，它是理論的概括。可見，理論模型是高度抽象的。

第二，理論模型具有多樣性、發展性。

---

[12]　《論科學技術》，《科學通報》1957.4，頁99。

　　由於客觀對象是非常複雜的，對象本身又是不斷運動、變化和發展的，因此人們對同一對象可以從不同側面加以認識，從不同的角度加以理解的抽象和概括，並隨著人們認識水平的不斷提高，對研究對象的認識越來越深刻，因此就形成不同的模型。錢學森指出：

> 「同一自然現象，在一個問題上，我們著重了它本質的一面，製造出一個模型；在另一個問題上，因為我們看重了它本質的另一方面也可以製造出另一個完全不同的模型。這兩個模型，看起來是矛盾的，但這個矛盾通過現象本身的全面性質而統一起來。」[13]

　　對同一現象提出的理論模型，隨著人的認識的深化和發展，也是不斷發展的。例如，電子發現後，人們認識到電子是原子的組成部分。既然原子是帶電並主顯中性的，那就可以肯定原子還有帶正電的部分，為了解釋這種情況，於是描寫原子結構的各種模型就被提出來了。其中影響較大的是 J・J・湯姆生於 1904 年提出的原子結構模型。他認為原子是一個均勻的陽電球，電子對稱地嵌在球內，分別以某種頻率在各自的平衡位置附近振動，從而發出電磁輻射，輻射的頻率就等於電子振動的頻率。這個「葡萄乾蛋糕」式模型是湯姆生為了解釋元素化學性質的週期性而反覆推敲出來的。1911 年，曾是湯姆生學生的盧瑟福用 α 粒子散射實驗否定了湯姆生的模型。他用高速飛行的 α 粒子當做炮彈去轟擊原子，發現大多數 α 粒子的偏折角度不大，可是有少數 α 粒子發生了大角度的散射，有的甚至完全折回去了，說明 α 粒子一定是碰到了某種品質大而堅硬的東西。根據湯姆生的模型，這種大角度的散射是根本不應產生的。盧瑟福根據實驗結果，推知原子的

---

[13] 《論科學技術》，《科學通報》1957.4，頁 99。

正電荷必然集中在很小的核上。他提出了一個原子有核模型來代替湯姆生的無核模型。他認爲原子的中心有一個帶正電的核心——原子核，它集中了原子的全部正電荷和原子的幾乎全部品質；電子很輕、很小，它們分佈在原子核外的空間裡繞核運動，彷彿是一個小太陽系。1913 年，盧瑟福的兩個學生蓋革和馬斯頓用實驗證實了他的模型，盧瑟福的模型得到了公認。但是，盧瑟福的模型沒有證明電子在原子中是怎樣分佈的，也不能解釋原子的線狀光譜和原子穩定性的問題。1913 年丹麥物理學家玻爾仔細研究了當時已經積累起來的大量精確的光譜資料和經驗公式，受到巴耳末公式的啓發，把普朗克的量子化概念引進盧瑟福的原子結構模型，提出了原子結構的量子化軌道理論，即玻爾的氫原子理論。玻爾的理論仍然是以古典理論爲基礎的，只不過是用量子化條件對電子的運動軌道加以限定，而量子化條件的引進也沒有適當的理論解釋。因此我們可以說玻爾的理論還不是一個統一完整的理論體系，它是古典理論和量子理論的混合物。[14]

　　總之，理論模型的這個特徵表明，當科學需要它時，便採取它，而當它失去解釋作用時，就加以揚棄。因此可以說，在科學中應用理論模型的歷史，自然也是模型不斷失靈或不斷發展的歷史。由此可見，每一理論模型，都具有有限性、片面性，因此隨著科學的發展，它就逐漸失靈了。我們的認識不斷發展的過程，概念和理論日益完善地反映現實的過程，也是建立日益完善地模仿現實的理論模型的過程。

　　在全部經驗科學中，理論模型更是繁雜多樣的，可以依據不同的標準，分爲不同的類型。就整個科學理論來看，我們可以區分出特設性模型和系統性模型。前者向我們表像出這個或那個特

---

[14]　參閱：《科學技術史講義》，清華大學出版社，1982，頁 213—217。

殊規律或某一限定範圍的規律領域；或者試圖徹底地整理科學的整個領域。隨著電子電腦的廣泛應用，模擬技術的突飛猛進，關於「宇宙模型」的研究也提了出來，這是理論模型方法的深入發展。根據認識對象所作的簡化描述的不同，又可以區分爲定性的模型和定量的模型。前者是用來再現原型的某些特性的；後者是以純粹抽象的數學形式來表達的，即從精確的量上再現原型的，因此又稱爲數學模型，科學實踐證明定量描述和表達比起定性描述和表達也是一個深入和發展。

第三，理論模型具有能動性、積極性。

理論模型作爲一種科學思維方法與「精確」的自然科學的古典方法相比，越來越居於突出重要的地位。自然科學古典方法的特徵是盡可能全面地、「誠實」地觀察，精心排除一切可能的錯誤來源進而對這些觀察做出分析，從觀察提供給我們的大量材料中尋找普遍聯繫與其規律性，最後在範例上進行實驗，進一步闡明觀察與理論尚未解釋清楚的問題的某些方面。後來，除了這種方法之外，理論模型日益顯示出自己的長處。人們注意到觀察是消極的，中性的觀察、不受理論污染的觀察是沒有的。而理論模型越來越表現出人們思維的能動性。觀察、實驗就其本質而論是以個別的、特殊的東西爲對象，儘管最後有助於再現和把握整體，但並非以整體爲對象，而理論模型則不同，它是一種全面的、積極的分析批判現實的方法，是以整體爲對象，能再現和把握全面，抓住對象諸方面及其本質。

理論模型是解決理論和實踐的矛盾的重要方式之一，由於模型捨棄了個別的、非本質的東西，因而它是理論概括，然而理論模型在經驗自然科學中又都必須起實際作用，就此看來，它又具有實踐的意義。現在有許多情況表明，正是理論之轉變爲模型，

又通過模型指導人們進行科學實驗，推動科學的發展，表現其能動作用。

理論模型在自然科學認識論中的地位到底是怎樣的？即理論模型在科學研究中到底有什麼實質性作用呢？

首先，理論模型是科學解釋的工具，它有助於我們對科學定律的瞭解，它是對這些定律的闡述和解釋。它是如何幫助人們理解或闡釋科學定律的呢？下面舉一個例子來說明：

「例如原子——它是理論性的，因為大體上我們是不能直接『觀察到』原子的，而只能在一種闡釋著相對而言是未經闡釋的『資料』的理論的框架內推理地進行『觀察』的。這並不意味著，給定某組定律，我們就可據以推斷出這組定律的理論實體是什麼，相反，正是這種理論允許我們根據某種已知數據推斷出我們『觀察』到的東西是一個原子。但是，這就出現了這種認識論問題：是否能夠說我們『觀察到』原子，或者原子是否是我們發明出來以幫助我們理解，或經濟地命名觀察到的屬性的特性構成的想像構思物。在我們關於觀察和測量的討論中，我們提出，超越盲目感觸『接觸』或『原始感覺』的一切觀察和一切測量都是關於某種事物是什麼情況的觀察，並且超越出純粹的神經反應或『直接感覺』（如果有這類事情存在的話）的這一步是借助於觀察和測量的某種框架而達到的，在此框架中它獲得意義。我們在這裡當作為一個模型的正是這樣一種框架（不論處在何種程度的複雜性上的）。這裡也從同一種意義上來看待模型、概念框架和理論這些術語，因而在這個意義上所有觀察和測量都是理論性的或是處在某種理論模型的框架之內的。」[15]

---

[15]　（美）M・W・瓦托夫斯基：《科學思想的概念基礎》，求實出版社，1982 年，頁 402。

　　在這裡，原子模型的作用是這樣的，它不僅被設想為解釋著它為之而構思出來的定律，而且它用來產生迄今未被表述的定律並把先前被認為是分別獨立的定律統一起來。諸如，熱、固定性、顏色、重量是這些無關聯的屬性以及它們的關係的定律，可以從原子模型中演繹出來。一般說來，理論模型的解釋作用，是通過演繹的方式表達出來的。

　　如前所述，理論模型是不斷發展的。但每一模型在其發展的每一階段上都有不可忽視的作用。比如原子模型就是發展的，從德謨克利特的原子論，到當代原子物理學的複雜模型，用更為豐富的內容代替了不豐富的內容。但它們在當時都各有一定作用。我們認為無論是失靈的模型還是成功的模型，它們都給我們提供了認識現實的重要手段。完全失靈的模型也告訴我們，它們所依據的原理與結構是不符合於它們應該模仿的自然過程的原理和結構的。就是這種否定性的知識，也有重要的作用，使人們知道不可在什麼地方去尋求真理。這也是有價值的。當然，成功的模型達到的結果符合於我們同模型想要反映的自然過程的原則，它更會向我們提供關於發現真理的啓發性工具。

　　作為科學解釋工具的理論模型，又是多種理論思維方法的綜合，它是在多種思維方法綜合的過程中發揮作用的。在建立理論模型前首先需要積累材料和有關資料。因此就需要比較、分類、歸納、演繹等邏輯方法；在理論模型的抽象過程中，更需要分析與綜合、類比與想像等方法；理論模型的建立又是離不開運用科學假說方法的。總之，建立理論模型的模型化過程，幾乎是所有理論思維方法綜合運用的過程。這些方法互相聯繫、互相滲透。有人認為，模型化方法自身也成為促進各種方法的綜合化，它是建立完整的科學方法論體系的重要手段。由此可見，理論模型作

為理論思維的手段，是綜合化的方法，在現代科學研究中越來越表現出具有十分重要的作用。這種作用是不可忽視的。

其次，由於理論模型具有說明想像的特性，因此它與通常的實驗方法相比，具有重要的優點和作用。實驗往往是在某一界限內改變一定過程的條件獲得知識的方法，它所涉及的範圍較小，因此，效果就受到了限制。而理論模型是人的思維方式，能說明人自由奔放地進行思考，能給人以廣闊的啟示，這是實驗方法所達不到的。

總之，在科學研究的過程中，理論模型是人類認識自然和改造自然的重要方式，也是人們進行理論思維的重要手段，在近代經驗科學產生和發展過程中，這種方式曾經發揮了重要作用。同樣，在現代科學中，理論模型已發展成為一種具有普遍性的科學認識方法，它在經驗科學以至工程技術等各個領域中已得到了普遍應用。

歸納法中的認識論問題探討

　　科學家（這裡僅指經驗自然科學家）從複雜現象中概括出經驗定律，常常使用歸納法。按照傳統的邏輯觀點，歸納法就是從個別知識的前提概括出一般性知識結論的方法。它有兩種不同的情況：其一，考察某類的全部個體對象，根據它們具有或者不具有某種屬性而概括出一般結論，這是完全歸納法；其二，只考察某類中的部分個體對象，根據它們具有或不具有某種屬性而概括出一般結論，這是不完全歸納法。

　　完全歸納法的結論所斷定的並未超出前提的斷定範圍，結論為前提蘊涵。因此，這種結論具有必然性。而不完全歸納法的結論所斷定的已經超出前提的斷定範圍，是對前提原有知識的推廣。因此，它的結論不具有必然性，而是或然的，即結論可能真實，也可能虛假。

　　應用完全歸納法進行推理，只要遵循下列兩點要求，那麼結論就必然是真實的：

　　第一，對於個別對象的斷定都是確實的。

　　第二，被斷定的個別對象是一類的全部對象。

　　應用不完全歸納法進行推理，結論的知識往往不只是前提已有知識的簡單概括，而且還揭示出了存在於無數現象中的普遍規律性，向人們提供嶄新的知識。然而，這種認識還只是猜測，還不具有必然性，還要對它加以驗證。應用不完全歸納法，必須注意提高結論的可靠性，努力避免發生以偏概全的片面性，於是就出現了歸納法的合理性問題。

　　關於歸納法的合理性問題的研究，最早可以追溯到古希臘。
亞里斯多德已經注意到了歸納的結論所斷定的範圍超出了前提所
斷定的範圍。他指出，這是一個矛盾。後來還有許多思想家研究
了這個問題，在研究的過程中，出現了兩種傾向：一種是完全否
定歸納法；一種認為歸納法是萬能的。

　　英國的大衛·休謨所提出的「歸納問題」，向歸納法提出了挑
戰，在科學史上發生了很大影響。所謂「歸納問題」是指：歸納
法是否能用經驗理由來證明為正確的。古典歸納主義者認為，使
用歸納法，能獲得科學知識，並能加以證實。但是休謨認為，這
種論證是荒謬的。因為這是首先在假定歸納法有效性的基礎上作
出的證明，顯然這是循環論證。這樣，就使經驗主義者陷入了兩
難的境地：他或者是一個徹底的經驗主義者，因此不承認從經驗
中導出的陳述以外的任何東西，這樣，就不能進行歸納，並必須
放棄關於未來的任何陳述。要不然，他就承認歸納，這樣他就承
認一個不可以從經驗中導出的原則，這樣就放棄了經驗主義。

　　休謨的「歸納問題」是在對知識確實性的分析中提出來的。
關於知識的確實性：

> 「休謨堅持認為，關於觀念關係的陳述與事實的陳述有兩個方面
> 的不同。第一個方面是能夠向這兩類陳述提出的真理要求的類型
> 不同。關於觀念關係的某些陳述是必然真理。例如，給定歐幾里
> 德幾何學的公理，那麼，除了三角形三內角之和為 180 度之外，
> 就不可能是別的了。肯定公理否定定理必定形成自相矛盾。另一
> 方面，關於事實的陳述只不過偶然地是真的。否定經驗陳述不是
> 自相矛盾，被描述的事實可能本來就是另一回事。」[16]

　　因此，休謨認為歸納法不具有邏輯的必然性。

---

[16]　約翰·洛西：《科學哲學歷史導論》，華中工學院出版社，1982，頁 106。

在「歸納問題」中，休謨還把尋求必然的經驗知識轉到尋求事件的先後關係的必然知識上，他認為這種尋求也是不可能的。休謨認為，為要建立事件先後關係的必然知識，人們就必須證明不可能有別的先後關係。但是，他指出，斷言雖然每一個 A 之後有一個 B，但下一個 A 之後將不是一個 B，這並不是自相矛盾。

休謨的「歸納問題」，除了前面論述的邏輯學方面，還有心理學方面。就是說，歸納法能否得到心理根據的支持？休謨認為這種根據是存在的，這就是具有理性的人的習慣與信心。休謨的這種觀點，是與他對因果性的分析相聯繫的。他認為關於事實的推理往往是建立在因果關係上的，人們習慣於在當前的事實與未來的事實之間尋求聯繫、探索因果。由於結果與原因極不相似，人不能靠先驗的推理，而只能靠觀察和經驗建立因果關係的知識。休謨認為，仔細地分析表明，我們所能觀察和經驗到的只是事件之間的前後相連，只是諸現象的次序，我們並不能知道對象是否必然地有聯繫。這種聯繫產生於人的習慣和信心，雖然它有心理的根據性，但並沒有邏輯的必然性。

休謨提出的「歸納問題」，看到了歸納法的侷限性，對歸納法提出了質疑，是有一定意義的。但是，休謨是一個唯心主義的經驗論者，他認為一切知識都是從經驗、從感性「印象」中產生的。那麼，「印象」、感覺是從哪裡來的呢？他認為，這個問題在原則上是不可能解決的，因為：

> 「我們心中從來只有知覺，而沒有任何其它的東西，並且無論如何也不會獲得有關知覺和客體的關係的任何經驗。因此，設想有這種關係，是沒有任何邏輯根據的。」[17]

---

[17] 轉引自列寧：《唯物主義與經驗批判主義》，人民出版社，1960，頁 21。

　　總之，經驗、感覺的泉源是人所不可能知道的。這就是和懷疑論密切相聯繫的極端的不可知論。

　　休謨完全否認任何實體的存在，認爲實體是在普通的心理習慣的基礎上形成的一種虛妄的印象，心理生活不過是由聯想所聯繫起來的一些觀念的合流。他認爲，中心問題在於對習慣的心理聯想進行研究。他把聯想分爲三類：在空間和時間上關聯的聯想，相似和對照的聯想，以及因果的聯想。在這三類聯想的基礎上，產生了相應的知識領域：實驗科學、數學和理論科學。

　　休謨還認爲，因果性不是客觀事實，而是純粹主觀的、心理學的事實。休謨所藉以建立的心理「經驗」給我們提供了諸現象的秩序，但只是如此而已。他說，火上的水壺現在沸騰著，如果以後某一天水壺在火上結了冰，也不必驚奇。於是，他作出了一個極其錯誤的結論：沒有不可動搖的自然界的秩序，沒有客觀規律存在。

　　休謨否定歸納法在科學發現中的作用是完全錯誤的。然而有些邏輯思想家認爲，歸納法是萬能的，這同樣也是錯誤的。這種人被稱爲全歸納派。

　　全歸納派認爲，歸納法是科學研究中唯一有效的方法。恩格斯在《自然辯證法》中把全歸納派稱爲「歸納萬能論」者，並給予了深刻的批判。他指出：

> 「按照歸納派的意見，歸納法是不會出錯誤的方法。但事實上它是很不中用的，甚至它的似乎是最可靠的結果，每天都被新的發現所推翻。光微粒和熱素是歸納法的成果，它們現在在什麼地方呢？」[18]

---

[18]　恩格斯：《自然辯證法》，人民出版社，1971，頁 206。

　　恩格斯在這裡全面深刻地批判了全歸納派的嚴重的片面性，並指出產生片面性的原因在於：一方面不瞭解實踐在思維活動中的作用，另一方面不瞭解個別和一般的辯證法。

　　那麼，如何才能提高歸納結論的可靠性，使歸納法發揮更大的作用呢？

　　首先，要遵循傳統邏輯的要求，一方面要儘量多地並且儘量廣地考察某類中的對象；另一方面，要努力探索某類事物與某種屬性之間的內在聯繫，從而概括出一般結論。

　　其次，運用歸納和演繹辯證統一的方法，使歸納法得到適當的補充。恩格斯指出：

> 「歸納和演繹，正如分析和綜合一樣，是必然相互聯繫著的。不應當犧牲一個而把另一個捧到天上去，應當把每一個都用到該用的地方，而要做到這一點，就只有注意它們的相互聯繫，它們的相互補充。」[19]

　　歸納和演繹的辯證關係是什麼？它們是怎樣相互聯繫、相互補充的？

　　一方面，歸納和演繹是互為前提的。歸納的結論可以為演繹提供前提，這是人們容易理解的。那麼，演繹又是如何為歸納提供前提的呢？我們知道，任何歸納都是從個別到一般，而人們對個別事實的考察和研究，不是盲目的，而是有意識、有目的進行的。這種目的性和方向性來源於人類先前積累起來的一般性知識，這就體現了從一般到個別的演繹法的作用。例如英國地質學家賴爾在 1830 年提出了地質演化學說，他指出，地球表面和一切生活條件的漸次改變，導致有機體的漸次改變。達爾文正是從這種觀點出發，概括大量事實，創立了生物進化的學說。另一方面，

---

[19] 《自然辯證法》，頁 200。

從人類的認識過程來看，從個別到一般和從一般到個別總是互相
滲透的。因此在前一過程中，既有歸納，又有演繹，而以歸納為
主，歸納中包含著演繹。在後一過程中，既有演繹，又有歸納，
而以演繹為主，演繹中包含著歸納。

再從人的思維結構來看，也體現著歸納中有演繹，演繹中有
歸納。僅以不完全歸納法為例，它由前提、「歸納中項」、結論三
部分組成，其模式如下：

前提——S_1 是 P

$\qquad S_2$ 是 P

$\qquad S_3$ 是 P

$\qquad$ ……

$\qquad S_n$ 是 P

「中項」——S_1、S_2、S_3……S_n 是 S 類的部分對象

結論——所有 S 都是 P

從以上邏輯結構中可以看出，歸納的前提包含兩部分：一部
分是在實踐中獲得的個別性的知識，另一部分是關於確定這些個
別事物的類的知識，這一部分黑格爾稱之為「歸納的中項」，或「中
項」；結論則是從個別知識中概括出來的一般知識。從以上「歸納
的中項」所起的實際作用可以看出，歸納的結構中是包含著演繹
成分的。

再一方面，歸納和演繹是能夠相互轉化的。歸納既然可以為
演繹提供前提，也就是說，歸納準備了演繹的條件，而演繹得出
的正確結論，可以為歸納提供前提，換句話說，演繹為歸納擴大
了活動場所。就這樣，它們在一定條件下互相轉化，發揮認識世

界和改造世界的作用。必須強調，轉化的條件是十分重要的，這個條件就是各自得出的結論是正確的。

歸納和演繹的互相轉化不能理解爲歸納和演繹的交替使用，否則就要導致歸納和演繹的分離，在歸納中看不到演繹，在演繹中看不到歸納。這是形而上學的觀點。

總之，在完整的理論思維活動中，是同時包含著歸納和演繹的，它們在認識過程中是互相依賴、互相滲透、互相轉化的。演繹脫離了歸納，是空洞的演繹；歸納脫離了演繹，是盲目的歸納。歸納豐富和檢驗了演繹，演繹補充和指導了歸納，二者是缺一不可的。

我們還必須注意到，歸納法作爲一種由個別知識概括出一般原則的方法，它不等於認識由個別到達一般的整個過程。顯然，人們先要搜集到一定的事實材料，有了個別的經驗知識作爲前提，然後才能進行歸納。而搜集事實材料，必須依賴於經驗認識的方法，即觀察、測量、實驗等方法。在搜集材料的過程中，人們還必須對其進行思維的加工，於是就需要運用一定的理論思維方法，諸如比較、分析、綜合等方法。

總之，歸納法中的認識論問題是比較複雜的，既有唯物論方面的，又有辯證法方面的。只有科學地把這些問題弄清楚，才能更合理更有效地使用歸納法。

發表於《天津師大學報》1984 年第 4 期。

辯證邏輯篇

論辯證思維形式的由來和特點

　　辯證邏輯是研究辯證思維形式及其規律和方法的科學。那麼，什麼是辯證思維形式，它有什麼特點？辯證思維形式又是怎樣形成的？

（一）

　　什麼是辯證思維？

　　宇宙從原始星雲到開出思維花朵，這是一個漫長的歷史發展過程。而思維自身的發展，也走過了不同的歷史階段，它在不同的歷史時代，具有不同的形式和內容。我們從歷史的觀點出發，就會看到，人類的思維已經經過了兩個重要發展階段，即抽象的思維階段和辯證的思維階段。在人類思維發展的過程中，首先是抽象思維的發展，而後辯證思維才逐漸發展起來，這是不依人們的意志為轉移的客觀過程。

　　辯證思維是思維發展史上的高級階段。從思維歷史發展的先後過程中可以看清這一點。首先，人們要滿足自己物質生活的需要，就必須進行物質資料的生產。在生產實踐中，人與自然界和社會發生關係，便感知了客觀對象的各種屬性。於是，思維的概括就有了現實的感性基礎。人逐漸抓住了事物的本質屬性，就產生了概念。為了把屬性相同的事物確定下來，也為了把屬性相異的事物區別開去，開始人們就應用了確定的、抽象形式的固定概念。進一步在實踐活動中，人們對由這種概念所標誌的各類事物進行深入的研究，作出各種判斷和推論，後來，由於深入的研究，又使人們發現，在相同的方面，又是那麼的不相同，固定的界限又是那麼的不固定，此事物隨時都在向其它事物過渡和轉化。人

們要想使自己的認識跟上客觀現實，只有使先前的概念活動起來，在概念的流動中、概念的相互轉化中把握事物。這樣，思維就經歷了從使用固定的概念到使用流動的概念的過程。抽象思維是運用固定性概念的，是思維發展的初級階段；而辯證思維是運用流動性概念的，是思維發展的高級階段。從抽象思維到辯證思維，體現出思維從低級向高級發展的合乎規律的過程。可見，抽象思維是辯證思維產生的基礎和前提，辯證思維只有到思維發展到一定階段才會產生。

輝煌壯麗的科學發展史幾乎都反映了這種思維歷史發展的進程。每一座科學宮殿的建立過程，幾乎都經歷了從運用固定的概念的階段到運用流動的概念的階段。例如，從牛頓的古典力學，到近代的相對論力學、量子力學；從古希臘開始創立的歐基里德幾何學，到羅巴切夫斯基和黎曼等人的非歐幾何學等等，都是如此。從某種意義上說，邏輯學的發展過程，就是思維歷史發展過程的縮影。從普通邏輯發展到辯證邏輯，就是再現了從抽象思維到辯證思維發展的階段和進程。因此，關於思維的科學，是一部歷史的科學，是關於人的思維歷史的科學。

辯證思維和抽象思維，在性質和作用上有顯著的區別。抽象思維的基本特徵表現在：在反映客觀現實的基礎上，以感性認識為前提，建立普遍性的抽象，在抽象同一律的指導下，堅持固定分明的界限，保持思維的確定性、不矛盾性和論證性。辯證思維的基本特徵表現在：在反映客觀現實的基礎上，在具體同一律的指導下，溶解抽象思維固定分明的界限，使概念在辯證運動中與客觀現實相符合。因此恩格斯說：

「辯證的思維，不過是自然界中到處盛行的對立中的運動的反映而已，這些對立，以其不斷的鬥爭和最後的互相轉變或向更高形式的轉變，來決定自然界的生活。」[20]

辯證思維和抽象思維雖然有顯著的區別，但它們又是密切地聯繫著的。雖然它們在歷史發展進程中是初級階段和高級階段，但它們卻又相輔相成地作為統一思維的兩個側面並存於現代人的思維當中。現在邏輯學界有一種意見，認為辯證思維既然是思維發展中的高級階段，抽象思維是思維發展中的低級階段，那麼就應當用高級的東西取代低級的東西，企圖取消對抽象思維的研究。這種想法是不符合實際情況的，是錯誤的。原因在於：一方面，辯證思維不能與抽象思維分離，辯證思維的產生是以抽象思維為準備條件的，而且抽象思維的規律、規則是辯證思維所不能違背的，如果沒有抽象思維的深入研究，要想深入地研究辯證思維就是不可思議的；另一方面，抽象思維，在認識過程中，是一個必經的初級階段，從抽象思維到辯證思維，既然是人類思維發展的必然過程，那麼，它也就是思維反映現實的客觀規律，這就是思維的規律要與思維歷史相一致的原理。因此，我們不能取消對抽象思維的研究。同樣，我們也不能取消對辯證思維的研究。因為現代任何一個真實的科學思維過程，都是從抽象思維發展到辯證思維的；每一個體的思維過程也是如此發展的。抽象思維與辯證思維既互相區別又互相聯繫，構成對立的統一體，成為思維的一對固有的矛盾。但由於雙方在歷史發展中所處的地位不同，在人們的認識過程中所起的作用不同，因此，邏輯科學根據對思維的這種不同側面的研究，也就做了區分：普通邏輯是研究抽象思維的，辯證邏輯是研究辯證思維的。

---

[20] 《自然辯證法》，人民出版社，1971 年版，頁 189。

（二）

那麼，什麼是辯證思維形式？

概念、判斷和推理是邏輯思維的基本形式，它們既是普通邏輯思維的基本形式，也是辯證邏輯思維的基本形式。不過，辯證邏輯與普通邏輯相比較，是有根本區別的。

辯證思維是作爲客觀辯證法的反映並在概念、判斷和推理中表現出來的。它通過概念、判斷、推理的矛盾運動去反映客觀事物的矛盾運動。離開了概念的辯證法、判斷的辯證法和推理的辯證法，也就弄不清什麼是辯證思維。因此，論述思維形式（概念、判斷、推理）的辯證法是辯證邏輯最基本的內容。

但有一種意見認爲，概念、判斷和推理只是普通邏輯所研究的，並且運用普通邏輯的手段完全能夠處理這些思維形式的問題。筆者不同意這種意見，因爲普通邏輯並沒有完全解決這些思維形式中的問題。例如，普通邏輯就沒有回答概念、判斷和推理各自的內部矛盾和相互辯證關係等方面的問題；而辯證邏輯在研究這些思維形式時，就能夠回答這些問題。就是說，辯證邏輯在研究這些思維形式時，是著眼於各自的辯證性質和相互的辯證關係的。

辯證思維中的概念、判斷和推理各有什麼特點呢？

首先，我們來考察一下辯證思維中概念的特點：

概念是最基本的思維形式。一般說來，概念是反映事物本質屬性的。在普通邏輯中，概念表現爲名詞，名詞構成命題或判斷的主賓詞等等。這些概念是固定不動的，沒有發展過程。因此，我們稱它爲固定的概念。辯證邏輯所研究的概念則不同，它是運動、變化和發展著的客觀事物的本質、全體和內部聯繫的反映。

辯證邏輯所研究的概念具有以下一些辯證性質：

概念都具有內部矛盾性，即內涵和外延的矛盾。由於概念都是事物本質屬性的反映，因此它就反映著個別和一般、現象和本質、量和質、相似和不相似等矛盾。例如生產關係這個概念，由於它是從原始社會、奴隸社會、封建社會、資本主義社會和社會主義社會等社會形態中抽象出來的，它就反映著個別和一般的矛盾；由於它反映了社會生產中人與生產資料、人與人、人與產品的相互關係的本質，它就反映了現象和本質、相似和不相似的矛盾。這從思維形式上就體現了概念的內涵和外延的矛盾。

概念都具有運動、變化和發展性。由於客觀世界是運動、變化和發展的，所以反映客觀世界的概念就是運動、變化和發展的。比如生產技術史上「生產工具」這個概念，從古到今，無論它的外延還是它的內涵，都是不斷運動、變化和發展的。在生產工具發展的歷史上，人類最早使用的工具是石器工具。青銅器和鐵器工具的出現，是生產工具在「材料」領域中的重大進步。18 世紀，蒸汽機的發明，則是在「能量」領域中的革命。現代，隨著電子電腦的出現和越來越廣泛的應用，正在發生一場「信息」領域中的大革命，這場革命，把生產機械化推進到生產自動化的階段。由此可見，生產技術史上的生產工具是不斷革命、不斷發展的，反映它的概念也是在不斷運動、變化和發展的。因此，列寧指出：

> 「人的概念並不是不動的，而是永恆運動的，相互轉化的，往返流動的，否則，它們就不能反映活生生的生活。」[21]

概念的運動、變化和發展一般在以下幾種情況下進行。一種情況是，當發現客觀世界的某些新現象時，就要產生反映這些現象的內部聯繫的新概念，而這個新概念又與原來的概念有某種聯繫。例如，伴隨著 19 世紀末開始的物理學革命，在自然科學中發

---

[21] 《列寧全集》，卷 38，人民出版社，1959，頁 277。

現了許多新現象，因此也就出現了許多新概念，如原子反應堆、
原子能等等，這些新概念是在原子這個概念的基礎上發展起來
的。另外一種情況是，隨著客觀世界的發展出現了前所未有的新
現象，人們就要創造新的概念來反映這種新現象的內部聯繫。例
如，人類社會進入社會主義歷史階段以後，就出現了以前幾個社
會歷史階段未曾有過的新現象，諸如生產資料公有制，社會產品
的按勞分配，人與人之間的同志關係等等，於是人們就根據這些
新現象創造了「社會主義」這個新概念來反映其本質。還有一種
情況是，對於同一種現象，由於人們的深入研究，發現了更深刻
的本質、更多的內部聯繫，這時也需要在原概念的基礎上，創造
新的概念來反映它。例如，在探索原子世界的秘密過程中，研究
不斷深入，隨著更深刻本質的發現，就出現了更多的新概念，諸
如電子、質子、中子、介子、中微子等等。

概念具有靈活性。由於客觀矛盾的事物可以在一定條件下相
互轉化，因此，反映客觀事物本質的概念也可以在一定條件下相
互轉化。例如數學上的「正」和「負」，隨著數軸的移動，「正」
可以轉化為「負」，「負」可以轉化為「正」。再如地理上的「東」
和「西」，哲學上的「原因」和「結果」，都可以在一定條件下相
互轉化。凡是矛盾的概念，只要條件發生了變化，它們就會發生
變化。在辯證思維中，必須注意這一點，一定要防止思想僵化或
半僵化，

但是，概念的靈活性不能脫離它的客觀基礎。毛澤東指出：

> 「人的概念的每一差異，都應當把它看作是客觀矛盾的反映。客
> 觀矛盾反映入主觀的思想，組成了概念的矛盾運動，推動了思想
> 的發展，不斷地解決了人們的思想問題。」[22]

---

[22] 《矛盾論》，《毛澤東選集》，卷 1，頁 281。

　　不注意概念的客觀基礎去講它的靈活性，就要導致唯心主義詭辯論。

　　其次，我們再來考察一下判斷的辯證性質：

　　判斷是在概念的基礎上建立起來的思維形式。普通邏輯所研究的判斷是從純形式上研究的，例如直言判斷一般分爲四類，這四類是並列在同一水平上的，由全稱（包括單稱）、特稱、肯定、否定排列組合而成。這是一種純形式的外在的排列，沒有什麼有機的聯繫。辯證邏輯所研究的判斷，是展開了的概念，它可以更充分地揭示事物的本質、全體和內部聯繫。

　　判斷的辯證性質表現在：判斷具有內部矛盾性。比如直言（性質）判斷包含主詞、賓詞、係詞和量詞。客觀事物的個別和一般、個性和共性的矛盾反映在判斷中，就表現爲主詞和賓詞的矛盾。比如在「科學是生產力」這個判斷中，就反映了個別和一般的矛盾，科學是個別，生產力是一般，它們是矛盾的統一體，它們既是對立的，又是統一的。在這個判斷中就表現爲主詞「科學」和賓詞「生產力」之間的矛盾。

　　判斷的矛盾性，還顯明地體現在辯證判斷之中。所謂辯證判斷就是反映客觀現實中存在的矛盾關係的判斷。例如：「時間是連續的，又是不連續的」，「運動和靜止是物質的特性」，等等。在辯證判斷中，有的是賓詞反映了事物的矛盾關係，有的是係詞，也有的是主詞反映了事物的矛盾關係。但這些辯證判斷，正確地反映了客觀現實中存在的矛盾，是科學的。這與那種由於違背思維的首尾一貫性而產生的邏輯矛盾是根本不相同的。

　　判斷也具有運動和發展性。由於實踐是發展的，因此作爲思維形式的判斷也要隨著實踐的發展而發展。例如人對光的認識，開始認識到它的微粒性，給以判斷：「光是具有微粒性的」，後來

在實踐的發展中，認識到光又具有波動性，因此關於光的判斷也就發展了：「光具有微粒性，又具有波動性」。

　　判斷的運動和發展性，還表現在判斷之間不是互相平列，而是「以此推彼」，「互相隸屬，從低級形式中發展出高級形式」。恩格斯曾舉例說明這一點：判斷從「摩擦是熱的一個源泉」，到「一切機械運動都能借摩擦轉化為熱」，直到提高為「在每一情況的特定條件下，任何一種運動形式都能夠而且不得不直接或間接地轉變為其它任何運動形式」，就是前後的隸屬關係。後一個判斷包含著前一個判斷的內容，同時又把前一個判斷發展到高級的形式。

　　因此，根據辯證邏輯的觀點，不同種類的判斷並不是簡單的雜湊，也不是純形式的簡單排列組合，而必須反映思維從低級向高級的發展。正如黑格爾所說：

> 「各種不同的判斷不能看作羅列在同一水平，具有同等價值，毋寧須把它們認作是構成一種階段的次序。」[23]。

　　最後，我們再來考察一下推理的辯證性質。

　　推理是在概念和判斷的基礎上建立起來的思維形式。普通邏輯所研究的推理，也是從抽象的純形式的方面著眼的。例如我們所熟悉的演繹推理的標準形式三段論，它就是由大前提、小前提、結論三個判斷組成。顯然，這種推理是撇開事物的具體內容進行的。辯證邏輯所研究的推理，不是撇開事物的具體內容及其運動、變化和發展，而是從對事物認識的深化上去進行的。從辯證邏輯的觀點看來，推理是從既知的知識推出新知識、擴大認識成果的思維形式，它不但能反映事物現在的內部聯繫，還能預見事物未來發展的趨勢。

---

[23]　黑格爾：《小邏輯》，商務印書館，1980，2版，頁344。

　　推理的辯證性質表現在：推理也具有內部矛盾性。任何事物從一個過程發展到另外一個過程，都是因為事物的內部矛盾運動的結果，推理只不過是這種矛盾運動的反映。因此，辯證思維的推理，必須對事物進行矛盾分析。例如，馬克思、恩格斯基於對資本主義社會的矛盾分析，推出資本主義必然滅亡和社會主義必然勝利的結論。列寧基於對帝國主義和無產階級革命時代各種矛盾的分析，推出社會主義革命可以在一國或少數幾國首先取得勝利的結論。毛澤東基於對舊中國和全世界的矛盾分析，推出中國革命必然要分為新民主主義革命和社會主義革命兩個步驟的結論。粉碎「四人幫」反革命集團以後，黨中央基於對我國「文化大革命」後經濟、政治、軍事和科學文化等各方面的矛盾分析，推出我國必須堅持四項基本原則，走中國式的社會主義現代化道路的結論。顯然，這些科學的推理，都是基於對矛盾的分析得出來的，是歷史發展的必然過程在思維中的反映。

　　推理形式具有運動和轉化性。客觀事物的矛盾發展過程是千變萬化的，推理形式也要隨其變化而變化。因此推理形式之間是相互轉化的。這正如列寧所說：

　　「類比推理（關於類比的推理）向關於必然性的推理的轉化，——歸納推理向類比推理的轉化，——從一般到個別的推理向從個別到一般的推理的轉化——關於聯繫和轉化（聯繫也就是轉化）的闡述，這就是黑格爾的任務。」[24]

　　由此可見，辯證思維形式雖然還是概念、判斷和推理，但它不是離開認識的具體內容來考察它們的，而是從認識的深化運動，從反映客觀真理的程度如何著眼。就是說，辯證邏輯首先著

---

[24] 《黑格爾〈邏輯學〉一書摘要》，《列寧全集》卷38，頁192。

眼於研究概念、判斷和推理的內部矛盾，同時還研究它們是怎樣反映客觀現實的矛盾的。這就是辯證思維形式的獨自的特點。

　　以上所述，就是辯證思維形式的由來和特點。要掌握辯證思維的形式，必須遵循辯證邏輯的如下要求：

> 「要真正地認識事物，就必須把握、研究它的一切方面、一切聯繫和『中介』。我們決不會完全地做到這一點，但是，全面性的要求可以使我們防止錯誤和防止僵化。這是第一。第二，辯證邏輯要求從事物的發展，『自己運動』（像黑格爾所說的）、變化中來觀察事物。就玻璃杯來說，這不能很清楚地看出來，但是玻璃杯也並不是一成不變的，特別是玻璃杯的用途，它的用處，它同周圍世界的聯繫，都是常常變化的。第三，必須把人的全部實踐——作為真理的標準，也作為事物同人所需要它的那一點的聯繫的實際確定者——包括到事物的完滿的『定義』中去。第四，辯證邏輯教導說，『沒有抽象的真理，真理總是具體的』……。」[25]

　　要科學地運用辯證思維形式，也必須遵循這些要求，最後才能獲得具體真理的認識。

發表於《天津師院學報》1982 年第 1 期。

---

[25] 《再論工會、目前局勢及托洛茨基和布哈林的錯誤》，《列寧選集》，卷 4，頁 453。

辯證邏輯的基本規律的探討

　　辯證邏輯隨著辯證思維在現代自然科學、社會科學和哲學中的充分發展，正走進人類科學的大廈。辯證邏輯是研究辯證思維形式、方法和規律的，對此，人們的爭議不大。而對辯證邏輯的基本規律問題，卻是眾說紛紜，莫衷一是。

　　有些學者，否定辯證邏輯是「邏輯」科學，否定辯證邏輯有自己所研究的基本規律。例如，新托馬斯主義者鮑亨斯基，就否定辯證邏輯在人類思維中的作用，說辯證邏輯沒有一條關於推理的規律。這些學者站在自己的立場上，反對科學的辯證法，並用形式邏輯的規律來抹煞辯證邏輯。這顯然是他們對辯證邏輯的無知。因此，他們否定辯證邏輯有自己所研究的思維規律就不足為怪了。

　　在我國學術界，早在上世紀 50 年代就有人主張，辯證法和辯證邏輯是同一的，辯證法所研究的基本規律就是辯證邏輯所研究的基本規律。近來，我國哲學界、邏輯學界的許多人，對辯證邏輯的思維規律問題進行了深入、具體地探討：有人繼續主張對立統一規律是辯證邏輯的基本規律[26]；有人提出辯證邏輯的基本規律是對立同一思維律[27]；還有人認為具體同一律是辯證邏輯的基本規律[28]。這些見解對推動辯證邏輯思維規律問題的研究是十分有益的。

---

[26]　《論對立統一規律在辯證邏輯科學體系中的地位和作用》，《哲學研究》，1980，
　　　第 11 期。

[27]　《試論辯證邏輯的對立同一思維律》，《哲學研究》，1980，第 2 期。

[28]　《辯證邏輯》，吉林人民出版社，1981，第二章。

（一）

筆者認爲，辯證邏輯與辯證法、普通邏輯相比較，有它自己所研究的基本規律。

第一，從辯證邏輯與辯證法的研究對象來看，它們所研究的基本規律應該是不同的。

辯證法，正如恩格斯所說，它是：

> 「關於一切運動的最普遍的規律的科學。」[29]

> 「是關於自然、人類社會和思維的運動和發展的普遍規律的科學。」[30]

列寧也指出：

> 「辯證法，即關於包羅萬象和充滿矛盾的歷史發展的學說。」[31]

由此可見，辯證法，作爲一種科學，它所研究的對象包括自然、社會和人類思維，是包羅萬象的，它所研究的規律，是從自然界、社會和人類思維中概括出來的最普遍、最一般的規律。

而辯證邏輯的研究對象僅僅是人類思維中的辯證思維，它所研究的規律是辯證思維的規律。辯證思維的規律與客觀世界（自然界、社會）的規律相比，有其特殊表現：一是，辯證思維的規律是通過辯證思維形式表現出來的。辯證思維形式是人的主觀形式，它雖然可以從客觀世界中找到「原型」，但與客觀事物自身的表現形式是不同的。二是，辯證思維的規律是通過辯證思維的邏輯方法表現出來的。這些方法，一方面是形成辯證思維形式的邏

---

[29] 《自然辯證法》，《馬克思恩格斯選集》，卷3，頁565。

[30] 《反杜林論》，《馬克思恩格斯選集》，卷3，頁81。

[31] 《論馬克思主義歷史發展中的幾個特點》，《列寧全集》，卷17，頁22。

輯方法，另一方面，它是在人類思維活動中創造出來的方法。三
是，辯證思維的規律是在認識從簡單到複雜的辯證過程中逐漸表
現出來的。是認識具體事物、具體真理的規律。

辯證思維的規律與辯證法的規律比較起來，前者是特殊的或
個別性的，而後者是普遍的或一般性的。因爲一般是從個別中概
括出來的，在概括的過程中，肯定要取其什麼，捨掉什麼，一般
不等於個別。因此，辯證法的一般性的規律，是不能概括完人類
辯證思維的各個方面的。這就是說，辯證法的一般規律，決不能
完全包括辯證邏輯的規律。因此，決不能以研究辯證法的基本規
律簡單地代替對辯證邏輯的基本規律的研究。

這正如恩格斯所說，辯證法可以歸結爲：

　「關於外部世界和人類思維的運動的一般規律的科學。」

他強調說：

　「這兩個系列的規律在本質上是統一的，但是在表現上是不同
　的。」[32]

有些人認爲，由於可以用辯證法的基本規律來指導和「制約」
對辯證邏輯的研究，因此，辯證法所研究的基本規律，也就是辯
證邏輯所研究的基本規律。

研究辯證邏輯要以唯物辯證法的基本規律爲指導，這是毫無
疑義的。但是，把指導辯證邏輯進行研究的規律看作是辯證邏輯
本身所研究的規律，顯然這是不合邏輯的。我們知道，唯物辯證
法是關於世界觀的科學，它對真正的科學研究都有指導和「制約」
的意義，真正的科學都應該服從唯物辯證法的基本規律的指導，

---

[32] 《路德維希・費爾巴哈和德國古典哲學的終結》，人民出版社，1972，頁34。

難道說所有的科學都要把辯證法的規律當作自己的研究規律嗎？顯然這是不符合科學史上的事實的。

　　還有人認為，辯證邏輯是辯證法的一部分，辯證法中包括著辯證邏輯，因此，辯證法所研究的基本規律就是辯證邏輯所研究的基本規律，這種觀點也是我所不敢苟同的。大家知道，在哲學史上，古希臘時期的「形式」邏輯是包括在哲學之中的，但是亞里斯多德所研究的邏輯規律與哲學所研究的規律顯然是不同的，實際上，那時的形式邏輯已從哲學中分離了出來。辯證邏輯是否會從作為哲學的辯證法中分離出來呢？那也不是不可能的。

　　第二，從辯證邏輯和辯證法的科學形態來看，它們所研究的基本規律也應該是不同的。

　　辯證法是關於自然、社會和人類思維的普遍聯繫和運動、變化和發展的學說，是指導人們如何全面認識世界的科學，是關於世界觀的學問，它的科學形態屬於哲學。因此，列寧指出，辯證法是教給人們：

　　　「最完整深刻而無片面性弊病的關於發展的學說」[33]

　　因此辯證法所研究的規律就必須帶有普遍性和一般性，要從客觀世界和人類思維整體中概括出來。而辯證邏輯是關於辯證思維形式與其規律的科學，它的科學形態屬於邏輯學，它主要教給人們用什麼方法進行正確的思維或思考，它是人類的科學思維工具。因此，辯證邏輯所研究的基本規律就必須從人類辯證思維形式和方法中去概括和總結。

　　邏輯學都是研究思維形式及其規律的。思維形式是指思維活動的表現，思維規律是指思維活動本質的必然聯繫。邏輯學中的思維形式和思維規律是密切聯繫在一起的，正確的思維形式都是

---

[33] 《馬克思主義的三個組成部分》，《列寧選集》，卷 2，頁 442。

符合正確的思維規律的，正確的思維規律一定是正確的思維形式中的規律性。思維形式必須符合思維規律，才能成爲正確的思維形式；正確的思維規律必須寓於正確的思維形式中，才能發揮其規律的作用。思維形式是思維規律作用的結果，思維規律又通過思維形式表現出來，最後給人以正確思考的武器。

由此可見。辯證邏輯所研究的思維規律與辯證法所研究的規律，雖然在本質上是一致的，但表現形式卻是不同的。

在這裡，也可能有的同志會提出，黑格爾的邏輯是唯心主義的辯證邏輯，他的辯證邏輯所研究的基本規律不就是他的辯證法所研究的基本規律嗎？是的，黑格爾是把他的辯證邏輯所研究的基本規律和他的辯證法所研究的基本規律看成一樣的。我們知道，黑格爾的哲學是頭腳倒置的客觀唯心主義的哲學，是純「思辨」的產物。同時，他把他的邏輯學和他的哲學是放在一起研究的，他的邏輯學體系就是他的哲學體系，他的研究重點還是放在他的哲學上。這就是黑格爾把兩種基本規律混爲一談的原因。實際上，他還沒有全面地總結出辯證邏輯的基本規律。因此，我們不能以他爲據。我們應從辯證思維發展的歷史和現狀的實際情況出發，深入具體地認識和總結辯證邏輯的基本規律。

再把辯證邏輯與普通邏輯比較一下。雖然辯證邏輯屬於邏輯，但是二者的思維規律是不同的，它們的不同具體表現在以下幾個方面。

首先，普通邏輯只研究思維初級階段的基本規律，用德國古典哲學的俗語來說，即只研究思維的「知性」活動階段的基本規律，這些規律就是同一律、不矛盾律和排中律，這些規律只反映思維的確定性、不矛盾性和論證性的方面。而辯證邏輯則研究思維高級階段的基本規律，即研究思維的「理性」活動階段的基本

規律，這些規律主要反映思維的具體同一性、辯證矛盾性和發展轉化性的方面。

其次，普通邏輯只研究既成的撇開內容的純粹思維形式的基本規律。這些規律，雖然也是客觀事物特性和關係的反映，但它只是從形式的確定性方面來反映的，而不去反映客觀事物內在的矛盾運動、變化和發展的方面。辯證邏輯雖然研究的是辯證思維形式和方法的基本規律，但它並不撇開思維的具體內容，而且它是從矛盾運動、變化和發展的方面反映客觀對象的本質的。

因此，普通邏輯的思維規律是關於思維的確定性、一貫性的規律，它是人類進行正確思維最初步的法則，是人類進行思維起碼要掌握的東西，因而是人類所不可缺少的。而辯證邏輯的思維規律是思維在流動狀態下具有具體同一性、辯證矛盾性、發展轉化性的規律。思維既要有確定性，又要有流動性，這是思維兩個不可分割的側面，彼此有不同的規律，它們不能互相包含，也不能互相取代。它們是人類思維中統一發生作用的不同規律。

（二）

什麼是辯證邏輯的基本規律？

辯證邏輯的基本規律主要的有具體同一律、辯證矛盾律、發展轉化律。它們之所以形成，是因為客觀事物內部都具有矛盾性，具有運動、變化和發展性。事物的這些基本特性和關係，長期在人類的社會實踐中，在人類認識世界和改造世界的過程中，無數次重覆反映於人們的意識中，而成為正確思維的根本性質，成為辯證思維的基本規律，即辯證邏輯的基本規律。在辯證邏輯的基本規律中，具體同一律反映了客觀事物自身不但具有同一性，而且具有多種規定的差異性。是同一性和差異性的統一反映。辯證

矛盾律反映了具體同一的客觀事物具有辯證矛盾性，任何事物都是在矛盾對立中達到同一。發展轉化律反映了客觀事物在對立統一中具有亦彼亦此的發展轉化性。可見辯證邏輯的基本規律都是客觀事物的基本特性在思維中的反映，而且它們是互相聯繫，成為統一整體的。這正如列寧所說：

> 「人的實踐經過千百萬次的重複，它在人的意識中以邏輯的格固定下來。這些格正是（而且只是）由於千百萬次的重複才有著先入之見的鞏固性和公理的性質。」[34]

下面就試對辯證邏輯的這些基本規律的內容分別進行探討。

具體同一律

具體同一律標明：辯證思維是具有具體同一性的思維。辯證思維在反映運動著的現實世界時，把客觀對象相互聯繫、相互對立的特性反映在思維的概念、判斷和推理中，從而使概念、判斷和推理具有具體同一性。在邏輯思維的過程中，只有保持辯證思維的具體統一，才能達到思維和認識對象的真正一致，獲得具體的概念和邏輯系統。因此。具體同一律是辯證思維必須遵守的最基本的規律。是實現辯證邏輯的科學目的——認識具體真理的最根本保證。

具體同一律像所有的邏輯規律一樣，並不是空殼子，而是客觀事物在人的主觀意識中的反映。我們知道，植物、動物、每一個細胞，在其生存的每一瞬間，都既和自己同一又和自己相區別，這是由於，吸收和排泄各種物質，由於呼吸，由於細胞的形成和死亡，由於循環過程的進行，一句話，由於無休止的分子變化的

---

[34] 《黑格爾〈邏輯學〉一書摘要》，人民出版社，1971，頁153。

總和。這些分子變化形成生命，而其總的結果則一目了然地出現了各個生命階段——胚胎生命，少年，性成熟，繁殖過程，老年，死亡。生理學愈向前發展，這種無休止的、無限小的變化對於它就愈加重要，因而對同一性內部的差異的考察也愈加重要。而舊的、抽象的、形式的同一性觀點，即把有機物看作只和它自己同一的東西，看作常住不變的東西的觀點，便不夠用了。就是在無機界也證明這一點，每一個物體，都不斷地受到機械的、物理的、化學的作用，這些作用在經常改變它，在修改它的同一性。就是數學，這種研究思想事物的抽象科學，才有抽象的同一性及其與差異的對立，但在這裡也不斷地被揚棄。因此，同一性自身包含著差異性，這一事實在思維的每一命題中都表現出來。例如「辯證邏輯是一種思維科學」，「邏輯學是有用的」，這裡不論在主項中或是在謂項中，總有點什麼東西是謂項或主項所包括不了的。總之，與自身的同一，從開始起就必須有與一切別的東西的差異作為補充。這是不言而喻的。這種情況反映在人的思維中，才形成具體同一的思維法則。黑格爾已經注意到辯證思維的具體同一性，並有所研究。他認為，同一是包含著差異和對立的。他在分析形式邏輯「同一律」（即 A=A）的侷限性時指出：

> 「如果任何事物都和自身同一，那麼，它就沒有差別，就沒有對立，也就沒有根據。」

他還指出：同一律的擁護者

> 「由於他們抓住這個以差別為自己對立面的呆板的同一，所以他們看不到自己這樣做時就是把同一變成了片面的規定性，而片面的規定性是沒有真理可言的。」

普通的思維：

> 「因為它不懂從這些規定中的一個規定向另一個規定轉
> 化的這個運動」

> 「只包含著形式的，抽象的、不完全的真理。」[35]

　　因此，他說，無論什麼可以說得上存在的東西，必定是具體
的，包含有區別和對立於其自身。當然，黑格爾的研究是在客觀
唯心主義的基礎上進行的，但他對思維的具體同一性的研究成果
是值得我們認真借鑑的。

　　馬克思主義對具體同一律做了深入的研究，把研究放在唯物
主義的基礎上，以辯證法的對立統一規律爲指導。首先，馬克思
主義認爲認識對象是具體同一的：

> 「具體之所以具體，因為它是許多規定的綜合，因而是多樣性的
> 統一。」[36]

而思維中的具體：

> 「只是思維用來掌握具體並把它當作一個精神上的具體再現出來
> 的方式。」[37]

　　例如，被認識的對象「空間」具有連續性和間斷性兩種規定
性，這兩種規定性是有差異的。空間就是這兩種規定性的綜合和
統一，因此它是具體的同一，反映在人們的思維中，就形成人們
對空間的具體同一的認識，於是產生具體同一的「空間」概念。
其次。馬克思主義把辯證邏輯的具體同一律與普通邏輯的同一律
相比較。恩格斯在《自然辯證法》中指出，普通邏輯的「同一律」──
抽象的同一性，像形而上學的一切範疇一樣，對日常應用來說是

---

[35]　轉引自《黑格爾〈邏輯學〉一書摘要》，人民出版社，1971，頁 60。

[36]　馬克思：《〈政治經濟學批判〉導言》，《馬克思恩格斯選集》，卷 2，頁 103。

[37]　馬克思：《〈政治經濟學批判〉導言》，《馬克思恩格斯選集》，卷 2，頁 103。

足夠的，在這裡所考察的只是很小的範圍或很短的時間；它所能適用的範圍差不多在每一個場合下都是不相同的，並且是由對象的性質來決定的。顯然，這種舊的、抽象的、形式的同一性觀點，把事物看作只和它自己同一的東西，看作常住不變的東西的觀點，是不夠用的。如果不警惕，把這種抽象的同一性觀點當作世界觀的基本原則，每一事物只和它自身同一，一個事物不能同時是它自身又是別的，這就要陷入形而上學，科學將要一點一點地把它駁倒和拋棄。恩格斯還進一步指出，對綜合的自然科學來說，即使在任何一個部門中，抽象的同一性是根本不夠的。同一性自身是包含著差異性的。由於差異性包含在同一性中，才具有真理性。

下面，再來探討一下具體同一律在邏輯形式中的表現。

就概念方面來說，對於一個概念，不但要看到它所反映的事物的本質屬性，而且要看到與本質屬性相聯繫的非本質的屬性；不但要看到這個概念所反映的事物的確定的、一般的、抽象的方面，而且要看到它所反映的事物的流動的、個別的、具體的方面。任何概念是本質與非本質、確定和流動、一般和個別、抽象和具體等多種規定性的具體同一。只有認識概念的這種真實的包含差異的具體同一性，才能真正認識事物的本質。例如。社會主義生產關係這個概念，生產資料公有制是它的本質屬性、一般屬性。與此相聯繫，還有產品的按勞分配、人與人之間的平等互助關係等非本質的、個別屬性。具體同一律要求，社會主義生產關係這個概念必須反映其多種規定性，這個概念是多種規定性即生產資料公有制、按勞分配、人與人之間的平等互助關係的具體同一。這種同一顯然是包含著差異的矛盾同一，如果沒有產品的按勞分配、人與人之間的平等互助關係，那麼社會主義生產關係像沒有生產資料公有制一樣，也是不真實的。

就判斷方面說，在每一個判斷中，謂項和主項是不相同的，但卻是同一的，這種同一，從一開始起就必須有與一切別的東西的差異作爲補充。例如在「玫瑰花是紅的」這個判斷中，這裡不論是在主項中或是在謂項中，總有點什麼東西是謂項或主項所包括不了的。比如玫瑰花是多種規定性的統一，它除了「是紅的」規定性外，還有「是植物」、「是美的」、「是香的」、「是有用的」等規定性。同樣「紅的」東西也不只有玫瑰花。因此，「玫瑰花」和「紅的」雖然統一在一個判斷中，但是有差別的，是具體同一的。

就推理方面說，每一個推理，都有前提和結論，前提和結論之間就存在著一般和個別、個別和一般等不同的規定性，但它們是同一的，然而這是具體的同一。

從具體同一律在概念、判斷和推理中的表現來看、它不像普通邏輯的同一律，只涉及純粹的思維形式，它並不撇開思維的具體內容，是在認識的深化中總結出來的。

因此，具體同一律的邏輯要求是：

第一，要全面地考察事物的各種規定性。

任何具體事物都有多種多樣的規定性：既有現象方面的，又有本質方面的；既有初級的本質，又有二級、三級的本質……。既有相似的東西，又有相異的東西；既有一般的本質，又有特殊的本質等等。只有全面地考察事物的各種規定性，才能真實完整地認識事物，才能形成科學的具體概念和邏輯系統。例如，人類對光的認識，形成光的具體的概念，就經過了全面的辯證思維過程。早在 17 世紀前半期，人們就開始探究光的本質。笛卡兒在 1637 年曾設想光是由微粒構成的，這些微粒是在進行高速直線運動。惠更斯在 1678 年提出了光是由波構成的，光是由波的傳播而運動的。後來幾經波折，直到 19 世紀中期後，隨著科學實驗的進一步

發展，人們發現了光電效應、黑體幅射等現象，這些現象僅靠光的波動說不能解釋，必須全面研究認識光，於是普朗克提出量子的概念，進一步探究光的微粒性。後來，愛因斯坦提出了光可能既具有波動性又具有微粒性的問題。到了 20 世紀，人們終於形成了光的波粒二象性的學說，全面地反映了光的規定性，獲得了對光的具體同一的認識。

如果不能全面地考察事物的各種規定性，就形成概念和邏輯系統，那就要犯「以偏概全」的邏輯錯誤。還以對光的認識為例，在 18 世紀初，牛頓在他的《力學》一書中，只採用了光的微粒說，認為微粒性是光的唯一本質，反對光是具有波動性的學說。儘管牛頓是有盛名的大科學家，然而他對光的認識是片面的，犯了邏輯上「以偏概全」的錯誤。

第二，要對事物的各種規定性進行比較分析，找出本質的規定。

任何事物雖有多種多樣的規定性，但每個事物是由事物的本質決定的。要獲得具體同一的概念和邏輯系統，就必須抓住本質規定。如果不對各種規定性進行比較分析，不抓住本質規定，就會犯「歪曲本質」的邏輯錯誤。

第三，要把事物的各種規定性有機地統一起來。

雖然認識了事物的各種規定性，也認識了這些規定性是有差異的，有本質的規定、非本質的規定，還必須把它們統一起來，綜合起來，才能形成具體同一的概念和思想。例如，雖然認識了生產力的諸規定性：生產工具的性質，掌握生產工具的人（包括智力水平）以及科學技術狀況等。還要把這些規定性統一起來，綜合起來，只有這樣，才能形成生產力這個具體同一的概念。

如果不把各種規定統一起來，綜合起來，就要犯「沒有綜合」的錯誤。雖然認識了生產力的諸規定，但沒有把它們統一起來，綜合起來，還不是生產力的具體概念。

辯證矛盾律

辯證矛盾律標明，辯證思維中的每一個概念、判斷和推理都具有辯證矛盾的性質，都是矛盾諸方面的對立統一。辯證思維就在於它能把握概念、判斷和推理中矛盾的諸方面，才能反映具體事物，才能達到自身的具體同一。

辯證矛盾律不是設想的，是自然界中到處盛行的矛盾運動在思維中的反映。自然界的這些矛盾，以其不斷的鬥爭和最後的互相轉變，或向更高形式的轉化，來決定自然界的生活。客觀世界的辯證矛盾性質，反映入人類思維就是辯證矛盾律。

關於思維的辯證矛盾性，黑格爾也做過有益的研究。他的研究是在批判形式邏輯「不矛盾律」的基礎上進行的。首先，黑格爾認為，表現為對立的矛盾，表明同一律不能說明任何問題，這個否定進一步把自己規定為差別，規定為對立，這也就是設定的矛盾。也就是說，任何同一都是矛盾的同一。其次，他指出，迄今存在的邏輯以及普遍存在的認識的主要偏見之一，就是認為矛盾並不是像同一律那樣的本質的和內在的規定。而實際上，因為同一和矛盾相反，它只是簡單的直接的僵死存在的規定；而矛盾卻是一切運動和生命力的根源；某物只因為在本身之中包含著矛盾，所以它才能運動。再次，他認為矛盾不是造出來的，乃是一切現實的東西以及一切概念所固有的；不應當認為矛盾只是某些地方遇到的不正常現象，矛盾是在本質規定中的否定的東西，它是一切自己運動的原則，而自己運動就是矛盾的表現。某物之所以運動，不僅因為它在這個「此刻」在這裡，在另一個「此刻」

在那裡，而且因為它在同一個「此刻」處在這裡，而又不處在這裡，因為它同時又在又不在同一個「這裡」。運動就是存在著的矛盾本身。因此他最後指出：

> 「思辨的思維就在於它能把握住矛盾，又能在矛盾中把握住自身。」[38]

黑格爾的研究是建立在客觀唯心主義基礎上的，他所說的「現實」、「存在」、「固有」都是客觀唯心主義的範疇，這是必須拋棄的。而他對辯證思維矛盾性的研究成果是我們要吸收的。

馬克思主義批判地吸收了黑格爾對辯證思維矛盾性的研究成果。從恩格斯的《自然辯證法》中可以清楚地看出這一點。恩格斯還用大量的科學事實如物理學的、化學的、生物學的等等來說明科學的思維都存在著辯證的矛盾性。

辯證矛盾律在邏輯形式中有什麼表現呢？

從概念方面來看。首先，任何一個概念都是內容和形式的矛盾統一，即存在著內容的客觀性和反映形式的主觀性的矛盾；每一個概念內部又都存在著個別和一般、現象和本質等方面的矛盾，這些又都表現為內涵和外延的矛盾。其次，概念是確定性和流動性的矛盾統一，也就是說概念是運動、轉化的。就拿「玻璃杯」這個概念來說吧，它就是各種矛盾性的統一體，從思維對具體的實物玻璃杯的反映到形成「玻璃杯」的概念，反映的東西和被反映的東西總有差異，就存在著主觀和客觀的矛盾。玻璃杯這個概念，又是從許多玻璃杯中概括出來的。概括總是取其什麼，丟下什麼，這就存在著個別和一般的矛盾、現象和本質的矛盾。就玻璃杯的作用來說，如果用它來喝茶，它是茶杯；如果用它來

---

[38] 《黑格爾〈邏輯學〉一書摘要》，人民出版社，1971，頁 64—69。

裝實驗標本，就成了實驗器皿，於是玻璃杯這個概念在矛盾中發生轉化。

　　從判斷方面來看。首先，任何一個判斷都是主項和謂項的矛盾統一。即主項和謂項之間都存在著部分和整體，個別和一般的矛盾。例如在「中國人民是偉大的人民」這個判斷中，主項是「中國人民」，謂項是「偉大的人民」，前者是部分、個別，後者是整體、一般，它們就是矛盾的統一體。其次，判斷中的主項、聯項和謂項各自又都是矛盾性的統一，這在辯證判斷中充分表現出來。例如：「運動和靜止是物質存在的形式」，在這個判斷中主項是現實矛盾的反映。又如「宇稱是守恆的，又不是守恆的」，在這個判斷中聯項是現實矛盾的反映。再如，「運動是間斷的和非間斷的」，在這個判斷中，謂項是現實矛盾的反映。這種辯證判斷反映了客觀事物的內在矛盾性，是符合辯證矛盾規律的，因此是正確的判斷形式。

　　從推理方面來看，同樣具有辯證矛盾性。推理總是具有一定的前提，並從前提推出結論。在前提和結論之間就存在著個別、特殊和一般之間的矛盾。辯證思維要具體分析前提以及前提和結論之間的矛盾，然後得出結論。例如歸納推理的過程就是思維從個別向一般的矛盾運動過程。演繹推理的過程就是思維從一般向個別的矛盾運動的過程。

　　辯證矛盾律的邏輯要求是：

　　第一，要正確反映客觀事物的矛盾本性。

　　這是因為辯證矛盾性質是客觀事物固有的。要使思維形式是正確的，就只有正確地反映客觀事物的辯證矛盾性質，才能形成正確的辯證性的概念和邏輯系統。例如，「運動是間斷的和非間斷的」，這個判斷就反映了事物的辯證矛盾性質，因為事物運動的實質，確實是間斷性和非間斷性的辯證統一，因此是正確的。如果

不正確地反映客觀事物的矛盾性質，就會犯「邏輯矛盾」的錯誤。例如說「這個人是死的又是活的」，這個判斷顯然是不符合客觀事實的，是錯誤的。從這裡也可看出，辯證矛盾律和普通邏輯的不矛盾律是不衝突的。

第二，要用聯繫的觀點考察事物，才能認識事物的辯證矛盾性質和本質。

要正確地認識事物，就必須研究它的一切聯繫，這種聯繫實質上就是矛盾的聯繫。辯證矛盾性質正是在這種聯繫中體現出來的。因此，要認識事物的本質，就要在辯證聯繫中考察事物。例如，要認識工人階級這一事物的本質，就要考察它的一切聯繫，諸如和大生產的聯繫，和資產階級的聯繫，和其它各階級的聯繫，從這些矛盾性的聯繫中，可以認識到無產階級是最大公無私、最有遠見、最有組織紀律性的階級，從而形成工人階級的具體概念。如果不用聯繫的觀點看待事物，就要犯「孤立僵化」的邏輯錯誤，從而不能獲得具體真理的認識。

發展轉化律

發展轉化律標明，辯證思維中的任何一個概念、判斷和推理，由於是同和異的統一，並處於矛盾的關係中，因此，它們往往既是自身又是他物。因此它們在一定條件下，能夠向另一概念、判斷和推理轉化。

發展轉化律的客觀基礎是，在客觀世界中，絕對分明的和固定不變的界限是沒有的，一切差異都在一定條件下融合，一切對立都經過中間環節而互相過渡和發展。例如在動物界，在低等動物中，個體的概念簡直不能嚴格地確立，這不僅在動物是個體還是群體的問題上是如此，而且在發展過程中某一動物在什麼地方一個個體終止而另一個個體開始這一點上也是如此。甚至脊椎動

物之間的界限，也不再是固定不變的了。魚和兩棲類之間的界限也是一樣，而鳥和爬蟲類之間的界限正日益消失。因此，辯證思維也不知道什麼絕對分明和固定不變的界限，這在現代科學中明顯地顯示出來。例如現代科學中的仿生學，是屬於生物學，還是屬於物理學、化學……，就是沒有明確界限的。

黑格爾在分析普通邏輯的「排中律」時，研究了思維發展轉化性的問題。他列舉了排中律的命題：「某物或者是 A 或者不是 A，第三者是沒有的」。他分析說：如果這是指「一切都是對立的」，一切都有自己肯定的規定和否定的規定，那倒很好。但是，如果對這個命題的理解還是同通常一樣，即在所有賓詞中，要不然就是這個，要不然就是那個，那就是「言之無物」。黑格爾指出，在前面的命題中就有第三者，A 本身就是第三者，因為 A 可以是+A，也可以是-A，可見某物本身就是那個本來應當被排除的第三者，事物既是自身又可以轉化為他物。

恩格斯在《自然辯證法》中，明確地闡述了發展轉化律的思想。辯證邏輯不知道什麼無條件的普遍有效的「非此即彼」。它使固定的形而上學的差異互相過渡，除了「非此即彼」，又在適當的地方承認「亦此亦彼」，並且使對立互為仲介。並強調指出，這是最高度地適合於自然觀的發展轉化的思維方法。

發展轉化律在邏輯形式中的表現是很清楚的。在概念方面，列寧指出：

> 「概念的關係（=轉化=矛盾）=邏輯的主要內容，並且這些概念（及其關係，轉化、矛盾）是作為客觀世界的反映而被表現出來的。」[39]

---

[39] 《黑格爾〈邏輯學〉一書摘要》，頁 130。

例如，「生產關係」這個概念，在生產方式這個範圍內，稱爲「生產關係」。當它被放在社會形態範圍內考察時，生產關係的總和就是經濟基礎。於是，「生產關係」這個概念就轉化爲「經濟基礎」這個概念了。在判斷和推理方面，恩格斯指出：

> 「辯證邏輯由此及彼地推出這些形式，不把它們互相平列起來，而使它們互相隸屬，從低級形式發展出高級形式。」[40]

就拿判斷來說吧，可以從「摩擦能夠生熱」這個個別性判斷推出「一切機械運動都能借摩擦轉化爲熱」這個特殊性判斷，進而又推出「任何一種運動形式都能轉變爲其它任何運動形式」這個一般性的判斷。這三個判斷在普通邏輯看來，是平列的，都可用「所有 S 都是 P」來表示，但在辯證邏輯看來，它們是互相隸屬，從低級形式發展和轉化出高級形式。關於推理的發展轉化的表現，列寧說得很清楚：

> 「類比推理（關於類比的推理）向關於必然性的推理的轉化，——歸納推理向類比推理的轉化，——從一般到個別的推理向從個別到一般的推理的轉化，——關於聯繫和轉化（聯繫也就是轉化）的闡述，這就是黑格爾的任務。」[41]

發展轉化律的邏輯要求是：

第一，要在一定條件下認識事物的發展轉化。

這是因爲，自然界和社會中的一切界限都是有條件的和可變動的，任何一種現象只能在一定的條件下轉化爲自己的對立面，辯證思維也是如此。一切概念、判斷和推理的聯繫和轉化，都是在一定條件下實現的。例如歸納推理和演繹推理是可以互相轉化的，但必需一定的條件。當歸納和演繹各自得出了正確的結論，

---

[40] 《自然辯證法》，人民出版社，1971，頁 201。
[41] 《黑格爾〈邏輯學〉一書摘要》，頁 112。

也就爲對方準備了前提。即歸納得出了一般的結論是正確的，就爲向演繹轉化準備了條件；同樣，演繹得出了正確結論，爲進一步的歸納提供了條件。

如果脫離一定的條件去講轉化，就要犯「無條件轉化」的邏輯錯誤。沒有一定的條件，歸納和演繹之間就無轉化的可能。

第二，要在實踐中考察事物的發展轉化。

因爲人的實踐是檢驗真理的唯一標準，也是作爲事物同人所需要它的那一點的聯繫的實際確定者和根據。任何概念、判斷和推理都是在實踐中轉化的。就拿概念來說吧，例如「生產工具」這個概念，從原始的手工工具，發展到自動化工具，都在不同程度上凝結著人類生產勞動的成果；是從「材料」領域的革命發展到「能源」領域的革命，再發展到「信息」領域革命的結果。沒有實踐，概念的發展轉化是不可能的。

如果脫離實踐去考察思維的發展轉化，就要犯「沒有根據」的錯誤。如果脫離實踐，去空談什麼「生產工具」中已經「發展」出什麼「永動機」，那顯然是要受到人們的責備，受到科學的嘲弄，人們就一定要問：「根據在哪裡？」

發表於《天津社會科學》1982 年第 1 期。

辯證邏輯科學形態之考辨

辯證邏輯究竟是邏輯，還是哲學？對這個問題，有關學者已經辯論了很久，長期以來，眾說紛紜。筆者根據對辯證邏輯思想發展史的探討，認為辯證邏輯的科學形態既是邏輯，又是哲學。

康德的先驗邏輯

按照通行的說法，黑格爾是全面系統研究辯證邏輯的第一人。黑格爾的辯證邏輯源遠流長，如果說古希臘的辯證法思想是它的源頭，則康德的先驗邏輯就是它的最主要、最直接的來源。

康德認為，亞里斯多德的邏輯儘管很完善，但它是撇開了思維內容的邏輯，只研究思維形式，因此他把它稱為「形式」邏輯。他在他的《純粹理性批判》中提出了另一種邏輯，即先驗邏輯。先驗邏輯與普通的形式邏輯不同。形式邏輯是抽去思維的具體內容去研究思維的形式，而不研究思維的起源、認識的過程，以及與客體的關係；而先驗邏輯雖然擯斥一切具有經驗內容的知識，但要研究思維形式的認識論內容，要研究何以能認知對象。

康德把人的認識過程分為感性、悟性和理性三個階段。康德的先驗邏輯，是以他的主觀唯心主義的先驗論為指導去研究邏輯形式的。在這裡，他具體地研究了範疇、判斷和推理形式，及其在認識論上的內容和價值，研究了先驗知識的起源和客觀正確性。因此，康德的先驗邏輯，實際上也就是他的先驗哲學的認識論。

在康德看來，他的先驗邏輯也是他的哲學本體論。這是因為，他認為世界上的事物（自在之物）都是不可知的，而人們知道的只是人們的經驗，康德把反映外界事物的經驗看作主觀範疇加於

外界事物所引起的結果。在這裡，康德已有了思維與存在同一的理論。康德自己也把先驗邏輯看成爲正確的哲學本體論。

康德提出先驗邏輯的目的是爲了改造和補充形式邏輯，這對以後的邏輯學和哲學的發展發生了很大的影響。這種影響主要表現在：

第一，他提出邏輯學不是單一類型的，應對思維的不同側面進行研究。他提出的先驗邏輯爲黑格爾辯證邏輯的產生和建立打下了基礎。

第二，他在先驗邏輯中提出的許多具體問題，推動著包括黑格爾在內的思想家們對邏輯學和哲學的研究工作。

總而言之，康德的先驗邏輯，一方面研究了思維的形式，另一方面又通過邏輯思維形式的研究，闡發了他的哲學認識論和本體論。因此，康德的先驗邏輯，可以說既是邏輯，又是哲學。

黑格爾的思辨邏輯

黑格爾經常把自己的邏輯體系稱爲邏輯或思辨的邏輯。黑格爾在他的思辨邏輯中對思維形式做了很多有益的探討。多見的觀點是對概念作狹隘經驗主義的解釋，把概念看作一般的觀念，看作空洞抽象的東西，把形成概念的過程看作是從各種不同的對象中抽取共同性質的過程。黑格爾認爲概念是具體的，概念是多種多樣規定的總和。概念在其發展的過程中經歷著從抽象上升到具體的途徑，這是黑格爾概念理論的精華，它標誌著對概念研究的一種新的觀點。因此，黑格爾所研究的概念是具體概念，黑格爾在思辨邏輯中所探討的主要思維形式就是具體概念。可以說，關於具體概念的理論，是黑格爾思辨邏輯的基本內容。

黑格爾進一步闡發了概念是普遍性、特殊性和個體性三要素的辯證統一。他還強調，概念是不斷發展的。對於黑格爾來說，

概念就是實在自身，概念是事物的本源、本質、核心和靈魂。事物實體只是其外化而已。

黑格爾在思辨邏輯中還細緻地研究了判斷。通常判斷被認為是不同種類的概念的聯結。就是把一個謂項強加給主項。黑格爾認為，照這種看法，主項便是獨立自存之物，而謂項則是外在的東西。這種看法，卻與聯詞「是」字相矛盾。他還指出，傳統邏輯對判斷的看法還有一個缺點，認為判斷是一個偶然的東西，而從概念到判斷的進展過程也沒有得到證明。他認為：

> 「由於概念的自身活動而引起的分化作用，把自己區別為它的各環節，這就是判斷。」[42]

黑格爾在判斷研究的分類方面，向人們揭示了各種判斷的聯繫和發展。他將判斷分為：①質的判斷；②反思的判斷；③必然的判斷；④概念的判斷。黑格爾對判斷所做的分類，反映了對事物特性的認識是不斷深化的，從而也說明了判斷形式隨著認識的深入而不斷從低級向高級發展。然而黑格爾的判斷理論具有公式化和臆構性的侷限。

黑格爾的思辨邏輯也研究了推理。

黑格爾還認為，一切思維形式都不是僵化的，而是可以相互轉化的，它們彼此互為前提，在發展過程中由一種思維形式向另外一種思維形式轉化，這是十分寶貴的邏輯思想。

黑格爾對思維形式的研究又是與對哲學的研究緊密聯繫在一起的。其具體表現在：他認為思維形式是具有內容的形式。他所說的思維形式具有內容，包括如下三個方面的意義：其一，思維形式要有真實性，就是說，它要與客觀外界的對象或事物相一致。這就是說，邏輯要與本體論統一。其二，黑格爾思辨邏輯的思維

---

[42] 黑格爾：《小邏輯》，商務印書館，1980，2 版，頁 339。

形式中，自身包含著矛盾，從而自己能否定自己而形成一個辯證的運動過程。這一方面是從方法論方面說的，即邏輯要和辯證法統一。其三，要考慮思維形式在認識過程中的聯繫、相互關係和作用，這是從認識論方面說的，即邏輯要與認識論統一。在這裡我們清楚地看出，黑格爾的思辨邏輯又是他的哲學。

馬克思主義的辯證邏輯

辯證邏輯發展到現代，它已作為哲學和邏輯的學說而走進了現代科學的大廈。恩格斯第一個把研究辯證思維的這門科學稱為辯證邏輯。

馬克思主義的辯證邏輯深入地研究了思維的形式。恩格斯在《自然辯證法》一書的「辯證邏輯和認識論」這個條目中，概述了辯證思維的一些基本原理，確定了辯證邏輯研究的主要內容。他特別強調：辯證思維是以概念本性的研究為前提的。在論述辯證邏輯思維形式的基本特徵時，恩格斯指出：

> 「辯證邏輯和舊的純粹的形式邏輯相反，不像後者滿足于把各種思維運動形式，即各種不同的判斷和推理的形式列舉出來和毫無關聯地排列起來。相反地，辯證邏輯由此及彼地推出這些形式，不把它們互相平列起來，而使它們互相隸屬，從低級形式發展出高級形式。」[43]

列寧繼承了馬克思主義創始人對於辯證邏輯的研究，認為辯證邏輯的主要內容是論述運用流動性範疇的辯證思維。列寧的這個思想是恩格斯關於辯證思維是以概念本性的研究為前提的觀點的進一步發展。列寧對辯證思維的考察，一方面闡明了辯證思維

---

[43]　《馬克思恩格斯選集》，卷 3，頁 545—546。

中的概念靈活性，另一方面，他又把辯證思維嚴格區別於折中主義和詭辯。

馬克思主義辯證邏輯對思維形式的研究與黑格爾思辨邏輯對思維形式的研究從根本上是不同的，在黑格爾那裡，辯證法是邏輯概念的自我發展，絕對概念不僅從來就有，而且是全部現存世界的靈魂，它通過自我發展，然後它使自己外化，轉化爲自然界，它在自然界中並未意識到自己，而且採取自然必然性的形式，經過新的發展，最後在人身上重新達到自我意識。顯然，黑格爾把自然界與認識思維的關係搞顛倒了。馬克思主義創始人克服了這種顛倒。

馬克思主義的辯證邏輯又是科學的哲學理論。

首先，從馬克思主義辯證邏輯的理論的特徵上看，它是對幾千年來人類的科學史、技術史、思維發展史的系統概括和總結，具有科學性和實踐性，它批判地對待以往的一切辯證法學說，汲取前人的精華，剔除其糟粕，以不斷探索的積極態度去研究辯證思維的機理，從而提供了有效的辯證的方法論。馬克思主義的辯證邏輯也就是馬克思主義的認識論。

其次，馬克思主義認爲，無論普通邏輯還是辯證邏輯，他們都有認識真理的作用。然而，普通邏輯有其局限性，存在著「狹隘的眼界」；而辯證邏輯突破了普通邏輯的狹隘眼界，無論從廣度還是從深度上，都使認識的能力向前發展了。

再次，馬克思主義的辯證邏輯真正科學地研究了邏輯、辯證法和唯物主義認識論三者的統一。

最後，就馬克思主義辯證邏輯在應用中的基本要求看。列寧明確提出了如下的基本要求

要真正地認識事物，就必須把握、研究它的一切方面、一切聯繫和「仲介」。我們決不會完全地做到這一點。但是，全面性的

要求可以使我們防止錯誤和防止僵化。這是第一。第二，辯證邏輯要求從事物的發展「自己運動」（像黑格爾有時所說的）、變化中來觀察事物。……第三，必須把人的全部實踐一作為真理的標準，也作為事物同人所需要它的那一點的聯繫的實際確定者一包括到事物完滿的「定義」中去。第四，辯證邏輯教導說：

「沒有抽象的真理，真理總是具體的。」[44]

這就是說，全面的觀點、發展的觀點、實踐的觀點和具體的觀點，這些都是辯證邏輯用於認識事物而提出的基本要求。而這些觀點，也正是馬克思主義哲學的基本觀點。

幾點認識

第一，辯證邏輯，顧名思義，它既是關於辯證思維的邏輯理論，是研究辯證思維及其規律的學說；它又是關於辯證法的理論，是研究主觀辯證法的學說。

第二，辯證邏輯是要研究思維形式的，但它與形式邏輯的研究方式不同，它是以辯證的方法來研究思維形式在認識過程中的內容、發展和聯繫的，因此，它的研究對象與方法是統一的。

第三，對辯證邏輯的研究，筆者認為，從科學方法論的大邏輯角度出發，會更有成效。

如果我們能把判斷、概念、科學理論的辯證法研究清楚；如果我們能夠把歸納與演繹、分析與綜合、邏輯與歷史、抽象與具體的辯證關係研究深透，掌握這些科學方法的合理性原則，並把科學方法應用於科學研究，用於實踐，這對辯證邏輯的發展作用會更大。

---

[44] 《列寧選集》，卷 4，人民出版社， 1960，頁 453。

　　第四，辯證邏輯的研究，必須理論聯繫實際，不能搞得「玄而又玄」。

　　為此，必須走與實踐相結合的道路。當前，如果我們能使辯證邏輯很有特色地為建設具有中國特色的社會主義做好服務，那就是一大貢獻，進而就會推動辯證邏輯的發展。

　　　　　　　　　發表於《理論與現代化》1993 年第 2 期。

論科學推理間的辯證聯繫機制

　　所謂科學推理，概括地說，包括演繹、歸納和類比。有人把類比隸屬於歸納也是可以的。我們所說的科學推理間的機制，主要是指歸納和演繹的認識功能的必然聯繫與邏輯結構模式的相互滲透。本文主要考察認識和把握科學推理間辯證聯繫機制的必要性，以及正確認識科學推理間辯證聯繫機制的表現與合理性。弄清這些問題，對於全面、正確和有效地運用推理，獲得科學知識，對於認識真理和認識科學世界都具有重大意義。

（一）

　　我們先來考察把握科學推理間辯證聯繫機制的必要性。

　　在歷史上，有些學者曾經頑固地把科學推理隔離開來，並「蔽於一曲」。他們或是「歸納萬能論者」或是「全演繹派」，前者認為「歸納法是不會出錯誤的方法」，只有運用歸納才能獲得「新知」；後者認為只有演繹才是真正科學的推理方法。他們把歸納和演繹完全分隔開來，以「犧牲一個而把另一個捧到天上去」。因此，他們也就無從說起推理間的聯繫機制問題。結果是，他們或者陷入經驗論，不暸解經驗的侷限性；或者陷入唯理論，不暸解推理的理論前提是需要加以證實的。

　　歷史上還出現過與誇大歸納作用相反的一個極端派，其代表是唯心主義的懷疑論者英國哲學家大衛‧休謨，他向歸納的合理性發起挑戰，提出所謂的「歸納問題」。按照古典歸納主義的看法，歸納是唯一科學的方法，既是科學發現的方法，又是科學驗證的方法。使用歸納法概括經驗事實，就能發現規律性知識，並能證明這些規律性知識，人們運用它是合理有效的。然而休謨認為，

人們運用歸納所根據的理由是：過去科學活動的實際經驗表明歸納是行之有效的。他認爲這種驗證是行不通的，因爲這是在預先設定的歸納有效性的基礎上所做的驗證，因而這是循環論證。

　　休謨的責難使經驗主義者陷入了兩難的困境：或者是作爲一個徹底的經驗主義者，不承認經驗以外的任何東西，這樣就不能承認歸納的合理性，因爲歸納是無法從經驗中給予證明的。而放棄了歸納就意味著必須放棄關於未來的任何陳述。要不然，承認歸納就等於承認一個不可以從經驗中導出的原則。然而這樣一來就放棄了經驗主義。休謨的「歸納問題」是在對知識的確定性問題的分析中提出的，在歸納過程中，結論知識的斷定範圍超出了前提知識的斷定範圍。因此，休謨指出，歸納的結論是沒有邏輯必然性的。這是因爲，對於歸納結論我們能夠想像出相反的情況，結論未必就是真的，它可以是假的。

　　休謨提出的「歸納問題」，除了他所說的上面的邏輯因素之外，還有心理方面的因素。也就是說，歸納能否得到心理的根據？休謨認爲這種心理根據是存在的，這種心理根據就是人們的習慣，休謨的這種觀點與他對因果性的心理分析是相關聯的。休謨認爲，仔細的分析表明，我們所能觀察和經驗到的只是事件之間的前後相繼，只是不同的現象恆常地聚合在一起，人們並不知道現象之間是否必然地有什麼聯繫。他認爲因果聯繫是在人腦中靠聯想建立起來的聯繫，這種聯繫產生於心理的習慣。所以，休謨完全曲解了因果性聯繫。恩格斯說：

　　　「由於人的活動，就建立了因果觀念的基礎，這個觀念是：一個運動是另一個運動的原因。的確，單是某些自然現象的有規律的依次更替，就能產生因果觀念：隨太陽而來的熱和光；但是在這裡並沒有任何證明，而是在這個範圍內休謨的懷疑論說得很對：有規則地重複出現的 post hoc（在此以後）決不能確立 propter（由

於這）。但是人類的活動對因果性作出驗證。如果我們用一面凹鏡
把太陽光正好集中在焦點上，造成像普通的火一樣的效果，那麼
我們因此就證明了熱是從太陽來的。如果我們把引信、炸藥和彈
丸放進槍膛裡面，然後發射，那麼我們可以期待事先從經驗已經
知道的結果，因為我們能夠詳詳細細地研究全面過程：發火、燃
燒，由於突然變成氣體而產生的爆炸，以及氣體對彈丸的壓擠。
在這裡懷疑論者也不能說，從以往的經驗不能推論出下一次將恰
恰是同樣的情形。確實有時候並不發生正好同樣的情形，引信或
火藥失效，槍筒破裂等等。但是這正好證明了因果性，而不是推
翻了因果性。因為我們對每件這樣不合常規的事情加以適當的研
究之後，都可以找出它的原因：引信的化學分解，火藥的潮濕等
等，槍筒的損壞等等，因此在這裡可以說是對因果性作了雙重的
驗證。」[45]

　　客觀地說，提出「歸納問題」對於探討歸納的合理性和侷限
性是有一定積極意義的。但是休謨站在唯心主義不可知論和形而
上學極端論的立場上提問題，就不能不陷入認識上的謬誤。

　　休謨陷入謬誤，主要是因為：一方面他是個經驗論者，他認
為一切知識都是從經驗、從感性「印象」的基礎上產生「觀念」。
那麼，感覺「印象」是從哪裡來的？休謨認為，這個問題在原則
上不可能得到解決；另一方面，他完全否認任何實體的存在，認
為實體是在普遍的心理習慣的基礎上形成的一種虛妄的抽象，心
理不過是由聯想所聯繫起來的一些觀念的合流。他認為，中心問
題在於對習慣的心理聯想進行研究。他把聯想分為三類：在空間
和時間上關聯的聯想，相似和對照的聯想以及因果的聯想。在這
三類聯想的基礎上產生了相應的知識領域：實驗科學、數學和理
論科學；再一方面，就是他以形而上學的極端論絕對否認歸納的

[45]　《馬克思恩格斯選集》，卷 3，人民出版社，1972，頁 550—551。

作用，看不到歸納和演繹之間的必然聯繫和相互依賴、相互滲透、相互作用的聯繫機制。

休謨的不可知論和偏面極端論與自然科學是根本對立的。它宣揚人們無力去洞察科學世界的真正本質，無力去認識客觀世界的規律性，從而就否定了科學的存在地位和作用，這實際上是把科學預見和科學對於實踐活動的指導意義歸結爲烏有。顯然，這對科學發展只能起消極有害的影響。

在科學史上，也有不少學者早已認識到歸納和演繹相繼應用的必要性。他們認爲在科學研究活動中，首先要進行觀察和實驗，從許許多多的個別事實中逐步歸納出普遍性的定律和原理；然後，再應用演繹給予指導，以驗證普遍性的定律和原理。上述這種見解把科學推理間的聯繫機制歸結爲歸納和演繹的交替使用，實際上它並未理解和把握科學推理間的正確機制，而是仍把它們分離開。歸納和演繹間的聯繫機制不能只歸結爲相互間的並列存在、相繼使用，而是兩者不可分離地互相滲透、互相補充。

正確認識和把握科學推理間的辯證機制具有重要意義，具體表現在以下兩方面：

一方面能使歸納和演繹相互填補對方的侷限性或缺陷。在科學活動中，歸納的侷限性主要表現在：單憑經驗的歸納是不能充分證明普遍的必然性的，正如列寧所說：

> 「以最簡單的歸納方法所得到的最簡單的真理，總是不完全的，因爲經驗總是未完成的。」[46]

演繹的侷限性主要表現在：在科研活動中應用演繹時，對其前提的真實性人們不得不加以考慮，這裡不是探討推理形式本身，而是涉及如何應用推理的問題。應用推理時，必須考慮前提

---

[46] 《列寧全集》，卷 38，頁 191。

是否真實，而演繹前提的真實性問題，靠演繹自身是無法解決的。歸納和演繹的這些侷限性或缺陷，只有在把握科學推理辯證聯繫機制時才能得到解決。

　　另一方面，能把科學認識中的個別知識和一般知識有機地統一起來。這裡要弄清楚，在客觀世界中，個別與一般、特殊和普遍是同時共存的，既不是先有個別、特殊，也不是先有一般、普遍，既不是在個別、特殊之外有什麼一般、普遍，也不是在一般、普遍中有什麼毫無關係的個別、特殊。而是在個別、特殊中包含著一般、普遍，一般、普遍是寓於個別、特殊之中的。但在科學認識活動中就不同了，個別和特殊、一般和普遍的知識，不可能同時地、不分先後地被發現和把握的，人們對事物的認識總是要經歷從個別認識一般，再從認識一般到認識個別，並不斷往復，最後以達到認識世界的目的。而歸納是從個別認識一般的，演繹是從認識一般到認識個別的，它們各自的認識職能不同，而只有把握兩者的辯證聯繫機制，才能使人們把認識個別和認識一般有機地統一起來。

（二）

　　為了有效地應用科學推理間辯證聯繫的機制，必須把它的內容弄清楚。科學研究實踐表明，這種機制主要表現在以下兩方面：一方面科學推理中的演繹、歸納（包括類比）本來就是互相補充的認識方法，也是互相結合的認識過程。另一方面，演繹和歸納的邏輯結構是相互包含和相互滲透的。

　　首先，就其認識功能來看，科學推理間存在著辯證聯繫的機制。在科學認識活動中，演繹離不開歸納，必然滲透著歸納的成分，演繹的出發點（前提）總是直接或間接地求助於歸納的概括；演繹的規則是靠歸納總結的；演繹論證的論題（結論）也往往求

助於歸納（或類比）預先提出來的，例如：「哥德巴赫猜想」就是如此。特別是演繹論證過程的本身是一個富有創造性的探索過程，不存在普遍適用的機械的證明程式或模式，需要各種推理（包括歸納和類比）的幫助，經過反覆的試探、猜想、想像才能解決。否則，證明「哥德巴赫猜想」就不會是件經歷了數百年既未被充分證明又未被否證的事。上述事例向我們表明，我們用世界上的一切演繹法都不能把演繹論證過程弄清楚，如果離開了歸納，那麼，演繹證明的要求是不可能滿足的，演繹論證也就無法實現。

同樣的，歸納也離不開演繹，必然滲透著演繹的成分。歸納推理的基本原理是：如果考察過的大量某類對象在各種各樣的條件下都無一例外地具有某一屬性，那麼由此可得出該類的全部對象都具有這一屬性的結論。問題則在於上述中所謂「大量的」、「在各種各樣條件下」都是些相對的、不確定的要求，究竟要考察多少對象、究竟要考察哪些種類、按照什麼思路進行等條件，這裡必須通過演繹才能解答。我們用世界上所有歸納方法也不能把歸納過程弄明白。如果離開了演繹，那麼，歸納的要求就是不可能滿足的，歸納也就無法得以實現。例如，從事人工合成結晶牛胰島素的實驗，本身是一種歸納的研究，這一研究決不是盲目地進行的，不是純歸納的，原來的科學家從事這一實驗研究之前就已經把胰島素作為蛋白質的化學結構理論，並以之為指導理論，它為實驗的設計提供了具體指導，這種以理論指導的研究過程，實際是演繹的過程。

無論是經驗定律或理論的發現過程，還是經驗定律或理論原理的論證過程，都不可能完全納入純歸納或純演繹的推理程式或模式。任何科學認識活動都是在歸納和演繹的相互聯繫、相互補充和相互轉化中實現的。雖然演繹、歸納或類比在不同的研究課題上、在不同的認識環節上，它們所處的地位和作用有所不同，

科學家們時而以歸納（或類比）為主，時而以演繹為主，但是，任何一種推理都不可能孤立地發揮其有效的作用。把握推理間的辯證聯繫機制，這是人們認識真理所絕對必須的。正如恩格斯所說：

> 「歸納和演繹，正如分析和綜合一樣，是必然相互聯繫著的。不應當犧牲一個而把另一個捧到天上去，應當把每一個都用到該用的地方，而要做到這一點，就只有注意它們的相互聯繫、它們的相互補充。」[47]

其次，就其邏輯結構模型來看，科學推理間存在著辯證聯繫的機制。就是說，歸納結構模型中有演繹成分，演繹結構模型中也有歸納的成分。

先以不完全歸納模式為例。它由前提、歸納中項和結論三部分組成：

前提：e_1 是 P
　　　e_2 是 P
　　　e_3 是 P
　　　　　·
　　　　　·
　　　　　·
　　　　　·
　　　　　·
　　　e_n 是 P
歸納中項：e_1、e_2、e_3……e_n 是屬於 E 類
結論：E 都是 P

---

[47] 《馬克思恩格斯選集》，卷 3，人民出版社，1972，頁 548。

　　從以上邏輯結構模式中可以看到，歸納的前提包含兩部分，一部分是在實踐中獲得的個別性知識，另一部分是關於確定這些個別事物的類的知識，即歸納中項。結論則是從個別知識中概括出來的一般知識。在應用歸納的過程中，起初人們以有關某些個別對象的知識爲出發點，然後把這些個別編爲一類，形成一般性知識，再在這種一般性知識的指引下，對某類中的個別事實進行更爲廣泛的概括，才獲得一般性的結論，從以上歸納的結構模型中可以看出，其中已滲透著演繹的成分。

　　在歸納的結構模式中包含演繹的情況，還從「穆勒五法」的求異法中明顯地看出，求異法的邏輯結構式是：

場合　　先行情況　　　被研究的現象

（1）　　A、B、C　　　a
（2）　　-、B、C　　　-

所以，A 情況是 a 現象的原因（或結果）

　　在求異法的邏輯結構式中，實際上滲透著這樣的推理結構式：或 A 或 B 或 C 是 a 的原因（或結果），而 B、C 不是 a 的原因（或結果），所以只有 A 是 a 的原因（或結果），這是演繹推理中選言推理的否定肯定式，因此，求異法的邏輯結構式中是滲透演繹的。

　　不僅如此，在求異法中，斷定 B、C 情況不是 a 現象的原因，是只能用演繹加以證明的，這就是：任何一個不變的先行情況，都不能成爲經常變化的現象的原因。而（1）（2）兩場合中，B、C 是不變的，而 a 是變化的（它有時出現，有時不出現），所以 B、C 不是 a 的原因。所以，在求異法中，如果沒有演繹在其中起作用，是得不出結論的。因此恩格斯說：

「世界上的一切歸納法都永遠不能把歸納過程弄清楚，只有對這個過程的分析（包含演繹——筆者注）才能做到這一點。」[48]

同樣的，演繹的結構模式中也滲透著歸納的。直言三段論的標準模式就是一例：

所有 M 都是 P

所有 S 都是 M

所以，所有 S 都是 P

式中的前提都是一般性的知識原理，要證實它就要運用歸納的邏輯結構模式。

最後，我們考察一下在科學活動中，應如何有效地運用科學推理的辯證聯繫機制。我們認為以下的應用是很有啓發性的：

第一，在科學理論（假說）的發現中，能有效地運用歸納和演繹的辯證聯繫機制。

關於科學理論的發現，皮爾士和漢森曾提出溯因法的發現模式：

設新的假說為 H，演繹推導出的經驗事實為 E，如果新的理論假說 H 能演繹地推導出經驗事實 E，那麼我們就有理由提出新的假說 H，其邏輯模式是：

E；

如果 H，則 E；

所以，H。

---

[48] 《自然辯證法》，人民出版社，1979，頁 206。

　　在這個溯因模式中，由經驗事實 E 猜想到理論假說 H，這是經驗的歸納，而由假說 H 去解釋經驗事實 E，這又是理論的演繹。由此可見，演繹和歸納辯證統一的推理機制對科學理論的發現是十分重要的。

　　第二，在科學理論（假說）的驗證中，也能有效地運用演繹和歸納的辯證聯繫機制。

　　關於科學理論的驗證，人們通常運用假說演繹法。這是因為一個假說的核心是全稱的理論命題，人們很難直接驗證它，只能給予間接的驗證，這就需要從假說的理論命題演繹出關於經驗事實的命題，即從 H 推演出 E。然後通過觀察和實驗，對被演繹出的經驗事實命題 E 加以檢驗。因此，要檢驗一個理論假說，就不能沒有演繹，如果從假說的理論命題 H 演繹出來的經驗事實 E 得到了證實，就是對理論假說 H 提供了支持或辯護，這種經驗的支持和辯護就是歸納論證。由此可見，科學理論的驗證過程，也是運用演繹和歸納的辯證聯繫機制的過程。

　　總而言之，科學推理（演繹、歸納和類比）間的辯證聯繫機制是客觀存在的，正確地掌握和運用這種機制，無論對於科學理論的發現，還是對於科學理論的驗證和發展，都是很有價值的，都是不可缺少的，否則，就不會有科學理論的發現，也不會有科學理論的驗證，更談不上科學的發展。

發表於《理論與現代化》1994 年增 1 期。

辯證邏輯的目的是認識具體真理

列寧說：

>「邏輯學是關於認識的學說，是認識的理論。」[49]

而認識是人對客觀事物的反映。作為認識對象的客觀事物是怎樣的呢？一句話，他們都是具體的。例如，一朵花，它就是具體的，它有顏色、形狀、氣味、作用等各種各樣的規定性。不過，一朵花並不是這些規定性的簡單堆積，它乃是統一的整體，在這一整體中，各種規定性互相聯繫、互相作用。我們之所以說一朵花是具體的事物，意思就是說一朵花乃是許多規定之有機聯繫的整體。世界上的任何事物，大至宏觀世界，小至微觀結構，都是具體的。而人的認識世界就是反映這些具體事物，因此認識也是具體的。

馬克思列寧主義認為，真理是人對客觀事物及其規律的正確反映，既然客觀事物都是具體的，都是多種多樣規定性的有機統一，當然，反映他們的真理也總是具體的。例如，作為客觀事物的一朵花是具體的，那麼，反映它們的真理，當然也是具體的，在思維中，是它們多種多樣規定性的綜合。因此，列寧說：

>「真理就是由現象、現實的一切方面的總和以及它們的（相互）關係構成的。」[50]

既然每一事物、每一具體真理都是質、量、本質、現象、同一、差異、必然、偶然……，等多種規定或環節的統一，那麼，

---

[49] 《哲學筆記》，人民出版社，1956，頁 194。

[50] 《哲學筆記》，人民出版社，1956，頁 210。

思維是如何把握這些規定性的呢？這是通過應用辯證思維的邏輯方法把握的。例如，應用分析和綜合相統一的方法，就是把事物的整體，分解爲它的各部分，並從中找出本質的東西，找出各種規定性；然後再將諸規定性有機地聯合起來，統一起來，最後在思維中再現某一整體事物，這時人們便取得了對某一事物的具體真理性的認識。還以認識一朵花爲例，當我們取得了對一朵花的感性具體的認識時，這種認識還是模糊的、沒有理解的、大概的整體認識。然後，從感性認識上升到理性認識，對感性具體的花進行分析，把它們的整體分解爲各部分，並透過現象，探求本質，取得各種規定性的認識，即一朵花中有顏色、氣味、形態、作用等等。最後把這些規定性在思維中有機地統一起來，把一朵花再現出來，成爲具體真理的認識。

人們取得了對客觀事物的具體真理性的認識之後，還要通過一定的思維形式和語言形式把他們表現出來。表現具體的思維形式有具體的概念、判斷等。我們在上面所認識的具體的一朵花，這裡作爲概念的「一朵花」就是具體概念。概念的展開就成爲判斷。比如說，「花在美化人們的生活中是不可缺少的。」這就是具體的判斷。而這些思維形式都是辯證邏輯所專門研究的。

由此可見，辯證邏輯的目的是認識具體真理，這種具體真理是人們在實踐中應用辯證思維的邏輯方法獲得和把握的，最後以辯證思維形式如具體概念、判斷把它們表示出來。所以我們又說，辯證邏輯是以把握具體事物和具體真理爲目的的科學。因此，爲了認識和把握具體事物和具體真理，我們就需要學習辯證邏輯。

發表於《天津日報》1982 年 5 月 25 日。

辯證邏輯思維方法的科學妙用

　　辯證邏輯研究的一個重要內容是辯證思維方法。這些方法有：歸納和演繹、分析和綜合、抽象的和具體的、邏輯的和歷史的等，它們對發展科學有重要作用。

　　列寧說：「任何科學都是應用邏輯」[51]。這是因為每一門科學都要以範疇和概念等形式來把握自己的對象。無論自然科學、技術科學，還是社會科學，都必須應用邏輯，其中包括辯證邏輯，尤其是它的思維方法，以形成概念，確定判斷，進行推理，構成科學體系，鞏固科學研究所取得的成果。

　　為什麼在科研中必須運用辯證思維方法呢？這是由科學本身的性質和任務決定的。例如，自然科學雖然必須重視科學實驗，要從對自然界的感性認識出發，把對自然界的認識建立在可靠的豐富的經驗事實的基礎上，但是自然科學不能以實驗為滿足，決不能停留在感性經驗之上，它必須經過思考作用，將豐富的感性材料加以去粗取精，去偽存真、由此及彼、由表及裡的加工製作功夫，造成概念和理論的系統，從感性認識躍進到理性認識，這才能完全地反映整個的事物，反映事物的本質，反映事物的內部規律性。為了完成上述任務，自然科學就要應用辯證思維方法。在自然科學史上，無論是古老的天文學、歐基裡德幾何學、古典力學，還是現代的控制論、仿生學、信息論等尖端科學，都離不開運用辯證邏輯的思維方法。沒有抽象的和具體的辯證結合的方法，就不可能產生古希臘的歐氏幾何學；沒有分析和綜合高度統一的方法，也決不會產生出現代的信息論。

---

[51]　《列寧全集》第 38 卷，第 216 頁。

　　運用辯證邏輯的思維方法，對於科學分類有重要作用。所謂科學分類，就是確定每一門科學在整個科學體系中的位置。每門科學在整個科學體系中的位置是由物質運動形式發展的歷史順序決定的。物質運動形式的順序是機械運動、物理運動、化學運動、生物運動和社會運動。因此，科學在分類的時候，也要按照這個順序排列。恩格斯在世時認為，自然科學的分類應從力學這門反映最簡單運動形式的科學開始，然後是物理學、化學、生物學等等。恩格斯逝世後，隨著科學技術的迅速發展，人們對物質運動形式的認識，無論在宏觀還是在微觀方面，都大大加深了，這就要求我們按照邏輯的東西和歷史的東西統一的原則，對科學分類作深入的研究。

　　在科學研究中，運用辯證邏輯的思維方法對於我們創立科學理論體系也有重要作用。例如化學，就是從最簡單的化學元素開始，然後再研究複雜的元素，進而研究化合和分解等等，由此產生從簡單到複雜的化學概念和範疇。然而這還不夠，還須建立完整的科學的化學理論體系。因此，要對化學作全面的歷史考察和理論概括，就必須運用邏輯的和歷史的以及科學抽象和從抽象上升到具體等辯證思維方法。

　　我國人民正在為建設高度的物質文明和精神文明而奮鬥。欲達此目標，必須實現科學技術的現代化。要實現科學技術的現代化，就不能不應用辯證邏輯的思維方法。恩格斯說得好：

> 「一個民族想要站在科學的最高峰，就一刻也不能沒有理論思維。」[52]

　　這就是說，要發展科學技術，沒有辯證邏輯的思維方法是不能成功的。可見，辯證邏輯的思維方法對科學研究具有重大的作

---

[52] 《馬克思恩格斯選集》，人民出版社，1972，卷3，頁467。

用。我們學習辯證邏輯的目的，不外是使我們有一個科學的思想方法和工作方法，辯證地思考和處理問題，使主觀符合客觀，把我們的各項工作搞好。

發表於《天津日報》1982 年 6 月 22 日。

關於「從抽象上升到具體」的幾個問題

最近，筆者讀了幾篇涉及「從抽象上升到具體」這一辯證邏輯思維方法的文章，對其中的幾個問題，有些不同的看法和理解，在這裡特提出來進行討論。這對掌握和應用「從抽象上升到具體」的方法，是有意義的。

（一）

「從抽象上升到具體」這一辯證邏輯思維方法是誰提出來的？

在《對「由抽象上升到具體」的一點理解》一文中開頭就寫道：

> 「馬克思在《〈政治經濟學批判〉導言》中提出：『由抽象上升到具體』的科學方法，是方法論中的一個重要問題。」[53]

還有別的書裡，也明確提出「從抽象上升到具體」這一辯證思維方法是馬克思首先提出來的。

「從抽象上升到具體」這一辯證思維方法是馬克思首先提出來的麼？

讓我們先來看看馬克思是怎樣看這個問題的。馬克思在《〈政治經濟學批判〉導言》的「政治經濟學的方法」一節中指出：

> 「因而黑格爾陷入幻覺，把實在理解為自我綜合，自我深化和自我運動的思維的結果，其實，從抽象上升到具體的方法，只是思

---

[53] 《學術月刊》，1979年，5期，頁66。

維用來掌握具體並把它當做一個精神上的具體再現出來的方式。
但決不是具體本身的產生過程。」

筆者認為，馬克思的這段話指出了兩個問題：

第一，黑格爾在研究過程中，已經提出並運用了「從抽象上
升到具體」這一辯證思維方法。

從引文來看，馬克思把這一思維方法與黑格爾的名字是聯在
一起的。但黑格爾的「從抽象上升到具體」的方法是建築在唯心
主義的基礎之上的，是把「從抽象上升到具體」看做「具體本身
的產生過程」。

第二，指出了馬克思主義對「從抽象上升到具體」的科學看
法，即「從抽象上升到具體」的方法，只是思維用來掌握具體並
把它當做一個精神上的具體再現出來的方式。

後面的一句話很重要，即「從抽象上升到具體」的方法「決
不是具體本身的產生過程」。這就在唯物主義和唯心主義之間劃清
了界限，這樣就把「從抽象上升到具體」這一辯證思維方法改造
成了科學的方法。

在邏輯史上，也確實如馬克思所說，黑格爾是第一個把「從
抽象上升到具體」的辯證思維方法做為形成他的科學體系的方法
的。例如，黑格爾的邏輯學體系分為三個部分：第一部分是「存
在」（有）論。「存在」是他的邏輯學的第一個概念。他的邏輯學
體系就是從最抽象的概念「存在」出發的。他認為「存在」是一
個「沒有任何進一步的規定」[54]「最抽象也最空疏」的概念[55]。「存
在」論中的「有限存在」是比「存在」稍高些和具體些的概念。
所謂「有限存在」，就是確定的有限的存在，是和其它某物不同的

---

[54] 黑格爾：《大邏輯》英譯本，頁 94
[55] 同上，頁 200

存在。在「存在」的階段中，我們不能認識具體物之任何進一步的規定性，但在「有限的存在」的階段中，我們則不但能抽象的、一般的認識到「存在」一件事物，而且能進一步知道此物與他物是有不同的，是有界限的。因此，「有限存在」包含「存在」在內但比「存在」的內容更豐富、更複雜。對於事物能有這樣的認識表示我們的認識比前一階段的認識要具體些、深入些，所以「有限存在」這一概念乃是較「存在」要高一些的認識階段。在「存在」論中，「無限的存在」又是較「有限存在」更高些，更具體些的概念。所謂「無限的存在」就是一種把它物當做構成此物之不可分的環節的概念。而在「有限存在」中，我們是把此物當作與它物相對立的，因此，此物是受到他物之限制的。但在「無限的存在」中我們則更進一步認識到他物也是構成此物的成分和環節。這樣來理解的此物，則不是他物所限制的東西，因此，才稱之爲「無限的存在」。所以，「無限的存在」包含「有限存在」在內，但比「有限存在」的內容更豐富，深入和更爲具體了。

　　黑格爾邏輯學的第二部分是「本質論」。他認爲「存在是直接的東西」[56]。如果我們只認識事物的直接的方面，那種認識還是表面的，抽象的。要透過直接的東西，深入到裡面去，認識隱藏在這個「存在」背後的事物的本質。這種對事物本質的認識，比起對他的直接性的認識更深入些，具體些。因此，黑格爾說，這一階段比起前一階段的認識「又稍高些」[57]

　　黑格爾邏輯學的第三部分是「概念」論。「概念」是「存在」與「本質」的統一。黑格爾所講的概念是「具體概念」（Begriff），即「具體真理」，亦即複合規定的統一。所以「概念」也就是整個邏輯學的前面的一切規定性之總結和統一。黑格爾說：

---

[56] 黑格爾：《大邏輯》英譯本，卷2，頁15。

[57] 《小邏輯》，頁250。

「概念複是一全體」[58]

「概念集前此一切範疇之大成，並予以揚棄而包含之。概念包含
一切充實的內容於其自身，同時複超出這些充實的內容。概念同
時亦可說是真的具體的。蓋因概念是『存在』與『本質』的統一，
而且包含這兩個範圍中全部豐富的內容在內」[59]

所以，「概念」較之「存在」與「本質」的內容都要更為豐富，
更為具體。對具體事物達到了「概念」的認識，在黑格爾看來，
也就達到了最高的認識階段。於是人們就認識和把握了「具體真
理」，即達到了「絕對觀念」的最高界說。

很清楚，黑格爾的這個思想體系的形成過程，就是從抽象上
升到具體的認識過程。然而這個認識過程，黑格爾已經自覺地把
它總結出來，抽象出來，並作為辯證思維方法明確地提了出來。
黑格爾在談到形成他的學說體系所運用的研究方法和認識途徑的
時候完全地表明了這一點。他說：

「認識是從內容進到內容。首先這個前進運動的特徵就是，它從
一些簡單的規定性[60]開始，而在這些規定性之後的規定性就愈來
愈豐富，愈來愈具體。因為結果包含著自己的開端，而開端的運
動用某種新的規定性豐富了它。」[61]

在黑格爾看來，研究經歷著從簡單到複雜，從抽象到具體，
從膚淺到深刻這樣一條途徑；同時他認為，抽象並非認識的終點，
認識必須從抽象上升到具體。因此列寧非常讚賞黑格爾的這一段
話，他摘錄了這一段話之後，接著寫道：

---

[58] 《小邏輯》，頁 340。

[59] 《小邏輯》，頁 334。

[60] 筆者注，即抽象。

[61] 轉引自列寧：《黑格爾〈邏輯學〉一書摘要》，頁 169—170。

「這一段話對於什麼是辯證法這個問題，非常不壞地做了某種總結」[62]

綜上所說，首先發現和提出「從抽象上升到具體」這一辯證思維方法的功勞應該歸於黑格爾。不過，這種辯證思維方法在他那裡被作了唯心主義的歪曲。而馬克思的功勞在於把「從抽象上升到具體」這一辯證思維方法，放在唯物主義的基礎之上，把它改造成為科學的研究方法，並為建立馬克思主義的政治經濟學服務。

（二）

「從抽象上升到具體」不是研究方法和認識方法嗎？

在《談分析與綜合》一文中，作者把「從抽象上升到具體」僅僅看作是敘述方法，不承認「從抽象上升到具體」的方法也是研究方法和認識方法。這篇文章中寫到：

> 「誠然，馬克思在談到『從政治經濟學方面觀察某一國家的時候』有兩條道路：在第一條道路上完整的表像蒸發為抽象的規定；在第二條道路上，抽象的規定在思維中導致具體的再現。也就是說，馬克思在這裡的確肯定了『綜合的過程』，但這決不意味著看輕分析的過程。事實上，馬克思所說的這個方法，在這裡僅僅是指敘述方法，而敘述方法是不能完全包括研究方法和整個認識方法的。」[63]

這篇文章的原意是要論證分析和綜合是必然相互聯繫、相互補充和不能分割的辯證思維方法，這是正確的。但認為「從抽象上升到具體」僅僅是敘述方法而不是研究方法和認識方法的觀點則是不符合馬克思在《〈政治經濟學批判〉導言》中的思想的。

---

[62] 轉引自列寧：《黑格爾〈邏輯學〉一書摘要》，頁 169—170。

[63] 《文史哲》，1978，4 期，頁 87。

　　首先，讓我們來溫習一下馬克思關於區別敘述方法和研究方法的論述。馬克思在《資本論》第 1 卷德文第 2 版跋中闡明：

> 「在形式上，敘述方法必須與研究方法不同。研究必須充分佔有材料，分析它的各種發展形式，探尋這些形式的內在聯繫。只有這項工作完成以後，現實的運動才能適當地敘述出來。這一點一旦做到，材料的生命一旦觀念地反應出來，呈現在我們面前的就好像是一個先驗的結構了。」[64]

　　馬克思的這段論述主要有兩層意思，其一是敘述方法和研究方法在形式上是不同的；其二是研究方法要充分地佔有材料，從實際事物出發去研究內部聯繫和發展形式，其後，用敘述方法表達出來。

　　那麼，「從抽象上升到具體」的方法是怎樣的呢？馬克思在談到政治經濟學方法時都是要闡明這種方法是科學的研究方法。其主要表現在以下幾點：

　　第一，馬克思關於「從抽象上升到具體」的方法是建立在辯證唯物主義的基礎上的，然而這正是一切科學認識方法和研究方法的主要特徵。

　　馬克思以人口為例說明這一點。他說：「如果從人口入手，那麼這就是一個渾沌的關於整體的表象，經過更切近的規定之後，我就會在分析中達到越來越簡單的概念，從表像中的具體達到越稀薄的抽象，直到我達到一些最簡單的規定。於是行程又得從那裡回過頭來，直到我最後又回到人口，這回人口已不是一個渾沌的關於整體的表像，而是一個具有許多規定和關係的豐富的總體了。」馬克思在這裡是說，「從抽象上升到具體」中的抽象不是主觀自生的，是從感性具體中來的，而感性具體的認識是從客觀存

---

[64] 馬克思：《資本論》，卷 1，人民出版社，1975 年版，頁 23—24。

在中豐富的材料來的，然而，再從這個最簡單的抽象規定上升到具體，這顯然是一個完整的科學認識和研究的過程。

第二，馬克思在說明研究政治經濟學有兩條道路時，著重強調了「從抽象上升到具體」的方法「顯然是科學上正確的方法」。

馬克思指出的是，研究政治經濟學有兩條道路，第一條道路，是 17 世紀的經濟學家所走過的。這條道路中雖有真理的要素，但卻是形而上學的道路。馬克思為了糾正 17 世紀的經濟學家形而上學方法的錯誤才批評了這條道路，指出「後一種雖然是科學上正確的方法」，是思維用來「掌握世界」的科學方法。

另外，在許多科學體系的形成中，科學家們都自覺不自覺地應用了這種方法。例如現代生物學就是從最抽象的「細胞」概念出發，直到研究生物組織，器官，系統，直到具體的生物體，形成了完整的生物學科體系，並推動研究不斷向前發展。

可見，「從抽象上升到具體」是科學研究方法和認識方法。它不僅是研究政治經濟學的方法，而且是許多科學形成科學體系可以應用的研究方法。例如，哲學、邏輯學、生物學、化學等等。

（三）

「從抽象上升到具體」和綜合是一回事嗎？

在一本談到《思維方法》的哲學著作中，作者在論述分析和綜合的時候說道，綜合的過程則是由理性的抽象到理性的具體的過程。在一篇論述科學抽象的文章中，也把綜合表述為「抽象的規定在思維的行程中導致具體的再現」。顯然，這些論述是把「從抽象上升到具體」和綜合看作一回事。

筆者認為，「從抽象上升到具體」和綜合不能等同起來，它們不完全是一回事。

　　首先，馬克思所說的「在第二條道路上，抽象的規定在思維行程中導致具體的再現」，實際上說的就是「從抽象上升到具體」。「從抽象上升到具體」是在綜合的過程中實現的；但是綜合的過程，並不只是「從抽象上升到具體」。

　　其次，從這兩種研究方法的具體內容來看，也有明顯的不同之處。最根本的是，這兩種研究方法的出發點不同。雖然它們都是以抽象的東西作爲出發點的，但是，作爲「從抽象上升到具體」出發點的抽象是有所不同的。

　　作爲「從抽象上升到具體」出發點的抽象，具有下面的主要特徵：

　　第一，它是經過從表像中的具體達到越來越稀薄的抽象獲得的。就是說，它是從感性具體中來的，但是經過保持一定質的最大限度的抽象，在分析中達到越來越簡單的概念。

　　第二，它是一些最一般的、最簡單的抽象規定。

　　第三，它包含著具體整體中的一切矛盾的胚芽。

　　諸如政治經濟學中的「商品」概念，生物學中的「細胞」概念，以及化學中的「元素」概念等，都具有以上幾個特徵。關於以上幾點，列寧曾經說：

> 「馬克思在《資本論》中首先分析資產階級社會（商品社會）裡最簡單，最普遍，最基本，最常見，最平凡，碰到過億萬次的關係——商品交換。這一分析從這個最簡單的現象中（從資產階級社會的這個細胞中）揭示出現代社會的一切矛盾（或一切矛盾的胚芽）。」[65]

　　而綜合，正如恩格斯所說：

---

[65] 列寧：《談談辯證法問題》，《列寧全集》，卷38，頁409。

「是思維把相互聯繫的要素聯合成一個統一體」。[66]

　　雖然它也是從抽象出發，作為綜合出發點的抽象也必須反映事物的本質，但它不一定是最抽象、最簡單、最一般的東西。例如，我們對某一問題進行討論和研究，從各個方面進行分析，提出了許許多多的問題，並基本上抓住了本質，最後把與本質有關的問題聯繫成為一個整體，這裡就使用了綜合方法，也就是我們所說的「把討論的問題綜合綜合」，這裡作為綜合出發點的東西，雖然是抽象的東西，但不是最簡單、最抽象的。

　　再次，從這兩種方法應用的範圍來看，它們也不完全是一回事。綜合的方法應用得比較廣泛，在一般的辯證思維中或在具體的工作中，就經常地被使用。例如我們經常進行的調查研究，形成一定的理論（包括概念和邏輯系統），就是分析和綜合的過程，是要經常使用分析和綜合方法的。

　　而「從抽象上升到具體」的方法，則是應用於形成科學體系或科學範疇的具體研究中。例如，它作為一種科學的研究方法，那是馬克思在創立政治經濟學體系的過程中採用的。現在有些科學家正在運用這種方法來整頓自己的科學體系和編寫教科書。

（四）

　　運用綜合或「從抽象上升到具體」是為了形成科學的抽象嗎？

　　關於這個問題，馬克思已經闡述得十分明白，運用這種辯證邏輯的思維方法，就是為了認識具體世界，掌握具體世界。在運用這些方法的認識過程中，抽象是認識的出發點，具體才是認識的終點。這個具體認識與感性認識相比較，就根本不同了。

---

[66] 恩格斯：《反杜林論》，《馬克思恩格斯選集》，卷 3，人民出版社，1972，頁 81。

> 「具體之所以具體，因為它是許多規定的綜合，因而是多樣性的
> 統一。因此它在思維中表現為綜合的過程[67]，表現為結果」

這時我們的認識，「已不是一個渾沌的關於整體的表象，而是一個具有許多規定和關係的豐富的整體」的認識了。

而有的文章認為：

> 「正確地運用抽象力必須在思維過程中把分析和綜合辯證地結合
> 起來，否則就達不到理性認識，形不成科學的抽象。」[68]

這段話也就是說，在思維過程中把分析和綜合辯證地結合起來，就能達到理性認識，形成科學的抽象。在這裡要說明的是，分析和綜合辯證的結合，有兩種情況：一種是內部的結合，即分析中包含小的綜合，或綜合中包含小的分析；一種是外部的結合，即分析之後由綜合來補充。在前面的這段話中，如果是把「分析和綜合辯證地結合」理解為「分析中也有小的綜合」在這裡是為了形成科學的認識。但是科學抽象認識的形成，主要還是靠運用分析的方法。綜合過程或「從抽象上升到具體」的過程的最終目的，是形成理性具體的認識。並不是為了形成科學抽象的認識。分析和綜合，科學抽象和「從抽象上升到具體」作為辯證邏輯的思維方法，它們的作用都是有一定區別的。

另外，科學抽象的認識，是科學的理性認識的一部分，並不是全部的理性認識。否則，對理性認識中的不同階段，也就分辨不清楚，相應地，對獲得這些認識的辯證思維方法也就搞不清楚，運用起來就必然造成混亂。

發表於《天津師院學報》1979 年第 1 期。

---

[67] 包括從抽象上升到具體的過程。
[68] 《南開大學學報》，哲學社會科學版，第 4—5 期合刊，頁 72。

辯證邏輯研究中的幾個問題

　　爲了滿足辯證邏輯教學的需要，河南師大、河北大學、鄭州大學、南開大學、山西大學、廣西大學、華中師院、新鄉師院等單位，集體編寫了《辯證邏輯綱要》一書。在這裡，筆者先將討論中的幾個主要問題綜述如下。

什麼是辯證思維形式

　　一種意見認爲，辯證思維形式就是辯證的思維形式，即辯證的概念、辯證的判斷、辯證的推理、辯證的論證等。辯證邏輯對辯證思維形式的研究，揭示辯證思維形式不同於普通思維形式的根本特性及其規律，這是研究辯證思維的特殊性問題。

　　另有一種意見認爲，既然有「辯證的思維形式」，那就應該有「非辯證的思維形式」。比如，既然有「辯證的概念」，那就應該有「非辯證的概念」，那麼，哪一個概念是非辯證的呢？持這種看法的學者認爲，辯證思維形式主要是指以概念本性的研究爲前提的思維形式，只有認真研究思維形式（概念、判斷、推理）的辯證法，才能弄清辯證思維形式。

　　還有一種意見認爲，辯證思維形式應包括兩部分內容：一部分是思維形式（概念、判斷、推理）的辯證法；另一部分是辯證思維特有的形式，如辯證判斷、辯證推理等。

辯證思維有哪些特殊形式

　　一種意見認爲，與普通思維的概念、判斷、推理和論證相比，辯證概念、辯證判斷、辯證推理和辯證論證就是辯證思維的特殊形式。

　　所謂辯證概念就是指具有靈活性和具體性的概念，具體概念都是辯證概念。所謂辯證判斷，是指具體地反映事物內部的矛盾和矛盾運動的判斷。所謂辯證推理，是以對事物的矛盾分析作為前提推出結論的推理。所謂辯證論證是通過辯證推理進行的論證。

　　另一種意見認為，辯證思維的特殊形式主要是指辯證判斷和辯證推理。主要的辯證判斷形式為：第一，反映矛盾雙方對立同一的判斷，例如 S 是 P 又是非 P；第二，反映肯定與否定相結合的判斷，例如 S 不是 P，而是非 P；第三，反映特屬於一般對立同一的判斷，例如如果 S，特別 S1……則 P；第四，反應現象與本質對立同一的判斷，例如形式上 S 是 P，實質上 S 是非 P。

　　而以上辯證判斷相聯繫的推理，就是辯證推理。

　　還有一種意見認為，辯證判斷和辯證推理是思維形式（概念、判斷、推理）辯證法的特殊表現，應該承認它們是辯證思維的特殊形式。這種意見認為，主要的辯證判斷形式為：第一，主項矛盾形式，例如 S 和非 S 是 P；第二，謂項矛盾形式，例如 S 是 P 和非 P；第三，聯項矛盾形式，例如 S 既是同時又不是 P；第四，主謂矛盾形式，例如 S 是非 S，或非 S 是 S。

　　辯證推理的形式有：矛盾分析形式；正反推出（簡單的和複雜的）形式；連鎖推出形式等。

辯證思維的邏輯方法有哪些

　　關於歸納和演繹。一種意見認為，歸納和演繹（結合應用）是辯證思維的邏輯方法，因為它是形成辯證思維形式不可缺少的方法。另一種意見認為，歸納和演繹互相結合是辯證思維的推理形式，不應作為邏輯方法，如果把它們作為邏輯方法，那麼，它與辯證思維中的歸納和演繹相結合的推理就很難區別。

　　關於分析和綜合與從抽象上升到具體。一種意見認為，這兩種方法是不同的，前者認識範圍較廣，後者認識範圍較窄。另一種意見認為，這兩種方法是一回事，從抽象上升到具體的過程實際上就是分析和綜合的過程。

辯證思維有沒有自己的基本規律

　　一種意見認為，辯證邏輯有自己的基本規律，這是由辯證思維的基本矛盾同和異的矛盾決定的，這個基本規律就是對立同一律。在這種意見中，有人稱這個基本規律為具體同一律；還有人主張，除了具體同一律，還有辯證矛盾律、發展轉化律。

　　另一種意見認為，辯證邏輯沒有自己的基本規律，辯證法的基本規律對立統一規律、量變質變規律、否定之否定的規律也是辯證邏輯的基本規律。

發表於《光明日報》1981 年 7 月 30 日。

任何科學都是應用辯證邏輯

　　辯證邏輯是關於辯證思維的形式及其規律和方法的科學。歸根結底，它是我們認識世界和改造世界所不可缺少的科學工具，而認識世界和改造世界是包括著科學研究在內的。因此，進行科學研究，就必然需要辯證邏輯。換句話說，辯證邏輯是進行科學研究的普遍的思維方法。

　　按照列寧的說法，因為每一門科學都要以思想和概念的形式來把握自己的對象，所以，「任何科學都是應用邏輯」[69]。這裡的「邏輯」是包括著辯證邏輯的。因此，無論自然科學、技術科學，還是社會科學，都必須應用辯證邏輯，尤其是應用它的思維方法，以形成概念，確定判斷，進行推理，構成科學體系，鞏固科學研究所取得的成果。

　　在科學研究中，必須運用辯證邏輯及其思維方法，這是由科學本身的性質和任務決定的。例如自然科學雖然必須重視科學實驗，要從對自然界的感性認識出發，把對自然界的認識建立在可靠的豐富的經驗事實的基礎上，這是近代自然科學自 15 世紀末大踏步向前發展的一個重要前提。但是，自然科學決不能滿足於實驗，決不能停留在感性經驗之上：

> 「必須經過思考作用，將豐富的感覺材料加以去粗取精、去偽存真、由此及彼、由表及裡的改造製作工夫。造成概念和理論的系統，就必須從感性認識躍進到理性認識。」[70]

---

[69]　《列寧全集》，卷 38，頁 216。

[70]　《毛澤東選集》，卷 1，頁 268。

自然科學的任務就是通過理性認識。

「要完全地反映整個的事物，反映事物的本質，反映事物的內部規律性。」[71]

為此，自然科學就必須運用辯證邏輯及其思維方法，否則是沒有什麼科學可言的。由此可見，科學實驗和辯證思維對於自然科學的研究來說，兩者不可偏廢，它們是互相促進的。我們既要反對否認科學實驗方法重要性的唯心論，也要反對輕視辯證思維的機械論。在自然科學史上，無論是古老的天文學、歐幾裡德幾何學、古典力學，還是現代的控制論、仿生學、信息論等尖端科學，都離不開運用辯證邏輯及其思維方法。儘管科學家們沒有自覺地意識到，但他們實際上在應用著這些科學方法。沒有抽象和具體的辯證結合，就不可能產生古希臘的歐幾裡德幾何學；沒有分析和綜合的高度統一，也決不會產生出現代的信息理論。總之，沒有辯證邏輯及其思維方法，就不能把蘊涵在實驗材料內部的，或隱藏在不同知識領域之間的內在聯繫發掘出來，而這些聯繫，正是構成自然規律所不可少的。所以，辯證邏輯及其思維方法起著科學實驗所起不到的作用。

技術科學研究同樣也不能輕視辯證邏輯及其思維方法的重要作用。要揭示生產實踐、科學實驗與技術之間的有機聯繫，使科學技術為生產服務，就必須進行深入的技術科學的研究。在研究中，就必須運用辯證邏輯及其思維方法。例如 19 世紀初期的法國物理學家卡爾諾，他運用了分析和綜合的方法，研究了蒸汽機，最後構造了一部理想的蒸汽機，對技術科學的發展做出了貢獻。可見，在發展技術科學時，辯證邏輯及其思維方法是不可缺少的。

---

[71] 《毛澤東選集》，卷 1，頁 268。

　　社會科學研究就更為廣泛地應用辯證邏輯及其思維方法了。恩格斯在他的著作中，特別是在《自然辯證法》中，廣泛地研究和應用了辯證邏輯的思維方法，諸如歸納和演繹、分析和綜合、抽象的和具體的等方法，並取得了輝煌的成果。

　　辯證邏輯及其思維方法，對於科學分類有重要作用。所謂科學分類，就是確定每一門科學在整個科學體系中的位置。在馬克思主義產生以前，科學的分類常常受到一些偶然的特徵的影響。馬克思主義創立以後，隨著唯物主義辯證邏輯的提出，以及邏輯的方法和歷史的方法的統一，邏輯的東西是歷史的反映等原則的提出，為解決科學分類問題提供了基礎。任何一門科學，都研究一定的物質運動形式，而物質運動形式在歷史上又是從簡單到複雜、從低級向高級不斷發展的。因此，科學的分類，每門科學在整個科學體系中的位置是由物質運動形式發展的歷史順序決定的。物質運動形式的順序是機械運動、物理運動、化學運動、生物運動和社會運動。因此，科學在分類的時候，也要按照這個順序排列。恩格斯在世時認為，自然科學的分類應從力學這門最簡單運動形式的科學開始，然後是物理學、化學、生物學等等。恩格斯逝世後，隨著科技的迅速發展，人們對物質運動形式的認識，無論在宏觀還是微觀方面都大大加深了，這就要求我們按照邏輯的東西和歷史的東西統一的原則，對科學分類進行「修正」。

　　在科學研究中，運用辯證邏輯及其思維方法，對於我們創立科學理論體系也有重要作用。任何一門科學，都是通過一定的概念和範疇的結構來概述自己的研究成果的，然而這還是很不夠。對於每門科學來說，不僅要制定那些反映現實本質的概念和範疇，而且要通過這些概念和範疇建立完整的體系。然而這都不是主觀臆定的，是從對事物的歷史考察中獲得的。因此，科研工作者依據邏輯的東西是歷史的東西反映的原則，創立科學的概念、

範疇及其理論體系。例如化學，就是從最簡單的化學元素研究開始，然後再研究複雜的元素，進而研究化合和分解等等，由此產生從簡單到複雜的化學概念和範疇。然而這還不夠，還須建立完整的科學的化學理論體系。因此，要對化學作全面的歷史考察，就要把邏輯的東西和歷史的東西統一起來，只有這樣，才能建立起完整的化學理論體系。就是說，化學理論體系的建立，必須運用邏輯的和歷史的以及科學抽象和從抽象上升到具體等辯證邏輯的思維方法。

　　總之，科學史清楚地向我們表明，辯證邏輯是指導我們進行科學研究的普遍的思維方法，從自然科學、技術科學直到社會科學，到處都證實著這一點。

　　我國要實現四個現代化，關鍵在於實現科學技術的現代化，要實現科學技術的現代化，就必須進行廣泛的科學研究，而科學研究是不能沒有辯證邏輯及其思維方法的。恩格斯說得好：

　　「一個民族想要站在科學的最高峰，就一刻也不能沒有理論思維。」[72]

　　這就是說，要發展科學技術，沒有辯證邏輯這門科學是不行的。

　　實現科學技術現代化需要辯證邏輯，同樣，實現各項事業的現代化，也都離不開辯證邏輯，可是我們的哲學界和邏輯學界對辯證邏輯的研究還是很不夠的，對辯證邏輯科學應用的研究就更不夠了，這是不能不引起我們特別注意的！

　　　　　　　　　　發表於《哲學研究》1979 年第 11 期。

---

[72] 《馬克思恩格斯選集》，卷 3，頁 467。

實現現代化需要辯證邏輯

什麼是辯證邏輯？辯證邏輯：

> 「是關於認識的學說，是認識的理論。認識是人對自然界的反映。但是，這並不是簡單的、直接的、完全的反映，而是一系列的抽象過程，即概念、規律等等的構成、形成的過程，這些概念和規律等等（思維、科學＝邏輯觀念）有條件地、近似地把握著永恆運動著的和發展著的自然界的普遍規律性。」[73]

從列寧的這段論述中，我們可以理解到：辯證邏輯和辯證法、認識論在本質上是一致的，但它們之間又有區別。辯證邏輯包括在唯物辯證法之中，但它是能動地反映客觀辯證法的主觀辯證法，即客觀辯證法在人腦中的正確反映。辯證邏輯又包括在唯物主義認識論之中，但它是專門研究理性認識的。辯證邏輯與形式邏輯雖然都是研究理性認識的，但它們之間又有不同。形式邏輯是研究相對靜止和保持事物質的相對穩定條件下的理性認識活動，而辯證邏輯則是研究運動發展著的理性認識活動。所以概括一句話，辯證邏輯，乃是一門關於反映運動發展著的客觀世界的理性認識的科學。而這整個的進程在於「使認識達到客觀真理」[74]。客觀真理是不斷發展變化的，因而都是具體的。而辯證邏輯的目的或作用，則在於認識和把握具體事物和具體真理。

在我國向四個現代化進軍的偉大征途中，已經出現和將要出現許多新的具體事物和問題，這些都需要我們去深入認識，並分

---

[73] 《黑格爾〈邏輯學〉一書摘要》，《列寧全集》卷38，頁194。

[74] 《黑格爾〈邏輯學〉一書摘要》。

辨哪些是真理，哪些是謬誤。比如，我們要實現四個現代化，就必須「高舉毛澤東思想的偉大旗幟」，但是什麼叫真高舉，什麼叫假高舉？實現四化又必須堅持四項基本原則，但什麼叫真堅持，什麼叫假堅持？還有什麼叫做中國式的現代化？等等。這些，都有賴於辯證邏輯這一認識工具的正確使用。它對於促進思想解放運動，克服思想僵化、半僵化，研究實現四化中出現的新情況，解決新問題，有著重要的指導意義。

（一）

如前所述，辯證邏輯是以達到客觀真理，即具體真理為目的的科學。那麼，它是如何認識和把握具體真理的呢？為了搞清楚這個問題，就要先弄清具體真理的意義。

所謂具體真理，是具體事物在人的思想中的正確反映。關於「具體」，馬克思在《〈政治經濟學批判〉導言》中，給予了完整、準確的說明。他說：

> 「具體之所以具體，因為它是許多規定的綜合，因而是多樣性的統一。」

比如「人口」，就是一個具體事物，它是許多規定性、許多因素的有機聯繫著的統一體，它包含著階級、雇傭勞動、資本、交換、分工等等複雜的規定在內。馬克思說：

> 「如果我拋開了構成人口的階級，人口就是一個抽象。如果我不知道這些階級所依據的因素，如雇傭勞動、資本等等，它就什麼也不是。」[75]

關於「具體」的意義，黑格爾在他的《〈哲學史講演錄〉導言》中，也曾舉了很多例子加以說明。比如一朵花，它也是許多規定

---

[75] 《馬克思恩格斯全集》，卷 12，頁 751。

性即味、顏色、形狀等等的綜合。說一朵花是一個「具體」的事物，其意思就是說，一朵花乃是許多規定性有機聯繫著的整體。

在實現社會主義現代化的過程中，這樣的例子是很多的，諸如「社會主義」、「現代化」、「無產階級專政」、「共產黨的領導」、「馬列主義、毛澤東思想」等等，都是許多規定性的有機統一體，都有其具體內容。比如「社會主義」就包括著特定歷史發展階段上的生產力和生產關係、經濟基礎和上層建築、以及階級等等的複雜的規定性在內。如果我們拋開了生產力，那麼「社會主義」就是一個抽象；離開了特定發展階段上生產力的社會主義社會，那就完全是一句空話。同樣，離開了公有制、按勞分配、人與人之間的平等關係，那種社會主義就是假社會主義，是不真實的。林彪、「四人幫」鼓吹的「晚點」的「社會主義」，「長草」的「社會主義」，不要發展生產的「社會主義」，就是假社會主義。

我們都知道，真理是人對客觀事物及其規律的正確反映。既然任何客觀事物都是具體的，都是許多規定性的統一，因此，反映它們的真理當然也總是具體的，總是許多規定的統一。

任何一門科學，都是以研究它那一個現象領域的各種規定性並進而把握這些規定性的有機統一為目的。辯證邏輯和一切具體科學一樣，都是以把握具體真理為目的的。但辯證邏輯又與其它具體科學不同，這就是，其它一切具體科學所考察的，都是它那個特定現象領域之規定性，而辯證邏輯所考察的，則是一切現象領域所共有的、為一切具體科學所共有的最一般的、最普遍的規定性。如本質、現象、同一、差別等等規定性。

由前面的這個特徵出發，具體真理還有另外一個特徵，即它是矛盾發展的過程。因為具體真理是具有多樣性規定的客觀事物的反映，客觀事物包含著許多對立的成分和矛盾，那麼，它也就不會堅持絕對的界限，而必然會不斷運動、發展和轉化。還以「社

會主義」這個具體事物爲例。社會主義本身就包含著許多對立的
成分和矛盾，例如生產力和生產關係之間的矛盾、經濟基礎和上
層建築之間的矛盾、敵我矛盾和人民內部矛盾等等。正是由於這
些矛盾的存在，才推動著社會主義本身不斷地運動、發展和轉化。
一切事物都是如此，反映這些具體事物的具體真理也是如此。因
此，具體真理也可以說就是它的各個環節的不斷推移、轉化和發
展的過程。

可見，任何具體事物及其在人腦的正確反映的具體真理，都
有兩個基本特徵：一是統一性，就是說，具體真理是複雜的規定
性的有機統一；二是發展性，就是說，具體真理是活生生的發展
過程。而這兩者是一件事物不可分割的兩個方面。辯證邏輯就是
以把握事物的最普遍的規定性統一和發展爲目的的科學。掌握這
一認識的科學，才能做到客觀地、辯證地、全面地看問題，「可以
使我們防止錯誤和防止僵化」[76]。

例如，在實現四個現代化中，「必須堅持馬列主義」、「必須堅
持毛澤東思想」。但是，我們所堅持的是具體真理，不是抽象的教
條，這就是爲什麼要完整地、準確地理解和掌握馬列主義、毛澤
東思想體系的一個重要原因。根據辯證邏輯的統一和發展原則的
要求，我們認識到，馬列主義、毛澤東思想是絕對真理和相對真
理兩種規定的統一，並且它也要在實踐中發展。在馬列主義、毛
澤東思想這個完整的科學體系中，那些反映普遍規律的基本原
理，是放之四海而皆準的普遍真理。但它也要在運用於實踐的過
程中，不斷地得到補充和發展。而且在新的條件下，就是這些基
本原理，也是必須進行深入探討的。而那些根據基本原理、分析
具體實踐問題所作出的個別結論，都是同一定的時間、地點和條

---

[76] 《再論工會、目前局勢及托洛茨基和布哈林的錯誤》，《列寧全集》，卷 32，頁
83—84。

件相聯繫的。在彼時彼地以及與其相同條件下，它們是正確的，是真理；但是時間、地點、條件變化了，那就不一定適用，而且很可能變成了謬誤。就是說，馬列主義、毛澤東思想作為科學真理，也是要發展變化的。「四人幫」以極左的面貌出現，把馬列主義、毛澤東思想說成是脫離相對的絕對，脫離具體的抽象，鼓吹什麼「頂峰」、「絕對權威」、「句句是真理，一句頂一萬句」，否定真理發展的可能性和必要性，把具體的真理說成抽象的不現實的東西，使之變得荒謬絕倫。「四人幫」完蛋了，可是他們的流毒至今還在毒害著一些人。在他們看來，真理是不變的，凡是過去決定了的，就不能突破，不管條件變化了沒有，都不能變動，否則，就給你戴上「砍旗」的帽子。中國共產黨的十一屆三中全會是具有偉大歷史意義的會議。會議高舉馬列主義、毛澤東思想的旗幟，堅持四項基本原則，根據歷史經驗教訓，根據新形勢下的新情況，作出了全黨工作著重點轉移等一系列重大決策。實踐已經證明，並將繼續證明這是完全正確的，是符合歷史發展規律，符合真理發展規律的。那些思想僵化的人，睜眼而不看現實，只抓住馬列主義、毛澤東思想的個別詞句，而自以為「高舉」，實際上是假高舉；自以為最「革命」，實際上是墨守陳規。三中全會公報說得好：

> 「一個黨，一個國家，一個民族，如果一切從本本出發，思想僵化，那它就不能前進，它的生機就停止了，就要亡黨亡國。」

要克服和防止思想僵化，就要認真學習和掌握辯證邏輯。

（二）

辯證邏輯認識和把握具體事物、具體真理，是通過運用辯證邏輯的思維方法達到的。在實現四個現代化的過程中，要認識和把握其具體事物、具體真理，也要運用辯證邏輯的思維方法。

　　對於具體事物、具體真理的認識和把握，不是一下子就可以達到的。要認識某一具體事物的各種規定性，並把握它們的有機統一和發展，必須經過從個別到一般，從簡單到複雜，從抽象到具體的認識活動過程。與此相適應，就要運用一系列的辯證邏輯的思維方法。我們還以認識「社會主義」為例：「社會主義」，如前所說，它是一種現實的具體事物，是許多規定的統一體。但我們並不能一下子認識它所包含的許多規定性並進而把握它們的統一。我們在認識「社會主義」時，最初對於構成「社會主義」的各種規定幾乎毫無所知，我們對於它只有一個關於整體的混沌的表像，也就是只有感性具體的認識。後來，我們才進而分析構成社會主義的各種規定性，例如社會主義的生產關係和生產力，以及構成這種生產關係的各種規定性，即生產資料公有制、產品的按勞分配方式、人與人之間的同志互助合作關係，以至構成公有制、按勞分配的各種規定性等等。這也就是說：

> 「在分析中達到越來越簡單的概念；從表像中的具體達到越來越稀薄的抽象，直到我達到一些最簡單的規定。」[77]

　　然而，我們對「社會主義」的認識並不能停留於此。因為「社會主義」並不是一些簡單的抽象規定之堆積。「社會主義」乃是許多規定性之統一。所以我們還必須進一步把這些簡單的規定作統一的瞭解。因此，當我們對「社會主義」的分析達到一些最簡單的規定之後，認識的行程應從那裡回過頭來，即由抽象回到具體，回到「社會主義」這一具體事物上來。可是這時我們對「社會主義」的認識，已不是關於整體的一個混沌的表像了，而是一個豐富的、由許多規定和關係形成的整體了。這時，我們對「社會主義」的認識已是真實的、具體的科學認識，因為這時「社會主義」

已作為許多規定之統一的具體事物如實地再現在我們的思想和認識之中。這就是我們認識「社會主義」這一具體事物、具體真理的過程。這個過程，簡單地說，就是要我們把最初對「社會主義」的混沌表像分析成最簡單的規定，然後，經過一系列愈來愈複雜，愈來愈具體的規定，最後達到認識具體事物和具體真理。說得通俗一點，認識和把握社會主義，必須認識和把握它的具體內容，這是在分析矛盾的基礎上，經過科學抽象和從抽象上升到具體，才得以實現的。如果只是高喊堅持社會主義的口號，不應用科學方法，不顧及其真實的具體內容，就算是堅持社會主義的話，那麼，「四人幫」把這樣的口號喊得比誰都響，以至達到「念念不忘」的程度，他們是真堅持社會主義嗎？絕對不是。他們鼓吹「窮過渡」，破壞社會主義的公有制；以「批判資產階級法權」為幌子，妄圖廢除按勞分配；把勞動者之間的同志關係，說成是對立的階級關係等等，這哪裡是堅持社會主義？顯然是在反對和否定科學社會主義。

　　所謂辯證方法，是辯證邏輯的思維方法，是具有普遍意義的科學方法。它主要包括歸納和演繹、分析和綜合、科學抽象和從抽象上升到具體、邏輯的和歷史的方法等。

　　運用辯證邏輯的思維方法必須依據唯物主義的原則。就是說，認識和把握具體真理首先要從實際出發，即從客觀事實出發。例如，黨中央提出，我們要實現的現代化是中國式的現代化。究竟什麼是中國式的現代化？如何認識這個具體事物呢？這就需要應用辯證邏輯的思維方法，即對這一具體事物進行具體分析。在分析時，就要從中國的實際情況出發，這個實際情況就是：20 世紀 70 年代後期的中國，人口多、耕地少、國土大、底子薄，搞了近 30 年的社會主義有經驗，有教訓，又受了「四人幫」十多年的浩劫。這就是中國式現代化的出發點。由此出發，就可以分析出

中國式的現代化這個具體事物的各種規定性，包括政治、經濟、科學，教育等等，直到抽象出最簡單的規定，以後又回過頭來，在綜合的過程中，得到對中國式的現代化這個有機整體的科學認識。

同時，運用辯證邏輯的思維方法要依據實踐的原則。就是說，要認識具體真理，必須在實踐中認識，不是主觀盲目地而是自覺能動地通過實踐認識的。比如在 20 世紀末，我國要實現社會主義的現代化，這是在實踐的基礎上分析出來的，這是符合邏輯和歷史一致的原則的。新中國的歷史證明：資本主義道路，資本主義現代化在現代中國是行不通的，只有社會主義才是我國前進的根本道路，也是進行四個現代化建設的根本道路。因此，我們在運用辯證邏輯的思維方法去認識中國式的現代化這一具體事物的時候，不能脫離實踐，不能脫離邏輯和歷史一致的原則，不能脫離現實。

運用辯證邏輯的思維方法還必須依據全面的原則和發展的原則，這在本文的第一部分裡已經作了論述，這裡不再重複。

總之，辯證邏輯思維方法的應用必須依據辯證邏輯的四條基本原則。這四條基本原則又是相互聯繫不可分割的。實際上，辯證邏輯的思維方法就是以辯證邏輯的基本規律和範疇為指導的方法，也是唯物辯證法在思維領域的具體應用。因此，它是科學的思維邏輯方法。

在這裡需要指明一點，有些人把辯證邏輯的思維方法統稱為辯證方法，這是不準確的。因為：第一，辯證方法的內容很廣泛，辯證法均可稱為辯證方法，馬克思主義經典作家幾乎都是這樣稱謂的。如一分為二的方法、抓主要矛盾的方法、分清主流支流的方法等等，都可稱為辯證方法。如果把辯證邏輯的思維方法統稱

爲辯證方法，就會把辯證法和辯證邏輯混爲一談，看成等同的東西。

第二，辯證方法是哲學方法，而辯證邏輯的思維方法是邏輯方法，哲學方法雖然與邏輯方法有密切關係，即哲學方法可以指導邏輯方法，但哲學方法卻不等於邏輯方法，也不能代替邏輯方法。辯證邏輯的思維方法只能是與辯證思維的形式與規律有關的方法，而不應該將一切辯證方法都作爲辯證邏輯的思維方法。諸如一分爲二的方法、抓主要矛盾的方法……。應該是唯物辯證法所研究的，不應作爲辯證邏輯所研究的思維方法。在具體應用的時候，也必須區別開來。

（三）

辯證邏輯又是進行科學研究的普遍性思維方法。實現四個現代化，關鍵在於實現科學技術現代化。發展科學技術，也需要辯證邏輯。

關於自然科學，技術科學與社會科學必須運用辯證邏輯的論述，已有文章表述，這裡不再贅敘。

發表於《天津師院學報》1979 年第 3 期。

淺談先秦樸素辯證邏輯思想的發展

　　我國先秦時期，對辯證思維的研究情況究竟怎樣？對於這個問題，邏輯學界頗有爭議：一種意見認為，先秦時期已有辯證邏輯科學；另一種意見認為，在先秦時期，辯證邏輯的原始思想都沒有，哪裡來的辯證邏輯科學？這兩種意見，筆者都不敢苟同。筆者認為，先秦時期尚未形成辯證邏輯科學，但已經有了樸素的辯證邏輯思想，這種思想是不斷發展的。

　　先秦時期，由於社會劇烈動盪，社會關係發生著巨大演變，人們的思想非常活躍。社會上普遍地進行著「古今」、「天人」、「名實」等問題的辯論。尤其是名實關係問題的辯論，幾乎所有學派的思想家都參與了。在辯論的過程中，許多思想家不斷深入地研究了辯證思維中的問題，並留下了重要的論著，建樹了引世注目的樸素辯證邏輯思想的豐碑。

　　先秦樸素辯證邏輯思想，儘管是樸素的，往往是憑直觀的印象進行的，沒有進行科學的理論概括，但它是豐富的、發展的。本文只就幾個重要環節來說明其發展。

（一）

　　早在春秋時期，已有一些思想家開始研究辯證思維的問題。老子是其中傑出的代表。老子的《道德經》就是先秦第一部具有豐富的樸素辯證邏輯思想的論著。它不但自發地、比較廣泛地研究了概念的本性，而且注意到由概念展開了的辯證思維的判斷和推理形式。

　　《道德經》研究和闡發的第一個基本的邏輯概念、範疇是「道」。

關於「道」，《道德經》中有簡明的概括：

> 「有物混成，先天地生。寂兮寥兮！獨立不改，周行而不殆，可以為天下母。吾不知其名，字之曰『道』，強為之名曰『大』。」[78]

從這段說明中，可以看出「道」這個概念、範疇乃是客觀存在的某種獨立運行的渾然一體的最原始的東西的反映。作為邏輯概念、範疇的「道」，是根據客觀自然界的本來樣子抽象出來的。雖然「道之為物，惟恍惟惚」，「窈兮冥兮」，但「其中有象」，「其中有物」，「其中有精，其精甚真，其中有信」[79]，它是真實存在的。《道德經》的這些看法表明，老子已粗略地認識到主觀邏輯來源於客觀邏輯，具有樸素的辯證觀念。

《道德經》認為，「道」，「先天地生」，「可以為天下母」。這就是說，「道」是天下萬物的根本。在老子看來，「道」雖然是「獨立不改」，有其相對靜止的一面，但它又是「周行而不殆」，不斷運動的，千差萬別的事物就是從「道」運動演變而來。他說：「道生一，一生二，二生三，三生萬物。」[80]老子在探索「道」的演變時，已初步察覺一切事物都具有對立的兩個方面，「一生二」就包含有這個意思。《道德經》還指出道的運動就是向著它的相反的方面變化，即所謂「反者道之動」[81]。它更明確提出「萬物負陰而抱陽，沖氣以為和」[82]。此外，《道德經》還提出了大量的矛盾概念，如天地、山川、晝夜、寒暑、雌雄、男女、美醜、善惡、利害、禍福……並研究了這些矛盾概念的運動和相互轉化，如所謂「禍

---

[78] 《道德經·二十五章》。

[79] 《道德經·二十一章》。

[80] 《道德經·四十二章》。

[81] 《道德經·四十章》。

[82] 《道德經·四十二章》。

兮福之所倚，福兮禍之所伏。」[83]它還列舉了「有無相生，難易相成，長短相形，高下相傾，音聲相和，前後相隨」[84]等對立性的命題。顯然，這些都是辯證的觀點。

「道」作爲邏輯概念、範疇，是一般和特殊的同一。《道德經》在第一章就說：「道，可道，非常道」。這就是說，「常道」和「可道」，是有區別的，可以說得出來的道（可道），就不是永恆的道（常道）。名也是如此，「名，可名，非常名」。這表明作爲邏輯概念、範疇的「道」和「名」，既有一般性，又有特殊性，是二者的同一。

《道德經》不但研究了「道」這一基本概念、範疇的本性，還研究了「道」和「德」這兩個概念、範疇之間的辯證聯繫。《道德經》一方面說：「孔德之容，惟道是從。」[85]這就是說，德依從於道。但另一方面又認爲「道」不能離開「德」，萬物的形成過程是「道生之，德畜之，物形之，勢成之。」[86]「是以萬物莫不尊道而貴德」（同上）。可見，「道」和「德」不可分開，它們之間是辯證地聯繫在一起的。

恩格斯指出，辯證的思維，「它是以概念本性的研究爲前提」[87]。《道德經》在對辯證思維的概念、範疇的研究過程中，已初步猜測到概念、範疇的一些辯證性質，如主觀和客觀、運動和靜止、一般和特殊等方面的辯證關係，並指出了概念具有運動、轉化的性質。這些都是老子的樸素辯證邏輯思想的表現。它對後來辯證邏輯思想的發展有著重大影響。

---

[83]　《道德經・五十八章》。

[84]　《道德經・二章》。

[85]　《道德經・二十一章》。

[86]　《道德經・五十一章》。

[87]　恩格斯：《自然辯證法》，人民出版社，1971，頁 201。

　　老子《道德經》中的辯證邏輯思想是原始樸素的。《道德經》雖然把整個世界看作是運動變化的，但是它對運動著的世界的認識還是「惟恍惟惚」模模糊糊的，只猜測到宇宙的一個大體的輪廓。因此，它對概念、範疇運動性質的認識也是猜測性的。它雖然看到了概念、範疇的轉化，但還沒有看到概念、範疇的轉化需要一定的條件。所以，老子《道德經》中的樸素辯證邏輯思想是很抽象、空疏的。

（二）

　　戰國中期，由於社會關係發生了激烈的變化，有關名實關係的爭論越來越激烈，通過辯論，推動了辯證思維研究的發展。以惠施、公孫龍等人爲代表的名家，受老子《道德經》的樸素辯證邏輯思想的影響，對辯證思維作了比較深入具體的研究。他們的思想成了先秦樸素辯證邏輯思想從抽象發展到具體的「仲介」，推動了當時樸素辯證邏輯思想向具體方面發展。

　　惠施是戰國中期宋國人，曾做過魏國的宰相。他能言善辯，是個博學的人。他提出的「曆物十事」，發展了老子在《道德經》中表達的樸素辯證邏輯思想。

　　「曆物十事」的名辯思想表明，惠施要從邏輯上表達世界是矛盾性的統一存在。他說：「至大無外，謂之大一，至小無內，謂之小一。」[88]所謂「大一」和「小一」就是「道」相互聯繫著的兩個方面。《管子·心術》上篇說：「道在天地之間也，其大無外，其小無內。」惠施的這一個命題，實際上是對《道德經》中的「道」所作的邏輯上的解釋。它表明「道」作爲宇宙全體（大一），在空間上是無限的；就其極微小方面（小一），又是無法分割的。這個矛盾命題相當於今天的辯證邏輯所研究的辯證判斷中的一種。顯

---

[88]　《莊子·天下》。

然，這比老子對「道」這一概念、範疇辯證本性的研究更具體化了。

「曆物十事」的名辯思想也表明，事物是不斷運動轉化的。惠施說：「日方中方睨，物方生方死。」[89]意思是太陽剛到正中又在向西偏斜，事物剛剛誕生又在走向死亡。這一命題就是對運動的非常樸素的描述。惠施提出的「今日適越而昔來」[90]也同樣反映了事物的運動。因為去任何一個地方，總得花費時間走一段路程，所以時間的今昔、早晚，只看你從哪一個地點來說。從到達越國的時間來說，是今天，但從出發地點的時間來說，又是昔日。可見所謂「今昔」也是運動轉化的。

惠施的「曆物十事」已注意到一切事物並非絕對。他指出：

「我知天下之中央，燕之北，越之南是也。」[91]

意思是北方的燕之北，南方的越之南的地區，都可以看作「天下之中央」。也就是說，根據對立方位形成的中央地區的觀念不是固定不變的，隨處都可以是中央。他還說：「天與地卑，山與澤平。」[92]「卑」與「比」相通，「比」就是靠近的意思。根據通常的看法，天是高的，地是低的；山是高的，澤是低的。惠施在此卻指出，遠處的天和地是靠近的，高處的湖澤與低處的山丘也可以同在一個高度上。可見天與地，山與澤並非截然相異，它們也有共同之處。

從惠施提出的命題來看，他的樸素辯證邏輯思想比老子進步。第一，他對「道」和其它概念、範疇辯證本性的研究和表述

89　《莊子‧天下》。
90　《莊子‧天下》。
91　《莊子‧天下》。
92　《莊子‧天下》。

更具體化了。第二，他已注意到客觀事物辯證運動的性質，並試圖在邏輯思維中予以表達，即從一個側面提出了如何用概念、命題來描述運動的問題。

惠施雖然注意到了客觀事物中的矛盾運動，至於思維如何通過概念、命題正確地描述這種運動，他並沒有解決。惠施雖然強調思維同一性的方面，但他不懂得同一性也是具體的；雖然他注意到事物的運動轉化，但他不懂得轉化是要一定條件的，沒有條件就談不上轉化。因此他最後陷入了形而上學，走向詭辯。

公孫龍是戰國中期趙國人，生活年代比惠施稍晚。他在名實辯論中，受老子《道德經》的樸素辯證邏輯思想的影響，對辯證思維進行了研究。從他提出的一些命題中，可以看到他已覺察到感性認識與理性認識、個別與一般之間存在著差異和矛盾。

公孫龍在《通變論》中提出：

> 「謂雞足一，數足二；二而一，故三。謂牛羊足一，數足四；四而一，故五。牛羊足五，雞足三，故曰牛合羊非雞。」

在這裡，公孫龍區別了「謂」與「數」。一般說來，「謂」是理性的概括認識，而「數」是感性的具體認識，在認識過程中，「謂」與「數」是有區別的，二者之間顯然存在著差異和矛盾。《白馬論》中的「白馬非馬」命題也反映了這類差異和矛盾。公孫龍雖然察覺到這些問題，但由於他只看到差異的一面，而忽視共同的一面，因此他未能作出正確的分析。他的邏輯思想特別強調「離」，把感性認識與理性認識、個別和一般割裂開來，從而導致詭辯。他在論述「白馬非馬」這一命題時說：

> 「馬者所以命形也，白者所以命色也，命色者非命形也，故曰：白馬非馬。白馬者馬與白也，白與馬也。故曰白馬非馬也。」

他在《堅白論》中提出了「離堅白」的概念分析方法，也是強調差異的一面。他用感覺的差異性證明堅白相離而不合。他說：

> 「視不得其所堅而得其所白者，無堅也。拊不得其所白而得其所堅者，無白也。」

堅與白是各自獨立「自藏」的。

另外，公孫龍也察覺到在感性認識範圍內存在著運動，但是如何在理性中通過邏輯思維形式來描述這些運動呢？他又陷入了迷惘之中，公孫龍辯者學派所提出的「飛鳥之影未嘗動也」、「鏃矢之疾而有不行不止之時」[93]，就未能清楚地表述運動和靜止的辯證關係問題。如果按他的辦法去解決名實矛盾，只能越來越亂。他的言辭「能勝人之口，不能服人之心。」[94]

公孫龍的邏輯理論，具有濃厚的唯心主義色彩。他雖然對辯證思維進行了具體研究，承認感覺範圍內的運動，但又否定理性認識的矛盾運動，在名實辯論中，捨同求異，最後陷入形而上學的泥坑，走向詭辯的道路。

（三）

戰國末年，隨著社會生產力的發展，科學文化水平有了顯著提高，樸素辯證邏輯思想又有了更加具體的發展。荀況就是當時的傑出代表之一。他研究和總結了先秦樸素的辯證邏輯思想，作了比較全面的論述。他的邏輯理論，主要集中在《荀子》一書的《正名》篇中。

首先，荀況研究了概念形成過程中的同和異的矛盾。

---

[93] 《莊子·天下》。

[94] 《莊子·天下》。

荀況在《正名》篇中所說的「名」，既有名稱之意，又相當於概念。他認為不同的概念，是人們在認識事物同異矛盾的過程中形成的。荀況說：

> 「然則何緣而以同異？曰：緣天官。凡同類同情者，其天官之意物也同。故比方之疑似而通，是所以共其約名相期也。」

這是說同異是由感官（天官）分辨的，凡同類同情的，其感官對事物的體察感覺也同。經過比擬，感覺印象大致相似，人們就能彼此瞭解溝通，所以人們為了相互交往，就加以概括，制定共同的名稱概念。從這裡我們可以看出，荀況所說的形成概念的過程也是認識事物同和異矛盾的辯證過程。

荀況在分析形成概念的過程時，不但注意到事物的同方面，也注意到事物的異方面，他是把同和異聯繫起來考察的。他曾批判了惠施只強調思維中同的方面，指出惠施的「山淵平」的論題是「惑於用實以亂名」，就是說這是迷惑於個別的特殊的情況，造成概念的混亂。因為山和淵雖在特殊條件下有平的可能，但不能說一切的山都與淵平。在一般情況下，山和淵是不等高的，因此山和淵就有區別。思維不可不注意這種區別。

同時，他還批判了公孫龍只強調思維中異的方面，指出：

> 「『有牛馬非馬也』，此惑於用名以亂實者也。」

就是說，「牛馬非馬」這類詭辯說法是玩弄概念，是借某些概念之間的區別，否認這些概念所代表的實際事實。公孫龍的「白馬非馬」的命題也是這樣，「白馬」是個別性的限定性的概念，而「馬」是非限定性的概念，具有一般性。「白馬」和「馬」是密切相關的物件，個別和一般是緊密相聯繫的。不能僅看到它們不同的方面，而把「白馬」和「馬」，個別和一般割裂開來。

　　由此可見，荀況在分析概念形成時，總是把同和異辯證地聯繫起來研究的。這是辯證思維的表現。他對概念本性的研究比起老子、惠施、公孫龍，要深刻得多了。

　　其次，荀況把概念、判斷和推理聯繫起來研究。

　　荀況的邏輯學說認為辯說就是思維對客觀事物及其規律的一種反映，即所謂「辯說也者，心之象道也。」因此，他強調辯論要依據客觀事實，同時還要遵循邏輯規律，把概念、判斷和推理聯繫起來。荀況說：

　　　「心合於道，說合於心，辭合於說，正名而期，質請（情）而喻。」

　　這是說，思維（心）要符合客觀規律（道），推理、論證（說）要符合邏輯思維（心），判斷（辭）要符合推理的形式（說），以正確的名稱、概念進行判斷，就可以根據實際情況使人瞭解。

　　荀子在談到概念、判斷和推理的作用時，也把它們看成是相互聯繫的。他說：「名聞而實喻，名之用也。」意思是概念的作用在於說明事實。又說：「辭也者，兼異實之名以論一意也。」這是說判斷是用不同的概念表達一個意思。他還指出：「辯說也者，不異實名以喻動靜之道也。期命也者，辯說之用也。」這裡是說，「辯說」是在名實相符的原則下來曉喻是非的道理，「辯說」也就是運用概念、判斷去進行推理。可見，荀況是把概念、判斷和推理聯繫起來研究的，這是他的辯證邏輯思想的表現。普通邏輯是不研究各種思維形式的聯繫和辯證關係的。

　　再次，荀況還在名實爭論中探討了思維的規律問題，並運用了分析和綜合等辯證思維的邏輯方法。

　　荀況認為，人們認識的通病就是片面性，此即《解蔽》中所說的：「凡人之患，蔽於一曲，而闇於大理。」他指出「凡萬物異則莫不相為蔽」。客觀事物是千差萬別的，只注意某一方面，走向

極端，就會成為「蔽」，而要解「蔽」，就要對各種事物作全面的觀察權衡，即所謂「兼陳萬物而中縣衡焉」。為此，荀況強調要認識「道」（規律），認為只有符合實際規律的思維，人們才能正確認識客觀事物。

荀況在《性惡》篇中指出：

> 「凡論者，貴其有辨合，有符驗。故坐而言之，起而可設，張而可施行。」

這是說，在爭論中，重要的是要進行分析和綜合，並在實際中加以驗證，就可以達到知和行、名和實的同一，這是樸素辯證邏輯思想的明確表現。

荀況在《解蔽》中還提出「虛壹而靜」的思維方法，要求人們在認識事物時，一方面要虛心學習，廣泛地接觸各種知識；另一方面又要專心一志去認識某種事物；同時還要保持冷靜，不要為混亂不清的錯覺所迷惑。「虛壹而靜」的思維方法，是荀況發展《道德經》中排除雜念，精力專一的靜觀玄覽的方法。但老子重視理性，輕視感性，荀況糾正了這種片面性。荀況主張感性認識和理性認識相結合，達到「大清明」，以認識事物和思維的發展規律。

總之，到了荀況，由於社會關係的逐漸穩定，他又比較善於分析和總結以前思想家的研究成果。他吸取了老子《道德經》中的合理論述，批判了惠施、公孫龍等人的形而上學片面性，把思維中同和異的矛盾與概念的形成和客觀基礎問題聯繫起來進行研究，使研究越來越具體，從而體現了先秦樸素辯證邏輯思想從抽象上升到具體的發展過程。

然而，總的來說先秦時期的辯證邏輯思想還是樸素的。首先，它對概念本性的研究，往往是憑直觀的印象進行的，沒有進行科

學的理論概括，是非科學的。其次，這些樸素辯證邏輯思想基本
上是自發產生的，是一種純樸的天然形式。因此，這種樸素的辯
證邏輯思想雖然在發展著，但是還不能稱這種思想就是辯證邏輯
科學。

發表於《南開學報》1982 年第 5 期。

辯證邏輯思想史
與普通邏輯思想史比較簡論

（一）

　　辯證邏輯思想的產生和發展，是與人類普通邏輯思想的發展密切相關的。這是由於辯證思維是在普通思維的基礎上產生和發展起來的，辯證思維產生之後，它總是與普通思維相互滲透，相互補充，共同發揮認識世界的作用。

　　人認識世界，首先要認識世界上萬事萬物是什麼，即認識它們的質的規定，然後才能認識世界上萬事萬物是怎樣的，即認識它們的運動和變化。科學的發展史正是這兩方面認識成果的總匯。所有的科學在運用思維形式時，幾乎都經歷了從運用固定概念的階段到運用流動概念的階段。例如在力學中，從牛頓的古典力學到近代的相對論力學、量子力學；在幾何學中，從古希臘開始創立的歐基裡德幾何學到羅巴切夫斯基和黎曼等人的非歐幾何學等，都是如此。從某種意義上說，邏輯科學的發展過程，就是思維科學發展的縮影，從普通邏輯發展到辯證邏輯，就再現了從普通思維到辯證思維發展的過程。

　　辯證邏輯思想的產生和發展，確實是與人類普通邏輯思想的發展密切相聯繫的。下面，我們以古中國先秦時期和古希臘的邏輯思想發展過程為例，來說明之。

　　先秦時期，是中國古代社會的大變革、大動盪時期，大變革大動盪的深層原因在經濟方面，即中國的經濟關係正從奴隸制形式向封建制形式轉化。社會經濟關係的變化，必然引起科學文化的發展。科學文化的進步，必然促使理論思維方法的發展，例如

名實關係的辯論就必然促使先秦諸子對理論思維進行研究，探討思維的形式、方法和規律。例如既有鄧析、孔子、墨翟、惠施、公孫龍、墨家後學、荀況、韓非等研究了普通思維的形式、方法和規律；也有老子、莊子、孫子、荀況等研究了辯證思維形式的。他們在研究的過程中，發現思維中有各種各樣的矛盾。在說明名實關係時，對這些矛盾必須加以解釋，比如老子和孔子對「名」的看法就非常不同，這就是個矛盾。史稱孔子問禮於老子。所謂「問禮」，可能就是討論禮制方面的一些「名實」問題，據《莊子・天運》篇記載，老子同孔子還討論過「道」這一範疇問題。老子說：

> 「時不可止，道不可壅。苟得予道，無自而不可，失焉者，無自而可。」

他還告訴孔子：

> 「黑白之樸，不足以為辯；名譽之觀，不足以為廣。」

這些話儘管出自莊子的「寓言」，但是由此我們可以看出老子對名實關係的看法與孔子在《論語》裡所說的「君子疾歿世而名不稱焉」的名實觀根本相反，孔子主張「有名」（名正言順）論，而老子主張「無名」（復歸自然）論。關於名實關係的爭論，反映了先有普通邏輯的思想，後來發現了思維中的矛盾，進而研究這些矛盾，人們開始對辯證思維感興趣，進而研究，產生了辯證邏輯思想。

又如在《莊子・天下》篇中，記載了惠施的歷物十事，其中講的「至大無外」，「至小無內」，「無厚不可積」，「大同而與小同異，萬物畢同畢異」，「南方無窮而有窮」，「天下之中央，燕之北，越之南是也」，「連環可解也」等有關自然辯證形式的論題。這裡一方面體現了古代人類對算學、幾何學與時間、空間的辯證認識。

這是運用辯證思維的體現，是樸素的辯證邏輯思想。另一方面也可以看出「曆物之意」的邏輯，正是主張從個別抽取一般，從差異尋找同一，並且肯定了個別、特殊屬於普遍的抽象原則，這是普通邏輯的思想。惠施建立的「合同異」的邏輯方法，就是根據這一原則得來的。他在邏輯推論上運用的辯證分析，也正是從同異的矛盾分析中找出來的。由此可見，辯證邏輯思想的產生和發展，並不是與普通邏輯思想的發展過程不相干的，恰恰相反，它是在普通邏輯思想的基礎上產生和發展起來的。

　　古希臘的思想家對辯證思維形式的研究也是在普通邏輯思想研究的基礎上進行的。例如，亞里斯多德是傳統「形式」邏輯的創始人，他在《工具論》中，建立了系統的演繹邏輯科學體系。然而，在他的邏輯思想的很多地方，在很大程度上具有了樸素辯證邏輯思想的科學因素，而這些因素正是在他的形式邏輯的基礎上發展起來的。正如恩格斯所說：

> 「古希臘的哲學家都是天生的自發的辯證論者，他們中最博學的人物亞里斯多德就已經研究了辯證思維的最主要的形式。」[95]

　　因此，我們在考察辯證邏輯思想的發展規律及其具體表現時，就必須與研究普通邏輯思想聯繫起來進行，要在普通邏輯這塊古老的土地上進行更深的耕耘，並與研究其它科學認識結合進行，如此才能獲得碩果。

（二）

　　辯證邏輯思想的發展與普通邏輯思想的發展既有聯繫又有區別。就其差異來說，具體表現在以下幾方面：

　　1、關於對邏輯範疇的研究。

---

[95] 《馬克思恩格斯選集》，卷3，人民出版社，1972年版，頁59。

　　普通邏輯主要研究思維的確定性方面，因此它把範疇看成是固定抽象的。例如，認識中，「真」就是真，「假」就是假，「肯定」就是肯定，「否定」就是否定……。界限截然分明。普通邏輯對固定範疇的認識並概括出人們運用固定範疇的規律性，又經過了一個發展過程。在亞里斯多德那裡已有了在同一思維過程中「力求確定出範疇與存在形式一致」[96]亞里斯多德詳細考察了矛盾律和排中律，同時也有了明確的同一律思想，他說「真理」只歸「真理」而決不歸「虛假」。他的抽象同一思想後來又得到許多思想家的肯定，直到邏輯斯蒂的發現，這種思想又得到正確的應用和發展。

　　但在辯證邏輯思想中，「真的」與「假的」，「肯定」與「否定」，都是作為流動的範疇。從認識論方面看，辯證邏輯思想突破了普通邏輯思想的狹隘眼界，反映了思維發展到了更高階段，因此恩格斯說：

　　　「高等數學把初等數學的永恆真理看作已經被克服的觀點，常常作出相反的判斷，提出一些在初等數學家看來完全是胡說八道的命題。固定的範疇在這裡消失了。」[97]

　　恩格斯在這裡是用高等數學與初等數學的關係來說明辯證邏輯與普通邏輯的關係。恩格斯認為這種流動範疇是可以相互轉化的，他說：

　　　「這種相互轉化把範疇的一切固定性都結束了。」[98]

　　關於流動範疇的研究，也經歷了一個不斷發展的歷史過程。在古代社會中，一些思想家就研究了「變」的範疇。古希臘哲學家赫拉克利特提出了「變」這個範疇。認識是運動變化的思想被

---

[96]　π·c·波波夫等，《邏輯思想發展史》，上海譯文出版社，1984，頁 66。
[97]　《馬克思恩格斯選集》，卷 3，頁 531。
[98]　《馬克思恩格斯選集》，卷 3，頁 532。

赫拉克利特第一個比較充分地肯定下來，並作爲認識的一個細節。因此黑格爾讚揚說：

> 「赫拉克利特進到『變』這個範疇，所以像在茫茫大海中航行，在這裡我們看見了陸地，沒有一個赫拉克利特的命題，我沒有納入我的邏輯學中」[99]。

在古中國先秦時期，也有一些思想家研究了範疇及其運動屬性，例如《易經》研究了「陰」、「陽」及其變化。《道德經》研究了「道」這一範疇。《道德經》說：

> 道之為物，唯恍唯惚，惚兮恍兮，其中有象，恍兮惚兮，其中有物。窈兮冥兮，其中有精，其精甚真，其中有信。[100]

這是說，「道」是物的反映（爲物），並以物爲本，但不是耳聞目睹感覺到的，它包括很細小（精）的東西，是真實存在（真、信）的東西。於是「自今及古，其名不去，以閱眾甫。」[101]由於「道」是真實、具體、永恆存在的反映，所以根據它，能認識萬物的始末。《道德經》還進一步揭示了「道」這一範疇的運動屬性：「大（即道）曰逝，逝曰遠，遠曰反。」[102]這是借用描述天體運動的方式來說明「道」也是運動變化的。意思是說天體無限廣大，最後運行到遠方，好象消逝了，但它又從遠方運行回來。又說：「道生一，一生二，二生三，三生萬物。」[103]

然而，古代的辯證邏輯思想是簡單的、樸素的，具有自發性、直觀性。隨著人類社會發展到近代社會，辯證邏輯思想也得到相

---

[99] 《哲學史講演錄》，卷1，三聯書店版，頁295。

[100] 《道德經・二十一章》。

[101] 《道德經・二十一章》。

[102] 《道德經・二十五章》。

[103] 《道德經・四十二章》。

應的發展。辯證邏輯思想發展到近代的顯著特點是擺脫了古代天然純樸的形式，把辯證思維作爲獨立的對象進行系統的研究，特別是對思維範疇辯證性質的考察逐漸深刻化，具體化和系統化了。從自發樸素的辯證邏輯思維形態向自覺的系統辯證邏輯思維形態的發展，康德起了橋樑和紐帶作用，爲黑格爾建立系統的「思辨邏輯」（唯心主義的辯證邏輯體系）奠定了基礎。

黑格爾在其「思辨的邏輯」中，對邏輯範疇進行了系統的研究，他在其《邏輯學》中，提出了一百多個範疇，從而組成了一個系統化的邏輯範疇體系，這個體系闡明了精神是怎樣從「純有」發展到「絕對理念」的。

黑格爾邏輯學的第一部分「有的邏輯」主要包括質、量、度等範疇。黑格爾認爲，宇宙精神在「有的邏輯」範圍內的發展是質量度這些範疇的依次更替和發展。他還認爲，有、無、變，質、量、度等都是存在於人的意識之外不依人的意識而存在的絕對化了的概念，是純概念。「有」、「無」、「變」也是從歷史上發展來的。「有」是從古希臘巴門尼得的「存在」發展來的，「無」是從古印度佛教那裡發展來的。「變」來自於赫拉克利特。在「有的邏輯」中，典型地反映出黑格爾的概念辯證法思想，其中特別有價值的是相互聯繫思想、概念發展和轉化的思想。黑格爾的概念辯證法思想，對範疇的僵硬的形式主義和形而上學的解釋是一場革命。

黑格爾邏輯學的第二部分是「本質的邏輯」，黑格爾認爲，「本質」比「有」有更深刻的宇宙精神的規定。「本質的邏輯」是通過作爲反思自身的本質、現象和現實這些範疇的依次更替和發展，具體闡發其概念辯證法思想的。在「本質的邏輯」中，最有價值的是關於矛盾是範疇運動源泉的思想。他認爲，範疇具有內在的矛盾，由於矛盾的存在，範疇才表現出自己的活動，因此它們才有變化和發展。

黑格爾在邏輯學的第三部分「概念的邏輯」中，具體探討了邏輯思維的形式，在這部分裡，他依據主觀性、客觀性和觀念等範疇的依次更替闡發了其辯證思想和方法。在這一部分中，他旨在反對邏輯的形而上學觀點，具體闡發了一般、特殊和個別的統一、邏輯和歷史的統一等辯證思想。

到了現代社會，特別是馬克思主義誕生以後，關於邏輯範疇的研究進入了科學的時代。什麼是邏輯範疇呢？列寧指出：

> 「人對自然界的認識（＝觀念）的各個環節，就是邏輯的範疇。」
> [104]

這就把被黑格爾搞顛倒了的東西顛倒過來，把範疇理論建立在唯物主義基礎之上。

馬克思主義經典作家都分別論述過關於範疇的辯證性質問題。例如馬克思說：

> 「觀念、範疇也同它們所表現的關係一樣，不是永恆的。它們是歷史的暫時的產物。」[105]

恩格斯說：

> 「範疇在他（指黑格爾）看來是先存在的東西，而現實世界的辯證法是它的單純的反光。實際上剛剛相反：頭腦的辯證法只是現實世界（自然界和歷史）的運動形式的反映。」[106]

列寧說：

> 「……關於範疇的相互轉化非常重要……。」

---

[104]　《列寧全集》，卷 38，第 212 頁。
[105]　《馬克思恩格斯選集》，卷 1，頁 109。
[106]　《馬克思恩格斯選集》，卷 3，頁 531。

因此他又說：

> 「從邏輯的一般概念和範疇的發展與運用的觀點出發的思想史
> ——這才是需要的東西！」[107]

2、關於對思維形式的研究。

在考察邏輯思維形式對，恩格斯明確地指出：

> 「辯證邏輯和舊的純粹的形式邏輯相反，不像後者滿足於把各種
> 思維運動形式，即各種不同的判斷和推理的形式列舉出來和毫無
> 關聯地排列起來。相反地，辯證邏輯由此及彼地推出這些形式，
> 不把它們互相平列起來，而使它們互相隸屬，從低級形式發展出
> 高級形式。」[108]

恩格斯的概括和總結是符合歷史實際的。

下面以對判斷和推理的研究為例，來分析一下普通邏輯和辯
證邏輯對思維形式的研究有什麼區別。

追溯到古希臘和古中國，就有許多思想家研究了普通邏輯的
判斷和推理的結構。康德就明確指出，亞里斯多德的邏輯是「形
式邏輯」。在亞里斯多德看來，下列判斷：

> 「任何葡萄樹都是寬葉植物。」
> 「所有烏鴉都是黑的。」
> 「一切正常的人都是有智慧的。」

它們都是同一形式結構的判斷，都有相同的形式，就是：「所
有……都是……」這些判斷的形式結構，包含兩個部分：一部分
是固定不變的成分，人們把它稱為「邏輯常項」，另一部分是可以
變動的部分，人們把它稱為「邏輯變項」。用完整的形式表示就是
「所有 S 都是 P。」

---

[107]　《列寧全集》，卷 38，頁 224、188。

[108]　《自然辯證法》，頁 201。

亞里斯多德研究判斷形式結構的目的，是爲了解決推理的正確性問題，即弄清楚從某種形式的前提能夠推出什麼形式的必然結論。例如：亞里斯多德在純粹的三段論的第一格中認爲，只要能夠斷定：

「所有 M 都是 P。」
「所有 S 都是 M。」
就必然地推出下列結論：「所有 S 都是 P」。

亞里斯多德就是這樣「僅僅涉及形式」地研究演繹邏輯科學體系的。因此，現代的許多邏輯學者都認爲被亞里斯多德奠定基礎的邏輯。

　　「更嚴格地說，僅僅涉及完善的形式來說，是一種形式邏輯。」[109]

在中國先秦時期，也有一些思想家研究了普通邏輯的思維形式。例如墨家後學，比較系統地研究了普通思維中的「名、辭、說」的理論，所謂名、辭、說，主要是指概念、判斷、推理，與其它理論一起，構成了「墨辯邏輯」。它也是一種「形式邏輯」，其中講到推理時說：

　　「以故生，以理長，以類行者也。立辭而不明其所生，忘也。」[110]

舉一具體例子來看：

「理」（大前提）——人皆有死，
「故」（小前提）——張三是人，
「立辭」（結論）——張三有死。

---

[109]　（德）亨利希・肖爾慈：《簡明邏輯史》，商務印書館，1977，頁 9。
[110]　《大取》。

　　顯然，這是普通邏輯中演繹推理的直言三段論的第一格。《墨辯》邏輯中還談到了類比推理和歸納推理。

　　形式邏輯後來也發生了很大的演變。自從萊布尼茨提出了形式邏輯數學化的革新思想之後，經過了一些思想家從多方面深入研究，又經過了一個多世紀，到 19 世紀中葉，形式邏輯就由古典的形式發展到了新的形式—數理邏輯，它揭示了，存在不同等級的邏輯—命題演算邏輯和謂詞演算邏輯等。在數理邏輯中，不僅邏輯變項用符號表示，而且邏輯常項也用符號表示，而且它能象數學一樣，用符號進行推理、證明等數學運算。

　　由上可見，普通邏輯只以列舉出各種判斷和推理的形式結構為滿足，並把這些形式看作沒有內在發展關係的東西加以排列。辯證邏輯則不同，它是以揭示各種判斷的形式和推理形式的辯證關係，以及把握它們之間的聯繫和發展轉化為內容。

　　在普通邏輯中，認為下列的判斷是同一種類的判斷：

　　「摩擦是熱的一個源泉。」

　　「一切機械運動都能借摩擦轉化為熱。」

　　「在每一情況的特定條件下，任何一種運動形式都能夠而且不得不直接或間接地轉變為其它任何運動形式。」

　　邏輯結構都是：所有 S 都是 P。

　　為什麼普通邏輯會得出如此結論呢？這是因為普通邏輯在研究人的思維時，完全脫離開了思維的內容，進行了抽象的、純形式的研究。

　　然而辯證邏輯不脫離認識的內容來研究判斷和推理的形式結構，黑格爾的「思辨邏輯」在唯心主義的基礎上已這樣研究判斷與推理。馬克思主義的辯證邏輯是從更深入反映客觀真理的程度如何著眼，研究各種判斷形式和推理形式的地位和作用的。在唯

物主義的辯證邏輯看來，以上所述的這三個判斷並不是同一種判斷，而是不同性質的判斷：

「摩擦是熱的一個源泉。」這是一個實在的判斷，並且是一個肯定的判斷。

「一切機械運動都能借摩擦轉化為熱。」這是需要很長的時間和豐富的經驗知識，才能從以上的肯定的實在的判斷進到這個全稱的反省的判斷的。

「在每一情況的特定條件下，任何一種運動形式都能夠而且不得不直接或間接地轉變為其它任何運動形式。」這是概念的判斷，並且是必然性的判斷。

恩格斯在考察辯證邏輯的思維形式時指出，在辯證邏輯看來，第一個判斷是個別性判斷；第二個判斷是特殊性判斷；第三個判斷是普遍性判斷。他進一步指出：

> 「到了這種形式（普遍性判斷－筆者注），規律便獲得了自己的最後的表達。」[111]

由此可見，辯證邏輯研究的思維形式是從認識的深化運動的各個層次上，從不同的廣度上反映客觀具體內容的形式，因此列寧認為辯證邏輯是：

> 「關於世界的全部具體內容及對它的認識的發展規律的學說。」[112]

3、關於對思維規律的研究。

人類的思維活動是存在著一定的規律的，普通思維和辯證思維都有自己的基本規律。

---

[111]　《馬克思恩格斯選集》，卷3，頁548。

[112]　《哲學筆記》，人民出版社，1956，頁89—90。

　　亞里斯多德明確地表達了普通思維中的矛盾律、排中律，而且看到了它們之間的某些聯繫。對於另外兩條規律（即同一律和充足理由律），他雖未專門研究，但這並不意味著他沒有這些規律的觀念，他的有些論述反映了他已注意到這兩條規律的存在。關於這些規律，亞里斯多德的表述，是有限定的，是指人們「在同一思維過程中」的規律，超出同一時間、地點、關係、對象而言，這些規律就不存在了。這也表明他已注意到普通思維與辯證思維的區別。

　　對思維的規律作了較為全面、系統研究的是黑格爾。他在《邏輯學》中，對普通邏輯的同一律、矛盾律和排中律進行了分析，同時進行了批判。從分析和批判中，表明了他對辯證思維的基本規律有了一定程度的探討。

　　恩格斯吸取了黑格爾邏輯思想中合理內核，剔除其唯心主義的糟粕，在唯物主義的基礎上，研究了辯證思維的具體同一的規律。從而推動了人們對辯證邏輯基本規律的探討。

　　由此可見，人類對自己思維規律的認識和把握也有一個不斷深化和發展的過程。

　　在研究思維形式的基礎上，許多思想家也研究了邏輯思維的方法，開始，他們研究較為簡單的邏輯方法，即普通邏輯的方法，諸如分析、綜合、定義、劃分、限制和概括等。後來人們逐漸注意到辯證思維的方法，例如分析和綜合的辯證統一、歸納和演繹的有機結合、從抽象上升到具體、邏輯的和歷史的方法等等。這些方法本身就具有一定的規律性。

　　人類對自己邏輯思想活動的認識是個複雜的過程，這種認識又是不斷向前發展的，而且也將隨著人類智慧的發展繼續發展。為了更加深刻地認識世界和更加有效地改造世界，人們將進一步開發智力，運用更高超的思維武器，去征服世界。

　　　　　　發表於《中共浙江省委黨校學報》1990 年第 2 期。

論辯證邏輯的發展與創新

　　辯證邏輯是關於辯證思維的科學理論與學說，它是近代與現代研究辯證思維的許多學者的心血和成果。辯證邏輯不是從天上掉下來的，也不是人們頭腦中固有的，它是從社會實踐中來的。它決不隨著有人說它不是邏輯而不是邏輯。本文要闡發的是辯證邏輯是人類思維發展到一定階段的必然產物，同時也是邏輯科學發展到一定階段的必然產物。

關於辯證邏輯的產生

　　研究辯證邏輯的產生，離不開對辯證思維的研究。人類對辯證思維的研究已經源遠流長。可以追溯到古希臘、古中國和古印度。古希臘的亞里斯多德就研究了辯證思維的主要形式，恩格斯在《反杜林論》中就指出：

> 「古希臘的哲學家都是天生的自發的辯證論者，他們中最博學的人物亞里斯多德就已經研究了辯證思維的最主要的形式。」[113]

　　在古中國《周易》、《道德經》中就研究了人的辯證認識和辯證思維；在惠施、公孫龍、墨翟這些思想家那裡就提出了最初的悖論思想；在荀況，韓非那裡已經研究了概念的本性問題；在《孫子兵法》、《黃帝內經》中已經探討了辯證思維的應用等等。同樣，在古印度，龍樹繼承了佛學的研究成果，對概念的本性也進行了初始的研究。正如恩格斯所說：

---

[113]　《馬克思恩格斯選集》，卷 3，人民出版社，1972 年版，頁 59。

「辯證思維……只對於人才是可能的，並且只對於較高發展階段的人（佛教徒和希臘人）才是可能的，而其充分的發展還晚得多，在現代哲學中才達到。」[114]

古代思想家對辯證思維的研究決不是心血來潮，更不是主觀隨意的。他們對辯證思維的研究完全出於社會實踐的需要。

例如在古希臘，在社會大分工之後，農業生產職業化、細緻化了，發展得很快，從而促使人們尋找如何認識和掌握農時，如何丈量土地，以及如何育種等方法，這就要求人們正確認識自然界。而整個自然界，從最小的東西到最大的東西，從沙粒到太陽，從原始生物到人，都處在永恆的產生和消滅中，處在不斷的流動中，處在無休止的運動和變化中。自然界的這種運動和變化的情況，反應在思想中，就要以一定的思維形式表現出來。這種自發的反應運動的思維形式，就是辯證思維形式的早期表現。

又如在古中國，即春秋戰國時期，又稱先秦時期，是中國古代社會大變革、大動盪時期，大變革大動盪的主要原因在經濟方面，中國的經濟關係正在從奴隸制形式向封建制形式轉化。社會經濟關係的變化，必然引起科學文化的發展和變化。這時，諸侯兼併，權貴「養士」，發展到百家爭鳴。科學文化的進步，必然促進理論思維方法的發展，比如名實關係的辯論就必然促使先秦諸子對理論思維進行研究，探討思維的形式、方法和規律。而思維中存在著各種各樣的矛盾，在說明名實關係時，對這些矛盾必須加以解釋。這就是當時的社會實踐要求人們去研究辯證思維。

作為辯證邏輯研究對象的辯證思維是客觀存在的東西，就是說，辯證思維的存在是不以任何個人的主觀意志為轉移的。決不

---

[114] 《馬克思恩格斯全集》，卷 20，頁 565—566。

可能因為某人說它不存在而化為烏有。辯證思維既是客觀存在的，同時它又是矛盾、運動和發展的，這是辯證思維的本質特徵。

辯證思維內蘊涵著矛盾，由於矛盾運動推動著思維的發展。這種矛盾運動和發展是客觀世界矛盾運動和發展的反映，同時也是社會實踐的矛盾運動和發展的反映。人類社會發展到近代社會之後，隨著近代經濟和社會生產力的高度發展，要求科學進一步考察世界各部分之間的相互聯繫和相互作用，並構成一幅具體的世界總畫面。社會實踐的新發展又對思維形式的創新提出了新要求，因此，對辯證法的深入研究就成為必然，從而就推動了對辯證思維的深入具體的研究。在這方面研究的代表就是德國的黑格爾，他的研究成果是凝聚在他的《邏輯學》中，他創立了「思辨的邏輯」。這是第一種理論形態的辯證邏輯。

人類社會發展到現代，隨著現代社會生產和科學的發展，要求原有的思維方式和思維方法要有新的突破。馬克思、恩格斯批判地繼承了黑格爾的辯證法思想，提出了辯證法的第三種形態——唯物主義辯證法形態。正如馬克思所說：

> 「我的辯證方法，從根本上來說，不僅和黑格爾的辯證方法不同，而且和它截然相反。」[115]

隨著唯物主義辯證法的提出，要建立這種科學的學說體系，因此，科學的思維工具——唯物主義辯證邏輯的創立就是必然的了。現代唯物主義辯證邏輯隨著社會生產力的高速發展，隨著科學文化的不斷進步，隨著辯證思維在自然科學、社會科學中的廣泛應用，是必然要誕生的。

由此可見，對辯證思維研究的辯證邏輯，作為一門新興的邏輯學科的產生具有它的歷史必然性，它產生的最根本的動因，就

---

[115] 《馬克思恩格斯選集》，卷2，頁217

在於人類社會實踐的需要。不僅辯證邏輯如此，各門科學中分支學科的產生動因都在於此。

恩格斯在講到各門新興學科產生原因時指出：

> 「首先是天文學——遊牧民族和農業民族為了定季節，就已經絕對需要它。天文學只有借助於數學才能發展，因此也開始了數學的研究。——後來，在農業發展的某一階段和在某個地區（埃及的提水灌溉），而特別是隨著城市和大建築物的產生以及手工業的發展，力學也發展起來了。不久，航海和戰爭也都需要它。——它也需要數學的說明，因而也推動了數學的發展。這樣，科學的發生和發展一開始就是由生產決定的。」[116]

科學發展的歷史事實也充分證明：

> 「社會一旦有技術上的需要，則這種需要就會比十所大學更能把科學推向前進。」[117]

筆者認為，現代社會實踐和科學技術的發展需要運用辯證思維，需要辯證邏輯；未來社會實踐和科學技術的飛躍發展，更需要運用辯證思維，更需要辯證邏輯。

辯證邏輯的發展和創新

首先，辯證邏輯是在形式邏輯的基礎上產生和發展起來的。辯證邏輯和形式邏輯有許多共同點，諸如它們都是研究思維的科學；都要研究思維的形式與其基本規律和方法。因此，它們是同一系列的科學。它們都有認識真理的作用，都是認識真理的科學工具，列寧說：「邏輯學＝關於真理的問題」。就是黑格爾的「思辨

---

[116] 《馬克思恩格斯選集》，卷 3，頁 523。
[117] 《馬克思恩格斯選集》，卷 4，頁 505。

邏輯」（我們稱之爲唯心主義的辯證邏輯），也與形式邏輯有密切的聯繫，例如黑格爾在講到邏輯學的研究對象時指出：

> 「邏輯學是研究思維，思維的規定和規律的科學。」[118]

> 「關於思想的某些形式如概念、判斷和推論與其它的形式如因果律等等的關係，只是在邏輯學本身內才能加以研究。」[119]

黑格爾正是在這些邏輯共性的基礎上，去研究他的「思辨邏輯」的。

辯證邏輯既是在形式邏輯的基礎上產生，又對形式邏輯有許多發展和創新，具體表現在以下幾個方面：

第一，形式邏輯只研究確定性思維，而辯證邏輯既研究確定性思維，又研究流動性思維。

形式邏輯主要研究思維確定性的方面，即把概念、範疇看成是固定的，比如，認識一個事物或事物的性質，概念「是」就是「是」，「不是」就是「不是」，「真」就是「真」，「假」就是「假」，所有這些，都是固定的範疇，界限絕對分明。在形式邏輯中，「A就是 A」，決不能「A 又是非 A」，比如「直線」就是「直線」，「曲線」就是「曲線」，無論如何，「直線」不能又是「曲線」。但在辯證邏輯中，「是」和「不是」、「真」和「假」、「A」和「非 A」等，都是作爲流動的概念與範疇。「是」與「不是」之間，「真」與「假」之間，「A」與「非 A」之間，既相互聯繫，又相互對立，並在一定條件下，相互轉化。顯然，辯證邏輯突破了形式邏輯的研究界限，就象變數數學突破了常數數學，羅巴切夫斯基和黎曼幾何突破了歐氏幾何，愛因斯坦相對論力學突破了牛頓的力學的研究範

---

[118]　《小邏輯》，商務印書館，1980，頁 63。

[119]　《小邏輯》，商務印書館，1980，頁 79。

圍一樣，開拓了新的研究領域，並進行了創新，應該說這是天大的大好事。

第二，形式邏輯研究判斷和推理，只把它們的形式列舉出來和毫無關聯地排列起來，並脫離思維的具體內容，只研究純形式。

而辯證邏輯對判斷與推理的研究進行了開拓和創新，就是說，形式邏輯（包括現代邏輯）的研究，只以列舉出各種判斷和推理的形式結構爲滿足，並把這些形式結構看作沒有內在發展關係的東西加以排列，而辯證邏輯充分認識到判斷之間，推理之間的辯證聯繫，並積極研究它們之間的聯繫和發展，還把它們的形式與其內容聯繫起來研究。

在形式邏輯中，下列判斷是同一種類的判斷：

「奴隸社會是要滅亡的。」邏輯結構是：所有 S 都是 P；

「一切階級社會都是要滅亡的。」邏輯結構是：所有 s 都是 P；

「在每一情況的特定條件下，任何一種社會形式都要轉變爲其它的社會形式。」邏輯結構是：所有 S 都是 P。

爲什麼形式邏輯會得出如此結論呢？就是因爲形式邏輯在研究人的思維時，完全脫離開了思維的內容，進行了抽象的，純形式的研究。

然而辯證邏輯和形式邏輯不同，它不脫離認識的內容來研究判斷和推理的形式結構，而是更深入地從反映客觀真理的程度如何著眼，研究各種判斷形式和推理形式的地位和價值。在辯證邏輯看來，下列判斷不是同一種判斷，而是不同性質的判斷：

「奴隸社會是要滅亡的。」這是一個實在的判斷。並且是一個肯定的判斷。

「一切階級社會都是要滅亡的。」這是需要很長的時間和豐富的經驗知識，才能從上述的肯定，實在的判斷進步到這個全稱的反省的判斷。

「在每一情況的特定條件下，任何一種社會形式都要轉變為其它社會形式。」這是概念的判斷，並且是必然的判斷。

在辯證邏輯看來，第一個判斷是個別性判斷；第二個判斷是特殊性判斷；第三個判斷是普遍性判斷。恩格斯說：

> 「到了這種形式（普遍性判斷），規律便就得到了自己的最後的表達。」[120]

由此可見，辯證邏輯研究的判斷和推理是從認識的深化的各個層次上，從不同的廣度反映客觀具體內容的形式。所以列寧認為辯證邏輯是：

> 「關於世界的具體內容及對它的認識的發展規律的學說。」[121]

關於辯證邏輯，周禮全先生在《黑格爾的辯證邏輯》一書的「序言」中說得很對：

> 「辯證邏輯，至少在一個重要意義上，就是辯證法和認識論的角度闡明邏輯形式的內容，發展和聯繫。而黑格爾《邏輯》中的《主觀性》正是這樣性質的理論。」[122]

筆者認為，辯證邏輯對形式邏輯的發展與創新，最根本的就表現在這裡。當然，辯證邏輯發展和創新的具體表現，辯證邏輯工作者正在研究和探索，其中包括對辯證邏輯形式化的研究。

---

[120]　《自然辯證法》，頁 203。

[121]　《哲學筆記》，人民出版社，1956，頁 89—90。

[122]　周禮全：《黑格爾的辯證邏輯》，中國社會科學出版社，1989，頁 1。

《邏輯的觀念》中的幾個問題

《邏輯的觀念》一書，觀點明確，思路也相當清楚，意圖也很明白，把自己的邏輯觀念系統地描繪出來了。由於該書中確定了看待邏輯的所謂「內在機制」問題，並指出這是確定邏輯科學的標準問題，而且明確地講歸納邏輯，辯證邏輯（包括黑格爾的思辨邏輯）不是邏輯，對這些問題我有不同的看法。

首先，到底什麼是「邏輯」？

《邏輯的觀念》一書在「什麼是邏輯？」一節中，沒有給「邏輯」下定義，而只是說符合它提出的「邏輯自身的內在機制」的兩條要求，才是「邏輯」。它說的邏輯的內在機制就是

> 「指決定邏輯這門學科得以產生和發展的東西，而且這種東西在邏輯的產生和發展過程中必然是貫徹始終的；去掉這種東西，邏輯就會名存實亡。」[123]

又進一步指出：

> 「從亞里斯多德到現代邏輯，始終貫穿了一條基本的精神，這就是『必然地得出』」。[124]

正是根據自己確立的要求和標準，最後導出：

> 「歸納邏輯和辯證邏輯不僅不是邏輯的名稱，邏輯的教材和邏輯史著作所包含的共同內容，而且也不符合我關於邏輯內在機制所提出的那兩條要求，因為它們顯然既不是決定邏輯這門科學得以產生和發展的東西，也不是在邏輯的產生和發展過程中貫徹始終的東西。」[125]

---

[123] 《邏輯的觀念》，商務印書館，2000，頁 2。

[124] 《邏輯的觀念》，商務印書館，2000，頁 19。

[125] 《邏輯的觀念》，商務印書館，2000，頁 20。

後面更明確地說歸納邏輯與辯證邏輯不是邏輯。

筆者認爲他所確定的所謂「邏輯自身的內在機制」是個有歧義的概念，或者說是個主觀的標準，人們是可以自由理解或自由解釋的。因爲我們可以認爲決定邏輯科學得以產生和發展的東西不是你所講的那個要求，貫徹邏輯科學產生和發展過程始終的東西也可以不用你那個標準。顯然這是可以商量、討論的。比如，我們可以認爲決定邏輯這門科學得以產生和發展的東西是社會實踐，正像筆者在本文前面所講的。

關於「必然地得出」，亞里斯多德邏輯與現代邏輯確有這個特徵。但給整個邏輯科學下定義，只不過是一家之言，或者說是一種邏輯學派的意見。其實邏輯學界很久以前就有這種學術分歧了：一種是窄義的邏輯觀、邏輯定義；一種是廣義的邏輯觀、邏輯定義。在這本書的開始也都說了：「邏輯」不僅在概念上是有歧義的，而且從學科的角度講似乎也是有歧義的。因此，確定一門學科是不是邏輯，不必非按你那種要求統一人們的認識，讓各自自己去研究，「百花齊放」，「百家爭鳴」，可以說：「必然地得出」是「邏輯」，也可以說「或然地得出」也是「邏輯」。只要有利於邏輯科學的發展，有利於人們認識真理，適合社會實踐的需要；它們既有研究的共同內容，又有研究的不同內容，百花爭豔，豈不更加光彩奪目。

《邏輯的觀念》中還講到：

> 「在談論邏輯、撰寫邏輯教材和研究邏輯史的時候，亞里斯多德邏輯和現代邏輯所探討的那些東西總是人們要考慮或屬於人們考慮的東西；而其它東西，無論是傳統邏輯，歸納邏輯，還是辯證邏輯，卻是人們可以不考慮的，或者說不屬於人們考慮的範圍之內。這是我們分析的結論。筆者認為，這個結論是比較客觀的，因為它不是某一個叫『邏輯』的名稱、某一本冠以『邏輯』之名

的教材或某一本標榜為『邏輯史』的著作所含有的內容，而是大
多數邏輯名稱、大部分邏輯教材和所有邏輯史著作所包含的內
容。」[126]

顯然，這是從量上來明確「邏輯」概念的。這種標準也很難
說準確。科學的東西是不以贊成者多少衡量的。可能一門科學開
始時，絕大多數人不接受，不贊成，如微積分就是這樣，後來慢
慢地完善，就為所有人接受了。歸納邏輯，辯證邏輯還是有一些
教材或邏輯史書是寫上去的，是不是？儘管它們現在學科體系還
不健全，形式還不完整、不盡如人意，但人們在研究、探索，我
相信將來會完善起來，並如人意的。

進而，我們再來討論「辯證邏輯是邏輯嗎？」

在《邏輯的觀念》中，多處講黑格爾的「思辨的邏輯」不是
邏輯，特別在「黑格爾論邏輯」一節中，更詳細具體地闡明了著
者的這個觀點。在這一節的開始，作者不否認：

> 「黑格爾確實是把它（指黑格爾著《邏輯學》）當作一部邏輯著作
> 來寫的。比如在該書的序中，黑格爾明確地把邏輯與形而上學對
> 照著進行談論，比較和論述它們所遭遇的不同變化，以及它們所
> 處的不同境地，而在導論中則談到對邏輯的著名評價，然後明確
> 地論述邏輯『需要一番全盤改造』。」

作者也看到：

> 「黑格爾是在亞里斯多德邏輯，康德所說的邏輯的意義談論邏
> 輯，而且他想改造邏輯，發展邏輯的」

但作者認為黑格爾的努力和企圖落空了，成為哲學研究了，
原因何在呢？作者認為：

---

[126] 《邏輯的觀念》，頁19。

> 「黑格爾關於邏輯的看法與當時一般人的看法固然是一樣的，但是他與亞里斯多德的看法卻不是一樣的。就是說，他強調『思維』，卻忽視了『必然地得出』。」

作者斷言，由此導致黑格爾從良好的願望出發

> 「最後在邏輯方面一事無成。」[127]

這就是說，儘管黑格爾對「邏輯」的看法與一般人相同，也想把書寫成邏輯著作，並對亞里斯多德邏輯進行一番改造，但忽視了「必然地得出」。換句話說，黑格爾沒有按照所謂的「邏輯自身的內在機制」的要求去寫《邏輯學》，因此，黑格爾的《邏輯學》就不是邏輯的著作。並被斷言黑格爾在邏輯方面一事無成。

筆者認為，這裡的分歧如下：

第一，這種「邏輯自身的內在機制」是金科玉律嗎？符合的就是邏輯，不符合的就不是邏輯？筆者的回答這只是一家之言。

第二，黑格爾的《邏輯學》是不是邏輯著作，他在邏輯方面是不是「最終一事無成」。作者好像作了統計，「除了少數研究辯證邏輯的人以外，大概沒有什麼人會認為黑格爾的《邏輯學》是一部邏輯著作」。

這個話說得太武斷了！因為筆者估計，一是作者沒有作過精確統計；二是給科學定性決不是憑人數多少為標準的。

在「低級與高級」一節中，作者進一步認為恩格斯講的「辯證邏輯」也不是邏輯。在這一節中寫道：在恩格斯的這些論述中確實提到了「辯證邏輯」，確實談到黑格爾的邏輯，而且這大概是恩格斯明確談到辯證邏輯的唯一段落。還指出：

---

[127] 《邏輯的觀念》，頁 158。

有一點是明確的：「他把辯證邏輯與形式邏輯相對照。但是，他為什麼在形式邏輯的前面加上『純粹』這樣一個修辭呢？」「他為什麼說『純粹』的邏輯呢？按照這種說法，是不是我們至少可以理解，他的意思是說，形式邏輯是純粹的邏輯，而他所謂的辯證邏輯不是純粹的邏輯呢？所謂『純粹』，當然可以作真正的來理解。因此，他的意思會不會是說，形式邏輯是真正的邏輯，辯證邏輯不是真正的邏輯呢？我認為，這樣的理解大概不會有什麼問題的。」[128]

筆者認為，這種理解是很有問題的。一方面，這種理解是斷章取義。下面，筆者將恩格斯的話完整地錄下：

「辯證邏輯和舊的純粹的形式邏輯相反，不像後者滿足于把各種思維運動形式，即各種不同的判斷和推理的形式列舉出來和毫無關聯地排列起來。相反地，辯證邏輯由此及彼地推出這些形式，不把它們互相平列起來，而使它們互相隸屬，從低級形式發展出高級形式。」[129]

把上下文連接起來，『純粹』的形式邏輯是指脫離內容，純形式地研究的邏輯。另一方面這種推論本身就不是「必然地得出」，這不違反作者的宗旨嗎？

在「辯證邏輯是邏輯嗎？」這一節中，該書的作者仍然是以「必然地得出」為標準，集中否認恩格斯所講的辯證邏輯是邏輯，特別是否認恩格斯把辯證邏輯與形式邏輯比喻為初等數學與高等數學的關係。筆者認為這個比喻非常恰當，筆者在前面已經講了其中的道理：形式邏輯只研究確定性思維的純形式，好像初等數

---

[128] 《邏輯的觀念》，頁 176。
[129] 《自然辯證法》，頁 545—546。

學只研究常數一樣；而辯證邏輯是研究流動性思維的並與內容相聯繫的形式好像高等數學研究變數一樣。

　　筆者在這裡想特別強調一點，形式邏輯很少研究概念，它主要以研究推理為主。但辯證邏輯卻不同，它主要是以研究概念這種思維形式為主，它不僅要研究確定性思維的概念，更著重研究流動性思維的具體概念。而這一點正是辯證邏輯對形式邏輯的發展與創新，它通過對具體概念的開拓性研究去發現具體真理。

　　總之，筆者認為辯證邏輯是邏輯，它是對形式邏輯的發展和創新，當然，筆者對邏輯內涵的認識與《邏輯的觀念》一書中的認識是不同的！

思想政治工作與辯證邏輯

　　辯證邏輯是關於辯證思維的邏輯理論，是研究辯證思維形式、方法與其規律的科學。它是一種科學的思維工具。學習辯證邏輯的目的是認識具體真理，並用以指導人們有效地做好各項工作。

　　做好思想政治工作是中國共產黨的光榮傳統，鄧小平同志指出：

> 「必須把思想政治工作放在重要地位上」
>
> 「我們說改善黨的領導，其中最主要的，就是加強思想政治工作。」
> [130]

　　在思想政治工作中，既有認識的問題，又有實踐的問題。因此，要做好思想政治工作，就必須應用辯證邏輯。

（一）

　　要做好思想政治工作，必須運用辯證思維。

　　做思想政治工作之大患，是使認識「蔽於一曲，而闇於大理」。就是說，做思想政治工作的最大弊端是不能全面地認識工作對象，只認識其某一方面，並把它加以擴大，搞片面性。那麼，怎樣才能全面地認識思想政治工作的對象呢？就是要實事求是地運用辯證思維。

---

[130] 《鄧小平文選》，卷2，人民出版社，1983，頁324。

　　什麼是辯證思維？所謂辯證思維是按照客觀辯證法規律進行的思維活動，是主觀辯證法。主觀辯證法是對客觀辯證法的正確反映。正如恩格斯所說：

> 「所謂主觀辯證法，即辯證的思維，不過是自然界中到處盛行的對立中的運動的反映而已。」[131]

　　辯證思維有以下特徵：

　　第一，具有具體性。就是說辯證思維要反映對象的多樣性的統一。

　　世界存在的事物都是具體的事物，具體的事物都具有多種多樣的規定性，它是多樣性的綜合；具體的事物都不是絕對靜止不變的，而是不斷運動、變化、發展的；具體的事物也不是孤立存在的，總是與別的事物相聯繫而存在。例如，作為思想政治工作的對象──人及其思想，都是具體的。具體的人都是作為一定的民族、屬於一定的階級、具有一定的性別、有著自己的語言、生活在一定的地區、養成了一定的習慣、採取一定的生活方式而存在的；每一個人都在不斷地發展自己；並且是作為社會的一員生活著、存在著。人的思想也是具體的，它被一個人的經濟地位、政治態度、文化水平、品德修養、特殊性格……所規定，這些規定性決定著一個人思想的運動、變化和發展，決定著它與別的事物或思想相關聯。

　　辯證思維既反映事物的多種多樣性，又反映事物的統一性，同時還反映一事物與它事物之間的相互關聯。有的思維活動不是如此，如只反映多樣性，而不反映其統一性；或只反映其統一性，而不反映其多樣性；或只把某事物孤立起來加以反映，這些思維都不是辯證思維，我們稱之為非辯證思維。例如評價一個人，不

---

[131]　《馬克思恩格斯選集》，卷3，人民出版社，1972，頁534。

但要看到他的缺點和錯誤，更要看他的優點和成績；不但要看他的過去，更要看到他的現在；不但要看他的一時一事，尤其要看他的全部歷史和全部工作。這樣認識和評價人，運用的就是辯證思維。而抓住一點不及其餘的看法，就不是辯證的思維。列寧曾經指出：

> 「思維應當把握住運動著的全部『表像』，為此，思維就必須是辯證的。」[132]

列寧在這裡所說的「思維」指的就是辯證思維。因此，辯證思維也就是事物的多種多樣規定性的統一在頭腦中的反映過程。

第二，具有運動性。就是說，辯證思維要反映事物的矛盾和運動。人類早在三千多年前就認識到了事物都是運動、發展的，事物具有內在的矛盾。但是如何運用思維來描述和表達運動，正確地反映矛盾運動，卻是不久以前的事。正如列寧所說：

> 「問題不在於有沒有運動，而在於如何在概念的邏輯中表達它。」[133]

事物是運動的，反映事物的思維也是運動的，正如列寧所說：

> 「認識是思維對客體的永遠的、沒有止境的接近。自然界在人的思想中的反映，應當瞭解為不是『僵死的』，不是『抽象的』，不是沒有運動的，不是沒有矛盾的，而是處在運動的永恆過程中，處在矛盾的產生和解決的永恆過程中的。」[134]

顯然，辯證思維的運動性是由其內在矛盾決定的。

---

[132] 《哲學筆記》，人民出版社，1960，頁245—246。
[133] 同上，人民出版社，1960，頁281。
[134] 同上，人民出版社，1960，頁208。

　　做思想政治工作的另一弊端就是「兩張皮」。具體說來，就是把思想政治工作與經濟工作、軍事工作、技術工作等業務工作分割開來。實際上這是把思想問題抽象出來，架空起來。如果按照這種抽象的認識去做工作，就必然會無的放矢，脫離實際，搞形式主義。要解決「兩張皮」的問題，也應該運用辯證思維，應把思想問題與經濟工作、軍事工作、技術工作等各種具體的實際工作結合起來認識，好比一棵樹，這棵樹的存在除了它的根、幹、枝、葉等，還要依賴於土壤生根，依賴於陽光、空氣、水分進行光合作用，它是不能孤立存在的。因此，思想問題總是具體的思想問題，總是生產中的、經營中的、作戰中的、科研中的問題，認識和解決思想問題必須與認識和解決別的業務問題結合進行。

　　當然，解決「兩張皮」的問題，僅靠運用辯證思維還不能解決全部問題。當前，進行政治體制改革，包括對思想政治工作機構和管理機構進行改革也是十分必要的。

　　做好思想政治工作，應當運用辯證思維，這是沒有疑問的。但是辯證思維不是人生來就會的。就是說，應該運用與會運用不是一回事。例如，有的人一方面能意識到事物有辯證運動的性質，另一方面又能全面具體地反映和描述這種辯證運動的性質，這就是會自覺地辯證思維。而有的人雖然也意識到事物運動的性質，但並不會反映和描述，還以知性的形式進行思維，這種思維就是非辯證思維。還有的人，既沒意識到事物運動的性質，也不會反映，以至於違反辯證法規律的要求，孤立、片面、靜止地去反映事物，這種思維仍屬非辯證的思維，其中有的還是形而上學的思維。因此，我們說，辯證思維不是先天就會的，而是後天學會的，要實現自覺地辯證思維，就必須通過學習。因此，正如恩格斯所說：

「普通邏輯所承認的一切科學研究手段——對人和高等動物是完全一樣的。」

「相反地，辯證的思維——正因為它是以概念本性的研究為前提——只對於人才是可能的，並且只對於較高發展階段上的人（佛教徒和希臘人）才是可能的，而其充分的發展還晚得多，在現代哲學中才達到。」[135]

辯證邏輯是研究辯證思維的。因此，我們要科學地運用辯證思維去做思想政治工作，就必須自覺地學習辯證邏輯。

（二）

就總體而論，做好思想政治工作必須運用辯證思維，而要具體做好思想政治工作，還必須進一步遵循辯證邏輯的要求。

列寧說：

「辯證邏輯則要求我們更進一步。要真正地認識事物，就必須把握、研究它的一切方面、一切聯繫和『仲介』。我們決不會完全地做到這一點，但是，全面性的要求可以使我們防止錯誤和防止僵化。這是第一。第二，辯證邏輯要求從事物的發展、『自己運動』（像黑格爾有時所說的）變化中來觀察事物。就玻璃杯來說，這不能一下子就很清楚地看出來，但是玻璃杯也並不是一成不變的，特別是玻璃杯的用途，它的用處，它同周圍世界的聯繫，都是常常變化的。第三，必須把人的全部實踐——作為真理的標準，也作為事物同人所需要它的那一點的聯繫的實際確定者——包括到事物的完滿的『定義』中去。第四，辯證邏輯教導說：『沒有抽象的真理，真理總是具體的』……。」[136]

---

[135] 《馬克思恩格斯選集》，卷 3，頁 545。

[136] 《列寧選集》，卷 4，人民出版社，1960，頁 453。

這就是說，全面性的要求、發展性的要求，實踐性的要求、具體性的要求，是辯證邏輯對認識事物的具體要求。當然，認識思想政治工作的具體對象，具體做好思想政治工作也必須遵循這些要求。

首先，做思想政治工作必須遵循全面性的要求。就是說，做思想政治工作的人，必須樹立全面性觀點，學會全面地看問題。辯證邏輯揭示了這種觀點的含義，它認爲，所謂全面性的觀點是指：一方面要看到事物的各個方面，另一方面要看到各個方面的聯繫和「仲介」，再一方面就是要看到該事物與其它事物之間的普遍聯繫。這三個方面的有機統一，才是全面性的觀點。看不到事物的諸多方面，只看到某一方面，是片面的觀點；只看到各個方面及其差別和對立，看不到它們的統一和「仲介」，也是片面的觀點；如果看不到一事物與別一事物的聯繫，仍然是片面的觀點。

其次，做好思想政治工作，必須遵循發展性要求。辯證邏輯揭示了發展性觀點的含義。發展性的觀點是指：事物都是運動、變化的；矛盾著的事物在一定條件下是可以相互轉化的。比如，工讀學校中的「失足青年」是思想政治工作的對象，「失足青年」是一個具體概念，這個反映具體事物的具體概念是可以變化發展的，它發展的結果，就與「對社會有貢獻的人」這個概念聯繫起來。由「失足青年」到「對社會有貢獻的人」是一個發展轉化的過程，這個過程如何實現，就要在發展過程中找到「仲介」，即發展中的中間紐帶和條件，這個條件就是要做好思想政治工作。

再次，要做好思想政治工作，必須遵循實踐性要求。辯證邏輯揭示了實踐性觀點的含義，即要把實踐的內容包含在事物完滿的定義中。

在思想政治工作中，有些同志在認識具體事物時，對一些事物作判斷，經常脫離開現實的具體實踐，抱著陳舊的觀念不放，

於是把一些事物與反映具體事物的概念僵化起來。比如對「企業家」這個事物和概念的認識就是一例。最近幾年來，經過農村經濟體制改革的實踐，「企業家」的內容在實踐中大大豐富了，出現了農民「企業家」。可是一些人的思想還停留在 20 世紀 50 年代至 60 年代的觀念上，認為企業家都是在城市中，是純粹搞工業企業的專家，認為農民搞企業是不務正業。這種認識就是脫離實踐的，是不正確的觀點。

最後，要做好思想政治工作，必須遵循具體性的要求。對於具體性的觀點，辯證邏輯也深刻地揭示了它的含義。前面講辯證思維時已做了介紹，在此不再贅述。

總之，要具體地做好思想政治工作，就應當遵循上述要求去認識問題和解決問題，而要真正掌握這些要求，就要認真地學習辯證邏輯。

（三）

要做好思想政治工作，必須運用辯證思維的邏輯方法。

做思想政治工作是需要方法的。那麼，什麼是方法呢？所謂方法是人們達到一定目的、完成一定任務的手段和途徑。毛澤東指出：

> 「我們不但要提出任務，而且要解決完成任務的方法問題。我們的任務是過河，但是沒有橋或沒有船就不能過。不解決橋或船的問題，過河就是一句空話。不解決方法問題，任務也只是瞎說一頓。」[137]

同樣的理由，要達到做好思想政治工作的目的，也必須解決手段、途徑的問題，即必須解決做好思想政治工作的方法問題。

---

[137] 《毛澤東選集》，卷 1，頁 125。

用來做思想政治工作的方法很多，辯證思維的邏輯方法是其中的一部分，這些方法是：分析和綜合、歸納和演繹、從抽象上升到具體，邏輯和歷史的統一等。

首先，做思想政治工作是要經常應用分析和綜合方法。

所謂分析，就是把對象的整體分解爲它的若干部分、層次、因素的思維方法。而綜合是把對象的若干部分、層次、因素聯合爲一有機整體，並將這一整體在頭腦中再現出來的思維方法。辯證思維中的分析和綜合是互相聯繫、互相補充的辯證統一方法。比如，當我們發現某一思想問題時，就必須對此問題有清楚的認識，於是就用分析方法，將此問題加以分解，諸如它有哪些表現，是什麼原因造成的，主要原因是什麼，次要原因是什麼……。然而對此問題的認識並未完結，還必須把分解開的各部分諸如問題的表現、原因等聯合成爲有機整體，並在頭腦中把它完整地再現出來，這個過程就是思維的綜合過程，認識中的分析和綜合是不可分割的，它是互相補充、密切地聯繫在一起的辯證統一方法。

在思想政治工作中，運用分析和綜合時，必須注意以下幾點：

第一，必須認真地調查和細緻地觀察，並搜集信息，爲運用分析和綜合方法做好準備工作。

在這裡我們強調兩點：其一，調查觀察的範圍要廣泛；搜集的信息既要注意數量，又要抓住特點。其二，不要犯主觀的先入爲主的錯誤。如果不注意這兩點，就不可能進行正確的分析和綜合。

有這樣一份材料介紹：某單位欲調進一名轉業軍人做工會工作，這個人是女性。人事部門的管理人員經過認真廣泛地調查，瞭解該女性是黨員，30 歲，原在部隊文工團工作，家就住在欲調進單位的附近，有一個 3 歲小孩，而且有人看管。轉業時部隊對她的鑑定是：性格開朗，工作大膽肯幹，有一定的組織能力，關

心人。缺點是個性較強。人事部門經過分析，認為該人優點多，最後把各方面綜合起來，認為她適合做工會工作。於是向該單位的領導提出報告，請領導批準。而該單位的領導人只看到介紹該女性「個性較強」這一點，忽視了其它材料和信息，認為如果調進一個「個性較強」的人，將來不好管理。並決定先找這個女性面談一次，再決定是否調入。該領導與她談話時，向她提出一個問題：「為什麼你的丈夫與你的公公不是同一個姓？」她馬上想解釋，而該領導人立即制止她，說：「現在不需要你解釋。」但她仍然要解釋，該領導人又制止。這樣反覆了多次。於是該領導人得出結論──她的確個性較強，以後不好管理。因此不同意調入。顯然，該領導人的結論是不正確的，原因就在於他沒有全面地調查觀察，而且犯了先入為主的錯誤。因此，他也就不可能正確地運用分析和綜合方法。

　　第二，必須把分析和綜合方法作為辯證統一的方法使用。就是說，不應該把分析和綜合割裂開來使用，必須注意它們的互相聯繫和互相滲透。

　　例如，有一份材料介紹：在某一單位，因需要一條工程船舶到外地施工。因任務急，預計在 5 個月的施工中，該船不能回天津。為了保證船舶施工正常，在船啟航前 10 天要做好檢修工作。但是這一任務剛下達，從船長到船員都思想不通，不願接受。上級領導機關對此事很重視，於是派工作組去認真解決問題。工作組科學地運用分析和綜合方法。他們經過調查分析，發現許多船員每天上班前和下班後要接送孩子；有的船員家中房子壞了最近準備大修；有的船員家中有老人生病，需要照料；有的船員怕外出花錢多，給家庭生活帶來困難……。工作組還發現，關鍵是他們實際生活有困難，有後顧之憂。後來進行綜合：是各種實際生活困難而帶來了思想不通和不願接受任務的問題。他們在分析中

還運用小的綜合方法，他們發現存在以上困難的主要是中年人，中年人上有老、下有小，他們的實際生活困難最多。進一步深入的調查表明，確實如此。因此工作組著重抓好中年人的工作，並使問題得到圓滿解決。由此可見，分析和綜合不是各自孤立存在的，而是密切聯繫在一起的，因此，我們運用分析和綜合時，特別要注意這一點。

第三，應用分析和綜合的邏輯模式大體是：綜合——分析——綜合。

這個模式表明：對對象的認識的第一步是進行籠統的綜合，即對對象整體有個大體瞭解，也就是還沒有認識對象的本質。為了認清對象的本質，必須進行深入的分析。然後在分析的基礎上再進行本質性的整體綜合，獲得具體的真理性的認識。

其次，做思想政治工作是要經常運用歸納和演繹方法。

所謂歸納就是從個別的認識中概括出一般的思維方法；演繹就是從一般的認識中推演出個別的思維方法。在辯證思維中，歸納和演繹是辯證統一的方法。例如在進行群眾性的思想教育時，我們經常運用一般和個別相結合的方法。要做到一般和個別相結合，就要弄清楚一般（原則）和個別（認識）是怎樣得來的。要得到一般，就要運用歸納，從個別中概括出來。要得到個別，就要運用演繹，從一般中推演出來。歸納和演繹的辯證統一運用，便促進一般和個別之間的辯證運動，這就是一般和個別相結合。

在思想政治工作中，運用歸納和演繹方法時，必須注意以下幾點：

第一，必須把歸納和演繹作為辯證統一的方法使用。就是說，歸納和演繹是互相依賴、互相滲透、互相轉化的。

歸納和演繹的互相依賴表現在：演繹以歸納的結果為基礎，歸納以演繹的結論為先導。換句話說，它們互相提供思維前提。

　　歸納和演繹的互相滲透表現在：根據實踐的需要，有時人們可以主要運用歸納法，但其中滲透著演繹法；有時人們可以主要運用演繹法，而其中滲透著歸納法。

　　歸納和演繹的互相轉化表現在：在一定條件下，即各自推論出真實的結論，爲了解釋新的事實或提出預見，歸納法轉化爲演繹法，或演繹法轉化爲歸納法。正如恩格斯所說：

> 「歸納和演繹，正如分析和綜合一樣，是必然相互聯繫著的。不應當犧牲一個而把另一個捧到天上去，應當把每一個都用到該用的地方去，而要做到這一點，就只有注意它們的互相聯繫、它們的相互補充。」[138]

　　我們舉例說明這一點：

　　某工廠在一次分房中，人們存在各種各樣的思想問題，廠分房領導小組就運用歸納和演繹辯證統一方法，認識和解決這些問題。開始，他們認真進行調查研究，廣泛聽取群眾意見，然後他們把群眾的個別性的意見概括起來，制定了分房政策方案。在這裡，分房領導小組使用的就是歸納法。然後把方案公佈，讓每位職工根據自己的情況對號，在這裡，他們運用的就是演繹法。然而，又有一些職工反映了許多特殊情況，這些情況是方案中沒有規定的，領導小組又在方案中作了補充規定，使分房的政策方案更全面了，在這裡，他們運用的又是歸納法。然後根據此方案進行分房，職工基本滿意。由此可見，在此工作中，由於把歸納和演繹互相聯繫，互相補充使用，才使思想問題得到順利解決。

　　第二，在運用歸納和演繹時，必須注意對象中的差異和矛盾，即不要忽視異例或特殊性的存在。

---

[138] 《馬克思恩格斯選集》，卷3，頁548。

　　某類對象中的每一分子，除了有共同性，還有差別性，更有個別分子有特異性。在歸納和演繹時應該注意這些問題，這種情況在思想政治工作中更要注意。比如佈置一項任務，既要考慮執行任務者的一般思想問題，又要考慮其特殊思想問題，不要簡單草率地歸納和演繹。

　　第三、運用歸納和演繹的模式大體有二：其一是歸納→演繹→歸納。如前面提及的解決分房中思想問題的方法用的就是這個模式。其二是演繹→歸納→演繹。比如，在貫徹「經濟體制改革的決定」的過程中，在進行思想教育時，強調大家要認真執行，這裡運用的就是演繹法。在執行的過程中，又強調各部門、各單位要發揮創造精神，總結改革的成果，不斷補充和豐富「決定」的內容，在這裡運用的就是歸納法。然後又把豐富了的「決定」推廣到許多部門、單位。這裡運用的又是演繹法。這樣的事例不勝枚舉，其中運用的歸納和演繹方法的模式就是演繹→歸納→演繹。

　　再次，做思想政治工作經常運用從抽象上升到具體的方法。什麼是從抽象上升到具體的方法呢？馬克思說：

> 「從抽象上升到具體的方法，只是思維用來掌握具體並把它當做一個精神上的具體再現出來的方式。但決不是具體本身的產生過程。」[139]

　　從抽象上升到具體是辯證思維特有的方法。事物都是具體的，早在它被認識之前就存在著。從抽象上升到具體方法的任務，就是要使具體事物的整體在思維中再現出來，獲得具體真理的認識。

---

[139] 《馬克思恩格斯選集》，卷 2，頁 103。

在思想政治工作中，運用從抽象上升到具體的方法應該注意以下幾點：

第一，必須找到邏輯的起點，即作爲出發點的抽象。在思想政治工作中，邏輯的起點即作爲出發點的抽象是什麼呢？如果把思想政治工作作爲一個整體，它的邏輯出發點應是「思想問題」，就是說，思想政治工作都是從認識「思想問題」出發的。

第二，必須掌握上升的「仲介」環節。任何認識都是取螺旋式上升的道路前進的，在此認識的過程中分爲不同層次、不同環節，這些不同的層次、不同環節就是認識的「仲介」。

在思想政治工作中，我們所要認識的「思想問題」是包含著多方面因素的，主要包含四種因素：「問題的表現」、「問題的特徵」、「問題產生的原因」、「解決問題的途徑」。這些因素都是仲介環節。

只掌握這些「仲介」環節是不夠的，還必須掌握它們是如何有機聯繫的。就是說，是什麼因素把各環節貫穿起來的。

第三，必須獲得對對象的具體認識，形成具體概念。在思想政治工作中，從「思想問題」出發，經過仲介環節，最後獲得理性具體的認識，以形成一具體概念。即對一「思想問題」的認識，獲得了具體真理。這樣就在一定範圍達到認識的終點。從而找到了解決問題的途徑。

最後，做思想政治工作，要運用邏輯的和歷史的方法。所謂邏輯的方法就是按照邏輯（形式、規則）進行抽象概括，對事物進行認識和研究的方法；歷史的方法就是按照歷史（順序、行程）進行描述，對事物進行研究的方法。在辯證思維中，邏輯的方法與歷史的方法是統一的方法。邏輯的與歷史的統一，表明人們在認識中用來反映事物發展過程的兩種方法的一致性。

　　做思想政治工作，必須正確認識工作的對象（人和思想問題），因此，就要運用邏輯的與歷史的方法。比如，有一位大型企業的廠長，要找新調來的一位車間主任談話，談話之前，要對這個車間主任有所認識，首先，調來他的檔案，從鑒定上看：該主任能堅持四項基本原則，工作認真負責，能團結同志，關心群眾，作風正派，生活樸素……等等。這種認識事物的方法，就是邏輯的方法。但是，這位廠長不滿足於這種認識，他又走訪了這位車間主任的原單位，訪問了車間主任的老同事，瞭解了他的具體情況：他工作認真的表現、他關心同志的具體事實……在這裡，這位廠長運用的就是歷史的方法。從總體上看，這位廠長是把邏輯的方法和歷史的方法統一起來應用的。兩個方法統一起來應用，能互相補充，互相映襯，前後認識一致。按照這種認識去做思想工作，就能有的放矢，取得實效。

　　運用邏輯的和歷史的方法，應該注意以下幾點：

　　第一，在運用邏輯的和歷史的方法時，必須把邏輯的東西和歷史的東西統一起來。

　　我們知道，任何概念、邏輯模式都是邏輯的東西。它們是受所反映的對象的運動、發展過程制約的。對象的運動、發展過程是歷史的東西，它們發生了根本的變化，那麼，反映它們的概念、邏輯模式必須相應地發生變化，應該提出新的概念和邏輯模式。這裡特別要防止把已有的概念和邏輯模式凝固起來，以至不願意讓已有的概念和模式隨著對象的實際變化而發生變化，而侷限於把已經變化了的事物硬塞到已有的舊概念和邏輯模式中。這種傾向，是把邏輯的東西與歷史的東西割裂開來。實際上，邏輯的東西是以歷史的東西為根據的，隨著歷史的東西的發展而發展。

　　然而，歷史的東西中是存在著規律和必然性的，因此，必須在歷史地描述事物發展過程的基礎上，建立起一種概念和邏輯模

式。就是說歷史的東西與邏輯的東西是密切聯繫的，不可分割的。總之，割裂了邏輯的東西和歷史的東西的統一，就不可能正確運用邏輯的和歷史的統一方法。

社會主義事業在不斷地發展，我們的思想政治工作也要隨著它的發展而發展。做好思想政治工作必須把邏輯的東西和歷史的東西統一起來，既不要思想僵化，又要按規律辦事。

第二，在思想政治工作中，運用邏輯的和歷史的方法時，應遵循的模式大體是：歷史方法 $\rightleftharpoons$ 邏輯方法。

這個模式表示歷史的方法中滲透著邏輯的方法，邏輯的方法中滲透著歷史的方法。就是說，不存在脫離邏輯方法的純歷史方法；也不存在脫離歷史方法的純邏輯方法。

在思想政治工作中，用歷史的方法認識對象時，雖然按照對象的自然行程和發展順序進行認識，但根本目的是認識對象的發展規律和本質，這些規律和本質又必須用一定的概念和邏輯模式表達，因此就必須運用邏輯的方法，否則就要犯經驗主義。而用邏輯的方法認識對象時，雖然要經過抽象、概括、運用邏輯形式，但是又離不開對客觀事實和歷史過程進行考察，因此又要運用歷史的方法，否則就要陷入純邏輯推斷。因此，二者必然相互滲透使用。

總之，辯證邏輯是做好思想政治工作的科學思維工具，爲了有效地做好思想政治工作，讓我們都來學點辯證邏輯吧！

發表於《思想政治工作與相關學科》，天津教育出版社，
1988 年 9 月第 1 版。

對邏輯證明的探討

在深入開展真理標準的理論研究中，提出了如何正確估計邏輯證明在認識真理中的作用以及它和實踐檢驗的關係問題。研究和闡發清楚這個問題確實是十分必要的。下面對什麼是邏輯證明、邏輯證明的作用究竟怎樣估計、邏輯證明和實踐證明的關係是怎樣的問題進行一些探討。

邏輯證明的兩個部分：立論和反駁

首先，從邏輯證明的內容來看，邏輯證明包括兩部分：一部分是立論，另一部分是反駁。

所謂立論，就是根據一個或一些真實的判斷，進而斷定另一個判斷真理性的思維過程。例如我們可以根據「一切經過實踐檢驗是正確的理論都是真理」和「馬克思主義是經過實踐檢驗的」這兩個真實的判斷，通過立論的證明過程，就可以得到「馬克思主義是真理」這樣一個新的真理性的認識。順便說一下，一般的形式邏輯書上，對立論的稱謂不一致，有的叫「證明」，有的叫「論證」，筆者認為叫「立論」比較清楚、準確。

所謂反駁，就是根據正確的主張和看法去駁斥別人的錯誤主張和看法的思維方法。換句話說，就是根據真實的判斷去斷定另一判斷虛假性的思維過程。

例如，「四人幫」曾拋出了：「老幹部是『民主派』，『民主派』就是『走資派』的反革命政治綱領」，胡說在中國共產黨內形成了「一個資產階級」。華國鋒在中國共產黨第十一次全國代表大會的政治報告中批判說：「按照『四人幫』的這種反革命謬論，我國

的民主革命豈不是成了資產階級民主派領導的舊民主主義革命？
我們建立的國家，豈不是成了資產階級共和國？建國以來我們豈
不是根本沒有進行社會主義革命？我們的軍隊豈不是也成了資產
階級的軍隊？我們的黨豈不是歷來就是資產階級民主派的黨
嗎？」華國鋒的報告在這裡就極其巧妙地運用了反駁的歸謬法，
徹底駁倒了「四人幫」的反革命政治綱領。

實際上，用一個正確的邏輯證明去推翻另一個錯誤的邏輯證
明，這就是反駁。因此，反駁是邏輯證明的特殊形式。一般的形
式邏輯書上都稱之爲「反駁」，這種稱謂是科學的。

既然邏輯證明包括立論和反駁兩部分，我們把它們綜合起
來，因此說邏輯證明就是揭示一個判斷真理性的根據的思維過程。

然而，在一些講授形式邏輯的著作中，對邏輯證明的含義說
得不明確。有兩種情況：

第一種情況是把邏輯證明和用客觀事實驗證混在一起。如有
的說：

> 「什麼是（邏輯）證明呢？證明就是用可靠的事實和充分的理由
> 去論證某一論點的正確。」[140]

有的說：

> 「直接反駁（反駁是邏輯證明的一部分——筆者注）又有兩種，
> 第一種是提出相反的事實，以證明對方的論題是假的。」[141]

筆者認爲，邏輯證明是理論思維活動，而用客觀事實驗證卻
不是理論思維活動，也不是邏輯科學所研究的範圍。因此，不應
該把邏輯證明和用客觀事實驗證混在一起。

---

[140] 天津師範學院中文系，《邏輯知識》，頁 87。
[141] 《形式邏輯》，人民出版社，1979，頁 300。

　　第二種情況是沒有把反駁包括在邏輯證明的含義內。如有的
說：

> 「由斷定一個或一些判斷的真實性，進而斷定另一個判斷的真實
> 性，這就是論證（即證明）。」[142]

有的說：

> 「論證（即證明）是用某個（或一些）真實判斷確定另一判斷真
> 實性的思維過程。」[143]

　　為什麼說上述說法沒有把反駁包括在邏輯證明的含義裡呢？

　　第一，所謂反駁，大家都知道，它是破斥別人邏輯證明的證明方法。有時，它是通過一些真實的判斷，去進一步斷定另一個判斷的虛假性的。例如我們在駁斥「四人幫」鼓吹的「英雄創造歷史」的反動謬論時，是根據馬列主義的基本原理和大量的歷史材料，證明了廣大勞動人民是物質財富和精神財富的真正創造者，是推動歷史向前發展的決定力量，這樣就證明了「奴隸們創造歷史」這個判斷的真理性，從而也就駁倒了「四人幫」鼓吹的「英雄創造歷史」的唯心主義歷史觀。這就是通過真實的判斷（「奴隸們創造歷史」）去斷定另一個判斷（「英雄創造歷史」）的虛假性，而這種以真反假的反駁，在一般形式邏輯著作的邏輯證明定義中沒有反映出來。

　　第二，大家知道，歸謬法是一種很有力量的反駁方法，這種反駁方法在邏輯證明中是經常被應用的。而歸謬法是通過一些虛假的判斷，去進一步斷定另一個判斷的虛假性的。

　　我們舉一個科學史上運用歸謬法的例子來說明這一點。

---

[142] 《形式邏輯》，頁 281。

[143] 《普通邏輯》，上海人民出版社，1979 年，頁 250。

　　自從 17 世紀以後，物理學界就流傳著所謂的「乙太」假說，認爲有一種極其微妙的介質叫做「乙太」，它充滿整個宇宙，它是電磁波、光波藉以傳播的媒介。爲了判斷「乙太」是否真的存在，1887 年，美國科學家邁克爾遜和莫雷做了一次著名的實驗。他們的基本思路是：如果地球真的是在「乙太海」中航行，那麼若從地球向「乙太海」中發射出光線，沿著地球運行方向射出的光線和逆著地球運行方向射出的光線，它們的速度就應該是不同的。於是，他們取一束光，分別沿著和逆著地球運行方向射出。但結果不管光線方向如何，光速總是一樣的。物理學家們根據上述實驗結果，斷定「乙太」是不存在的，終於推翻了流傳兩百多年的「乙太」假說。這裡的反駁，顯然是成功地運用了歸謬法。這是一種以假（從地球向「乙太海」中發射光線，如果沿著地球運動方向和逆著地球運動方向射出，它們的光速是不同的）證假（地球真的是在「乙太海」中航行）的證明方法。而科學實驗的結果表明，這些判斷都是不符合客觀事實的，與真實的判斷是相矛盾的，於是就有力地駁倒了「乙太」存在的假說。

　　這種以假證假的反駁思維方法，是被人們經常應用的。在人們交談中，特別是在雙方發生爭論時，我們經常聽到其中一方這樣說：「照你這樣說，那豈不是……。」這實際上就是在應用以假證假的反駁方法。

　　總之，邏輯證明是理論思維活動。它不應該把客觀事實的驗證包括在內；同時，又不要把屬於邏輯證明的反駁排除在外。它應該包括立論和反駁兩個部分，但無論立論還是反駁，都是確認某一判斷真理性的方法。

邏輯證明和實踐證明的關係

在真理標準問題的討論中，有的人提出，既然使用邏輯證明能夠獲得真理性的認識，那為什麼邏輯證明不是檢驗真理的標準，而實踐是檢驗真理的唯一標準呢？提出這個問題，實際上是對邏輯證明和實踐證明的關係問題沒有真正搞清楚。關於思維和實踐的關係問題，馬克思早在 1845 年就明確指出：

> 「人的思維是否具有客觀的真理性，這並不是一個理論的問題，而是一個實踐的問題。人應該在實踐中證明自己思維的真理性。關於離開實踐的思維是否具有現實性的爭論，是一個純粹經院哲學的問題。」[144]

對於這一段話，筆者有以下幾點體會：

第一，實踐是檢驗認識真理性的最後標準，即唯一標準。理論（包括邏輯證明這種理論思維活動）不是檢驗真理的標準。理論或邏輯證明的結果，是否具有真理性，最後必須靠實踐來檢驗，而不能靠理論思維本身來檢驗。

第二，原因在於實踐能使人的主觀思維轉化為客觀現實的物質成果，實踐具有主觀見之於客觀的特性，人們只有在社會實踐中獲得了一定的物質活動成果，才能檢驗出原來的認識是真理還是謬誤。

第三，如果脫離實踐去強調思維的作用，那就要陷入唯心主義的泥坑。

前面已經說了，邏輯證明是理論思維活動，是揭示一個判斷是否具有真理性根據的思維方法。邏輯證明是從認識到認識，它只能以認識和認識相比較，而不能用客觀事實與認識相比較，因此，它不能最終解決認識是否具有真理性的問題。

---

[144] 《馬克思恩格斯選集》，卷 1，人民出版社，1972 年，頁 16。

而實踐證明是主觀和客觀相聯繫的方法，具有主觀和客觀相統一的特性。人們的主觀認識一當和客觀實際結合起來，能夠產生實際的物質效果，那就得到了證明，這就是實踐的證明，實踐證明能夠最後斷定認識是真理還是謬誤。

其實，我們在應用邏輯證明的過程中也發現，邏輯證明是緊緊依賴於實踐的。首先，我們在進行邏輯證明時，就要求論據是真實的，這些真實的論據是從哪裡來的？是天上掉下來的，還是人頭腦裡固有的？都不是，只能是從實踐中來的。同時，進行邏輯證明時，必須應用正確的推理形式，這些正確的推理形式必須符合推理規則，這些推理規則也是從實踐中總結出來的，其正確性也只有通過實踐才能驗證。最後，邏輯證明往往是實踐證明的反映，人們經常是通過實踐證實了某個判斷的真實性，然後，把實踐中獲得的認識通過邏輯證明再完整系統地表達出來。由此可見，實踐證明和邏輯證明的關係是：實踐證明第一，邏輯證明第二；實踐證明為主，邏輯證明為輔。實踐和邏輯的關係是源和流的關係，實踐是源，邏輯是流。這是不可顛倒的。

既然實踐是檢驗真理的唯一標準，那麼是否可以用實踐證明完全取代邏輯證明呢？回答是否定的。雖然邏輯證明依賴於實踐，但這決不意味著可以用實踐證明的方法去完全取代邏輯證明的方法。邏輯證明有它的獨立性、能動性，有它認識真理的特殊作用。

邏輯證明在認識真理的過程中有哪些主要的特殊作用呢？

邏輯證明，能使人們在已有科學知識的基礎上，獲得新的真理性認識。在數學中，根據公理，通過演繹證明，發現新定理，這是大家都知道的。另外，根據枚舉歸納提出的一些「假說」、「猜想」，通過嚴格的邏輯證明，就可以變為定理。從猜想變為定理，這是邏輯證明巨大作用的表現。例如數學上的「哥德巴赫猜想」，

是由德國的一位中學教師、數學家哥德巴赫提出來的。1742 年，哥德巴赫通過枚舉歸納法發現，每一個大偶數都可以寫成兩個素數的和。他對許多偶數進行了檢驗，都說明這是確實的。但是這需要給以證明。因為沒有經過嚴格的邏輯證明，只能稱之為猜想，還不能成為系統的科學理論。這個「猜想」後來吸引了許多數學家的興趣並為了證明它進行了辛勤的勞動。我國著名數學家陳景潤為解決這一著名數學難題做出了卓越的貢獻，證明了其中的一條定理。由此可見，邏輯證明在認識真理的過程中，比如對科學假說或猜想作出邏輯上的說明時，它具有先導的探索真理的作用。這種作用是不可忽視的，意義是重大的，不少重要的科學發現都與邏輯證明的方法分不開。

邏輯證明能通過邏輯規律本身間接證明某些認識是否具有真理性。如果我們斷定，在邏輯證明中，邏輯推理過程應用了正確的推理形式，符合邏輯規律規則，而結論是虛假的，那麼就能斷定總有一個前提是虛假的。

例如：

　　凡行星都是有衛星的，金星是行星，所以金星是有衛星的。

在這個例子中，應用的推理形式是正確的，符合邏輯的規律規則，但結論是虛假的，事實上金星是沒有衛星的。而虛假的結論是從前提中必然推出的。因此，我們可以斷定至少有一個前提（在這個例子中是大前提）是虛假的。這就說明，利用邏輯證明的方法，由結論的虛假可以間接地認識前提的虛假性，從而辨別對某些事物認識（判斷）的謬誤。同時，如果邏輯證明運用了正確的推理形式、規律和規則，論據又是確實可靠的，那麼，結論就是真實的。這正如恩格斯所說：

「如果我們有正確的前提，並且把思維規律正確地運用於這些前提，那麼結論必定與現實相符。」[145]

這就是說，通過邏輯證明，又間接地獲得了真理性的認識。

邏輯證明，還能通過在實踐中取得的理論認識，跑到實踐的前面，並指導實踐。例如俄國化學家門德列耶夫就是通過他所取得的化學元素週期系的理論，通過邏輯證明，預測了化學元素鎵（又稱「亞鋁」）的正確比重，他的預測推動了法國化學家布瓦勃德朗應用科學實驗測定了鎵元素的正確比重。

綜上所述，邏輯證明具有實踐證明所不具備的特殊作用，體現了邏輯證明的獨特的認識功能，這是理論思維具有能動性的表現。雖然作爲理論思維形式的邏輯證明不可能作爲檢驗認識真理性的最終標準，但它具有特殊的獨立的意義，這是不能否認和取消的。邏輯證明是人類認識真理的一種科學工具，而且是必需的工具。在實現社會主義四個現代化的過程中，應該充分地利用這種科學工具研究新情況，有所新發現，解決新問題，發揮邏輯證明認識真理的巨大作用。

發表於《天津師院學報》1980 年第 5 期。

---

[145]　《馬克思恩格斯全集》，卷 20，頁 661。

邏輯思維技巧篇

是誰在唱歌
——歸納法介紹

　　小華養了十多條美麗的金魚，分為兩盆，每天都仔細觀察它們的活動。

　　一天夜裡，突然從一隻金魚盆裡傳出「吱——吱——吱——」的蟬唱聲。這悅耳的歌聲引起小華濃厚的興趣。

　　「爸爸，金魚會唱歌嗎？」小華問道。

　　過去小華曾養過十幾條「珍珠」金魚，每一條都觀察過，都不唱，現在金魚唱歌了，他疑惑不解。

　　「你以前養的十條『珍珠』金魚，每一條你都觀察了，都不會唱，你就概括出那十條金魚是不會唱歌的。這是具有必然性的正確結論。」爸爸說。

　　「從那十條金魚不會唱，能不能說明所有金魚都不會唱呢？」小華接著問。

　　「可能的。這叫不完全歸納法，因為世界上的金魚種類太多了，只能根據其中的一部分概括出這個結論。這種結論不完全可靠。」爸爸又說。

　　「爸爸，是不是這只盆裡的金魚有特異功能？」小華又問。

　　「你動動腦筋想想，看有沒有辦法發現它。」爸爸回答。

　　「對了，我把這只盆裡的金魚全部放到另一隻盆裡。」小華這樣做了。雖然這只盆裡沒有金魚了，但仍然會發出蟬唱聲，而那只盆裡卻仍然沒有聲音。

　　「爸爸，這只盆裡的金魚是不會唱的。」小華告訴爸爸。

　　「那是什麼在唱呢？」爸爸問。

　　小華兩眼盯著唱出「歌」聲的這只金魚盆，他突然驚奇地說：「爸爸，這只金魚盆裡有十幾隻小黑殼蟲子，可能是他們在唱歌。」

　　小華的爸爸走過來說：「小華，你撈幾隻小黑殼蟲子到那只金魚盆裡，再聽聽。」小華按爸爸的要求做了。果然兩隻盆裡都傳出了「吱——吱——吱——」的蟬唱聲。

　　「小華，原因找到了，就是這些小黑殼蟲在唱歌。」爸爸高興地告訴小華。

　　「爸爸，你這裡用的是什麼方法？」小華問。

　　「這裡用了另外兩個方法。一個叫求同法。你想，兩隻金魚盆裡的情況都不同，盆不同，魚不同，水不同……但只有一種情況相同，就是都有小黑殼蟲子。可見這個唯一相同的因素，即都有小黑殼蟲子，是發出蟬唱聲的原因。」

　　「另一個是什麼方法？」小華又問。

　　「另一個叫求異法。你想，在原來這只傳出蟬唱聲的金魚盆中，許多情況相同，盆同，水同，金魚同……，只有一種情況不同：就是有小黑殼蟲時，就發出蟬唱聲；把小黑殼蟲全部撈走後，盆裡就沒有蟬唱聲了。這就可以肯定，有無小黑殼蟲這個不同的因素，是有無聲音的原因，即小黑殼蟲是這裡的『歌手』。」

　　「您從什麼地方知道這麼多方法呀！」小華問。

　　爸爸回答說：「邏輯書裡都有哇，你應該學點邏輯啊！」

　　　　　　　　　發表於《中學生與邏輯》1981 年第 4 期。

為什麼說「10 盆花卉」的說法是錯誤的
——小議集合概念和非集合概念

有一天，有一個青年朋友告訴筆者：「我家陽臺上有 10 盆花卉。」筆者告訴他：「你只能說你家陽臺上有 10 盆花，而不能說有 10 盆花卉。」這是為什麼呢？

因為「花卉」和「花」這兩個普通名詞是用來表達思維中的不同概念的，「花卉」表達的是集合概念，而「花」表達的是非集合概念。

邏輯學告訴我們，根據概念所反映的對象是否為某一類事物的群體，可以把概念分為集合概念和非集合概念，例如「花卉」、「車輛」、「長江水系」等等。非集合概念是不以某一類事物的群體為反映對象的概念，例如「花」、「車」、「江」等等。

與非集合概念不同，集合概念只用於它所反映的群體，而不適用於該群體中的單個個體。所以，在使用集合概念時，不能在集合概念之前加上表示個體數量的詞，否則就把它混同於非集合的概念了。「花卉」是集合概念，所以不能說「10 盆花卉」、「10 朵花卉」等。同樣，「車輛」、「長江水系」也都是集合概念，不能說「5 輛車輛」、「3 條長江水系」等。

分清集合概念和非集合概念，不僅有助於準確地使用概念，而且有助於正確的進行推理和思考問題。因為有時同一個名詞在不同的語言環境下，可以分別表達集合概念和非集合概念。如果把它們混淆起來，就會發生思維的錯誤。例如有人說：「群眾是真正的英雄，我是群眾，所以我是真正的英雄。」這個推理顯然是錯誤的。因為第一個前提「群眾是真正的英雄」中的「群眾」是表

達集合概念的，他反映的是群體，而第二個前提「我是群眾」中的「群眾」，是表達非集合概念的，它反映的是個體。群眾具有的性質，群體中的個體未必具有。所以，由作為群體的群眾是真正的英雄，得不出這個群體中的個別成員也是真正英雄的結論。上述推理之所以錯誤，就在於把同一語詞「群眾」在不同語境中所表達的集合概念和非集合概念混為一談了。

發表於《社會科學千萬個為什麼》，〈邏輯卷〉
世界知識出版社 1991 年版。

為什麼蘇東坡的對聯使和尚啼笑皆非
——淺談「概念的限制」

　　北宋時期，著名的詩人兼書法家蘇東坡曾任杭州刺史。有一次，他遊莫干山走進一座古寺。廟裡的知客和尚看見蘇東坡衣著簡樸，不像做官的樣子，十分冷淡地說一聲「坐」，又假意地對小和尚喊道「茶」。小和尚按慣例卻置之不理。蘇東坡當時沒有坐，站著與這位老和尚閒聊，談了一會，老和尚發覺他學識淵博，不是尋常的讀書人，就立即招呼「請坐」，又對小和尚大聲地喊道「敬茶」。再過一會兒，知客和尚從談話中知道這位才華出眾的大學者是當大官的蘇東坡，於是連忙站起來作揖，恭恭敬敬地把他引到大殿的客廳，說「請上坐，請上坐！」又對小和尚厲聲叫道「快敬香茶！」蘇東坡告別時，知客和尚叫小和尚拿出文房四寶，懇求給他題詞留念。蘇東坡一笑，欣然應允，信手揮筆題了一副對聯：

　　坐，請坐，請上坐；

　　茶，敬茶，敬香茶。

　　知客和尚被弄得啼笑皆非，尷尬得很。

　　蘇東坡為什麼信手寫成的對聯卻能譏諷了知客和尚呢？從邏輯角度看，蘇東坡巧妙運用了概念的限制方法，把知客和尚的「勢利」相，刻畫得淋漓盡致。什麼是概念的限制呢？對概念怎樣限制呢？概念的限制是通過增加概念的內涵，以縮小概念的外延，即由大概念（屬概念）過渡到小概念（種概念）以明確概念的一種邏輯方法。例如，「花——紅花——紅梅花」。「花」是泛指一切花，它包括菊花、荷花、梅花、海棠花、月季花等各種花；可包

括紅花、黃花、藍花、綠花等各種顏色的花。「紅花」僅指紅色的花。對「花」來說，內涵增加了。外延縮小了；「紅梅花」只是紅色的梅花，對「紅花」來說，其內涵更增加了，外延更縮小了。

蘇東坡根據事情發展的經過，抓住了「坐」與「喝茶」兩件事情逐步進行一級一級的限制，巧妙地構成了對聯。從內容上看，把知客和尚「看人說話」分等級和沽名釣譽的醜惡形象作了惟妙惟肖的刻畫，無情地諷刺了知客和尚；從形式上看，邏輯的限制恰當，上下句字數相等，詞義相關，概念相應，平仄相對，音調和諧，堪稱為佳作。蘇東坡如此就地取材，一揮而就，足見他邏輯思維的敏捷。

作者：秦豪、文樓
發表於《社會科學千萬個為什麼》，〈邏輯卷〉
世界知識出版社 1991 版。

火雞為什麼高高興興地去送死
——用歸納法得出的結論具有或然性

　　一則寓言說：火雞來到主人家，主人很珍愛它，第一天早上精心餵它，第二天、第三天早上仍然精心餵它於是它得出一個結論：「主人每天都精心餵我。」在耶誕節前一天早上，火雞又高高興興地來到主人身邊，主人不僅不餵它，反而把它宰了。

　　這則寓言說明：運用歸納法得出的結論具有或然性，即結論有時真，有時假。這是為什麼呢？

　　因為歸納法是根據這樣的原理推出結論的：如果在各種各樣的條件下觀察過 S 類的大量的對象，並且每一個對象都毫無例外的具有 P 性質，於是可能斷定 S 類所有對象都具有 P 性質。

　　在這裡我們會發現，運用歸納法進行推理，結論所斷定的對象範圍超出了前提所斷定的範圍。因此，從前提中概括出的結論，沒有邏輯必然性。也就是說，無論如何不能從「某些 S 是 P」，就必然地推出「所有 S 都是 P」的結論。

　　某家用電器公司 1981 年從國外進口 120 萬台收錄機，當年銷售一空。1982 年進口量增加一倍，當年又銷售一空。緊接幾年的進口量都大幅度的增長，並且經營順利。於是該公司又得出結論：進口收錄機絕對獲利。在這個思想的指導下，1986 年又進口了 1000 萬台收錄機。可是情況發生了變化，大部分收錄機堆在倉庫裡，造成經營的嚴重虧損。所以造成這種局面，從方法論方面看，這與火雞的歸納是一個道理。儘管他們推理的前提都是真的，卻得出了一個錯誤的結論，原因就在於結論的斷定範圍超過了前提的斷定範圍。

　　說運用歸納法所得出的結論具有或然性，並不是說歸納法就沒有用。相反，歸納法對人們從個別中得出一般概念，從特殊的概念中概括出普遍的規律，具有重要的作用。本文強調的是，在運用歸納法時，不可不注意它的侷限性，否則就將發生「以偏概全」的錯誤。

發表於《社會科學千萬個為什麼》，〈邏輯卷〉
世界知識出版社 1991 年版。

貝克萊對微積分理論的質疑 為什麼有邏輯意義
——消除邏輯矛盾的重要性

早在 17 世紀後半期，當牛頓和萊布尼茨創建微積分時，微積分的理論基礎還是很薄弱的，科學體系也很不完善。比如，他們首先要用無窮小量△y 作爲分母進行除法，接著又把無窮小量△y 看做 0，用以消掉那些包含著它的項（被它乘過的項）而得到所要的公式。推導過程本身就顯露出「無窮小量」（△y）的概念在邏輯上是相互矛盾的：無窮小量△y 究竟是 0，還是非 0？如果△y=0，那麼，怎麼能用 0 作除數呢？如果△y≠0，又怎能把包含著它的那些項消掉呢？

英國的主教貝克萊正是抓住了這一邏輯矛盾，對微積分理論提出質疑的。他說，微積分的推導是自相矛盾的「詭辯」。

當然，貝克萊抓住這一點來否定微積分的全部理論是反科學的、錯誤的。但是他指出微積分在推導過程中存在著自相矛盾，卻有著重要的邏輯意義。這是因爲：

任何一門科學從理論內容到科學體系都應該具有不矛盾性。如果一種科學理論包含著邏輯矛盾，那麼這種理論就不能成立，或者它是不成熟的。當然，對微積分理論的看法也是如此。

貝克萊強烈地對微積分理論提出質疑，促進科學家去研究和解決「無窮小量」這一概念中的邏輯矛盾，這對完善微積分理論是有意義的。

到了 19 世紀上半期，隨著人們對極限研究的進步，建立了極限理論。從極限理論的觀點看，無窮小量不過是極限爲 0 的變數，

即在運動變化過程中，它的值是趨向於 0 而不等於 0，這樣就消除了微積分推導中「無窮小量」這一概念中的邏輯矛盾，從而把微積分這種科學理論推向成熟。

由此也給我們一個啓發，在科學研究中，經常聽聽各種不同的觀點和意見，尤其是反駁的意見，是很有意義的。

發表於《社會科學千萬個為什麼》，〈邏輯卷〉
世界知識出版社 1991 年版。

為什麼田忌與齊威王賽馬能轉敗為勝
——談談辯證思考法

　　戰國時期，齊國有個大將名叫田忌。齊威王空閒時，常與他賽馬。每次賽馬時，總是雙方各選三匹：一匹上等馬，一匹中等馬，一匹下等馬。對陣時，雙方又總是用上等馬對上等馬，中等馬對中等馬，下等馬對下等馬。結果，田忌馬力稍遜，每次都是三戰三負。後來，田忌的好友孫臏為其謀劃，改變了對陣方式，先用田忌的下等馬對齊威王的上等馬，再用田忌的上等馬對齊威王的中等馬，用田忌的中等馬對齊威王的下等馬。結果田忌雖先輸一場，卻贏了後兩場，以兩勝一負取得了整個比賽的勝利。

　　為什麼孫臏能使田忌轉敗為勝呢？原來，孫臏看到，田忌以前之所以每賽必敗，是因為在總體上馬力不如對方。但是，這裡馬力的強弱只是相對的。田忌上等馬雖然弱於對方的上等馬，卻強於對方的中等馬；田忌的中等馬雖弱於對方的中等馬，卻強於對方的下等馬。因此，只要改變雙方強弱的對比，就可以改變雙方強弱的對比，從而改變勝負的總結局。

　　在這裡，孫臏用的是辯證思考法。「弱」和「強」、「敗」和「勝」這些概念既有著確定性，又有著靈活性，他們所反映的相互對立的雙方並不是固定不變的，而是在一定條件下相互轉化的。在一定條件下，弱可以轉化為強，強也可以轉化為弱；敗可以轉化為勝，勝也可以轉化為敗。因此，人們不能抽象地、片面地、僵化地看待這些問題，而應當具體地、全面地、靈活地把握它們，並特別注意使對立雙方相互轉化的條件。轉化必須具備一定的條

件，離開了一定的條件，轉化就是一句空話。孫臏正是由於正確認識到弱和強、敗和勝之間的辯證關係，並開動腦筋，成功地創造了使田忌轉弱爲強、轉敗爲勝的條件，才使田忌取得了賽馬的勝利。

發表於《社會科學千萬個為什麼》,〈思維技巧卷〉
世界知識出版社 1991 年版。

為什麼亞當斯和勒維耶能發現海王星
——再談辯證思考法

天王星被發現以後，許多天文學家都注意到它的運行軌道與依據萬有引力定律計算出來的結果有偏差。面對這種偏差，有人懷疑萬有引力定律是否正確，企圖否定它；也有人認為，是否有一顆沒有被發現的未知行星，由於受它的吸引而使天王星的運行軌道發生偏離。

英國劍橋大學數學系23歲的青年學生亞當斯是一個勇敢的探索者。他首先運用科學方法細心檢查前人概括出的萬有引力定律，然後又運用引力公式和對天王星的觀察資料，去演算那顆不知名的行星的運行軌道。經過兩年的艱辛勞動，終於在1843年10月21日把計算結果寄給了當時格林威治天文臺台長艾利。不幸，這位年輕的小人物遭到了白眼，他的計算結果被壓在大人物的抽屜裡。幸虧兩年以後，法國的勒威耶也用同樣的方法從事了這項工作，他在1846年9月18日，把計算結果告訴了柏林天文臺的助理員卡勒。5天之後，卡勒經過細心觀察，果然在勒威耶預言的位置上看到了海王星。

亞當斯的汗水沒有白流，他和勒威耶一起被計入科學史冊。他們發現海王星時所運用的歸納和演繹相統一的方法，也被後人所關注。

亞當斯和勒威耶所運用的歸納和演繹相統一的方法是這樣的：他們用已經掌握的兩個星球之間相互吸引的個別性知識去檢驗萬有引力理論，比如說，已知太陽與地球是相互吸引的，太陽和火星是相互吸引的，火星和地球是相互吸引的。由此證明星球

之間都是相互吸引的，因此萬有引力理論是正確的。他們在這裡運用的是歸納法，歸納法，是從個別認識一般的方法。接著，他們又從萬有引力公式出發，經過推演計算，找出海王星的運行軌道，他們在這裡運用的是演繹的方法，所謂演繹法是從一般去認識個別的方法。亞當斯和勒威耶正是運用這樣的方法發現了海王星。

歸納和演繹相統一的方法，是辯證思維的重要方法，也是人們做好工作的有效方法。在運用歸納與演繹相統一的方法時，要注意：不要把歸納和演繹割裂開來，要把二者作為對立統一的相互結合的方法聯繫起來應用；同時，也不能將二者僵化地看，而要把他們看成是思維的運動和發展的過程。也就是說，必須考慮到對方的差異、矛盾和發展變化，使思維隨之變化。

發表於《社會科學千萬個為什麼》,〈思維技巧卷〉
世界知識出版社 1991 年版。

為什麼梅奧能提出行為科學管理理論
——談談因果分析思考法

　　1924 年，美國科學院曾組織人員到芝加哥電氣公司的霍桑工廠進行工作條件與工作效率之間關係的實驗，這就是管理科學史上有名的「霍桑試驗」。

　　實驗首先從變更照明開始，後來又陸續從工資報酬多少、休息時間和工作時間的長短等方面進行實驗。就這樣，從 1924 年進行到 1927 年，結果是無論條件怎麼改變，工廠的產量總是上升，而在改善的條件取消後，產量還是上升。這種情況，對泰羅等人創立的「科學管理」理論提出了挑戰，它是泰羅的「科學管理原理」所解釋不了的。於是美國科學院的人員想放棄實驗。

　　後來，他們在一個偶然的機會下請到了澳大利亞的教授 G・E・梅奧，希望他能帶領哈佛大學的人員繼續這項實驗。

　　梅奧帶著探寶的心情接受了這項任務，繼續進行「霍桑實驗」，又搞了幾年。

　　在實驗中，梅奧瞭解到，過去該廠的工人受歧視，地位低下，因此生產積極性不高。可是科學院的人員進廠後，對工人態度好，很尊重他們，關懷他們，工人從心理上得到平衡，所以他們比平時幹活賣力，導致生產率普遍提高。

　　梅奧終於在迷茫中找到了原因：職工的心理因素和社會因素對他們的生產積極性影響很大。於是他提出了管理科學史上的新理論——行為科學管理理論。

　　梅奧是用什麼方法提出新理論的？

是因果分析思考法。所謂因果分析思考法，就是為確定某一現象發生的原因而進行的分析。

在「霍桑實驗」中，梅奧得到了大量信息，信息中總是含有現象之間因果聯繫的內容的，但這並不表明人們收集到了信息就一定掌握到其中的因果關係。要確定某一現象發生的原因，就必須把與該現象有關的各個場合加以比較，對各種各樣的信息進行分析處理，排除那些不可能是被研究對象的原因的因素，找出與被研究對象真正密切相關的因素。梅奧正是這樣做的。在進行「霍桑實驗」期間，照明、工資報酬、休息時間這些條件無論怎麼改變，工廠產量總是上升，而且在改善的條件取消後，產量仍然上升。這就說明這些條件的改變並不是造成產量上升的原因，因而屬於應排除的因素。同時在試驗期間，無論其它條件怎麼改變，科學院人員對工人的尊重、關懷使工人產生了很高的積極性這個因素始終存在，而這個因素又恰恰是在過去沒有進行實驗時所不存在的。因此，科學院人員對工人的尊重、關懷使工人的生產積極性有了很大提高，才是工廠產量上升的原因。

梅奧正是由於正確運用了因果分析思考法，才在科學院的人員迷茫無路之時，繼續攀登，使管理科學結出了新的碩果。

發表於《社會科學千萬個為什麼》，〈思維技巧卷〉
世界知識出版社 1991 年

創新思維研究篇

論創新思維的產生

　　一個人，要想獲得創新成果，首先要有強烈的創新意識。本文主要論述創新思維與實踐和科學理論的關係，及如何增強創新意識的問題。

　　一、創新思維隨著人類實踐的發展而發展。

　　辯證唯物論和歷史唯物論都認為認識是源於實踐的，感性認識直接源於實踐，理性認識間接源於實踐。創新思維也不例外，它必源於社會實踐，否則，它將是無源之水，無本之木了。

　　人類最早的實踐是勞動和生產實踐，這是人類社會發展至今的最基本的社會實踐。生產實踐的發展推動著人類認識的發展和創新。例如在古希臘，在社會大分工之後，農業生產職業化、細緻化了，發展得很快，從而促使人們尋找如何丈量土地，如何掌握農時，以及如何育種等方法，創造出幾何學、天文學和植物學等科學。隨著生產實踐的細緻分工，人們的思考角度也向分析方向發展。古希臘的偉大思想家亞里斯多德，總結了當時的思想成果，發表了《工具論》，創立了演繹的邏輯科學，這是古代創新思維的典範。亞里斯多德的思維方式與當時的生產發展方向是相一致的，他創立的邏輯學是源於當時社會實踐的發展。

　　人類社會到了近代，社會實踐中除了基本的生產實踐外，科學實驗越來越被人們所重視。隨著科學實驗的發展，近代精密自然科學迅速變化和發展。隨著近代自然科學的產生和發展，有些科學家在認識論和方法論探討中進一步發展了對邏輯思維規律的研究，同時也起到了對創新思維研究的作用，例如 16 世紀英國的科學家弗蘭西斯・培根，他特別強調科學實驗的作用，並極為重

視發明創造，並且對他那個時代的科技發明的經驗進行了總結，他在他的名著《新工具》中，第一次確立了歸納方法的重要地位，創立了近代的歸納邏輯。由此可見，近代創新思維的產生和發展也是源於社會實踐的發展。

隨著近代經濟和社會生產力的高度發展，要求科學進一步考察世界各部分之間的相互聯繫和相互作用，並構成一幅具體的世界總畫面。社會實踐的新發展又對思維方式的創新提出了新要求，因此，對辯證法的深入研究就成了必然，從而就推動了對辯證思維的深入具體的研究。在這方面研究的代表就是德國的黑格爾，他的研究成果是凝聚在他的《邏輯學》中，他創立了「思辨的邏輯」。他的「合理的內核」是他的創造，後來被無產階級的導師馬克思、恩格斯吸收了，成為馬克思主義辯證法的來源。

人類社會發展到現代，隨著現代科學和生產的發展，要求思維方式和思維方法有新的突破。馬克思、恩格斯批判性地繼承了黑格爾的辯證法思想，提出了辯證法的第三種形態——唯物主義辯證法形態。正如馬克思所說：

> 「我的辯證方法，從根本上來說，不僅和黑格爾的辯證方法不同，而且和他截然相反。」[146]

隨著唯物主義辯證法的提出，要建立這種科學的學說體系，因此，科學的思維工具——唯物主義辯證邏輯的創立就是必然的了。現代唯物主義辯證邏輯隨著社會生產力的高度發展，隨著科學文化的進步，隨著辯證思維在自然科學、社會科學中的廣泛應用，是必然要誕生的。它是人類思維發展到成熟階段的標誌，也是對幾千年來人類思維的發展，特別是對辯證思維發展的概括和

---

[146] 《馬克思恩格斯選集》，卷2，人民出版社，1972，頁217。

總結。同時，演繹邏輯、歸納邏輯以及科學方法論的研究也取得了長足的進步。

二、經驗認識方法的進步為創新思維的產生準備了條件。

所謂經驗認識是指人們在社會實踐中通過對自己的各種感官（包括作為感官延伸的各種儀器）對客觀事物的直接反映。這種認識是通過人們的觀察、實驗以及社會調查活動進行的。

科學觀察包括自然觀察和實驗觀察。自然觀察是人們對自然界現象不作任何變革的情況下進行的，它是人們通過感官或同時借助於儀器去認識和描述各類自然狀態下的現象。而實驗觀察是在人工變革或控制被觀察對象的情況下進行的。

人們開始從事觀察活動是以感官直接獲得被觀察對象的各種信息，這就是直接觀察。隨著科學技術的發展，人們為了克服直接觀察的侷限性，於是在觀察者和觀察對象之間加進仲介物，即觀察儀器。這種間接觀察使人們的感官得以延長，使人們的觀察向自然界的廣度和深度延伸。觀察的工具使原來不能觀察到的對象轉化為可以觀察到的對象，由於觀察工具的不斷改進，這就使人們無限的擴展觀察的範圍成為可能。從直接觀察到間接觀察，這是觀察方法的一次具有根本意義的變革。從 20 世紀 50 年代以來，航空航天技術的發展，從發射火箭運載衛星到載人太空船發射成功，人們登上月球，以及發射探測儀器考察火星，遙感技術充分發展，現在人們通過星際飛行器可以到達其它天體進行觀察，從地面觀察發展到對宇宙空間觀察，這表明了人類認識自然界能力的進步，表明人類的認識能力是無限的。所有這些，就為認識的創新和思維的創新提供了基本條件。例如在科學史上，有些科學家根據牛頓的萬有引力定律，算出了當時已知的各個天體對天王星的吸引力以及天王星的運行軌道，但是運用天文望遠鏡

進行觀察，天王星實際運行軌道與計算出的軌道有些不同，在某個方向上發生了嚴重偏離。根據觀察結果，科學家們進行深入思考和判斷：這個偏離現象是由於某個尚未發現的天體引力的影響。後來，有的科學家計算出了這個尚未發現的天體的位置。1846年9月23日晚上，星月皎潔，柏林天文臺的加勒根據法國勒威耶的計算經過5天5夜的辛苦觀察，終於找到了這顆新的行星，後來把它定名爲海王星。海王星的發現就是以觀察的結果爲前提運用創新思維的傑出成果。又如法國天文學家培塞爾，在1834年測量恆星位置和整理前人的觀察資料時，發現天狼星的位置具有週期性的偏差，忽左忽右的擺動著，他也根據牛頓的萬有引力定律和有關天狼星的觀察材料，在1844年作出天狼星有個未被看到的光度很弱而且質量很大的天狼B星（伴星）的預測，他設想天狼星和他的伴星圍繞共同的引力中心運行。由於這顆伴星的引力而使天狼星的位置發生週期性的擺動現象。後來這一創造性的設想得到了證實。這一科學發現的事例也是以觀察的結果爲前提運用創新思維的成功範例。

實驗觀察是採取人工手段變革和控制自然現象，「純化」被觀察的對象，排除偶然因素的干擾，以便在最有利的條件下進行觀察。

實驗觀察方法比自然觀察方法有更多的優越性：它可以使被觀察的對象處於純粹的狀態；可以強化自然狀態下的某些條件；可以使被觀察對象重複出現。正是因爲科學實驗有以上優點，它越來越被廣泛地應用著，它在現代科學研究中佔有越來越重要的地位。

科學實驗經歷著一個從簡單到複雜，從初級到高級的發展過程。人們最初運用的是直接實驗，然後又在此基礎上運用間接實驗，最後又提出了理想實驗。

直接實驗是實驗手段直接作用於實驗對象而獲得認識客體信息的實驗。間接實驗就是根據相似原理，用模型來代替被研究的對象，人們通過觀察模型實驗而獲得的信息去認識原型的觀察方法。因此，間接實驗也叫模擬實驗。例如在研究人的病理時，就用動物作爲人的代替品進行類比實驗，在製造超音速飛機時，就先造一個按比例縮小的飛機模型，進行風洞實驗。在大江大河上造橋，就先製造一個橋的模型，進行承受力的實驗等等。

理想實驗是從某種科學原理出發，想像在理想狀態下客體的必然表現的實驗。由於是應用邏輯手段進行判斷的結果，是對理想化客體的實驗，所以稱之爲理想實驗。理想實驗是科學研究中一種普遍應用的方法，例如愛因斯坦與英菲爾德在他們合著的《物理學的進化》中曾設想了一個單電子衍射的實驗。他們認爲：

> 「不用說，這是一個理想實驗，事實上不可能實現，不過很容易想像而已。」[147]

在成書的 1938 年，根據當時的物質技術條件，單電子衍射的實驗確實是事實上不可能實現的。但是過了 11 年以後，這個理想的實驗就轉化爲現實的實驗了，當然也有一些理想實驗所要求的條件是永遠無法滿足的。

由於理想實驗都是邏輯的推導，或稱理想實驗中的理論推斷，所以它跟科學實驗是不同的。它不是變革自然界的真實的實驗，不是人們的實踐活動，而是一種超前的或是一種新的思維活動。

以科學實驗的發展和進步以及所取得的成果爲前提，促進思維的創新並不斷獲得科學發展的例子，在科學史上是不勝枚舉的。例如生物遺傳的奧秘究竟是什麼？1866 年，孟德爾發表了他的著名論文《植物雜交實驗》，根據他的豌豆雜交實驗，提出了遺

---

[147] 《物理學的進化》，頁 205。

傳的基本定律，即分離定律和自由組合定律。為了解釋豌豆子二代中顯性性狀與隱性性狀表現的 3：1 的比例，孟德爾提出了「因子」的概念。1909 年，約翰生將孟德爾的「因子」改稱為「基因」。那麼，「基因」到底是什麼？1926 年摩爾根發表了《基因論》，他根據對果蠅的實驗和研究，從細胞遺傳的高度證實了基因的存在，並且證明了基因按直線順序排列在染色體上。那麼在染色體上的基因，是由什麼物質成分組成的？到了 20 世紀的 40 年代，以艾弗里和德爾伯魯克為首的噬菌體小組，通過各自的科學實驗和研究，得出結論：它就是 DNA，即人們所說的去氧核糖核酸。那麼，DNA 的結構式是怎樣的呢？到了 1953 年，華特生和克列克提出了 DNA 的雙螺旋結構模型，通過類比實驗，使遺傳學的研究進入到了分子的水平。從孟德爾的遺傳因數說到摩爾根的基因論，再到 DNA 的分子遺傳學，這是遺傳學發展史上的三座里程碑，一個理論比一個理論新而深刻，這些創新思維的成果——遺傳學理論的發展和進步，是與科學實驗從直接實驗向模擬實驗的發展和進步分不開的。

　　總之，無論自然觀察還是科學實驗，以至社會調查，都為創新思維的產生提供了前提條件或準備了基礎。經驗認識方法的進步對創新思維的產生和發展發揮了如下兩方面的作用：一是促進科學發現的作用。就是由於運用不斷進步的觀察和實驗，並以取得的經驗材料或信息為基礎，引發人們運用創新思維去發現新理論，創造科技新成果。二是進行科學驗證的作用。就是指人們運用創新思維提出科學假設，需要加以科學的檢驗，驗證這些科學假設的真理性。要支持的這些假說，需要科學的證據，這是需要科學觀察和實驗，提供真實的經驗事實，理解和支持這些新的理論，支持創新思維的成果是真實可靠的。三是創新思維滲透在經驗認識方法的發展之中，潛移默化地促進經驗認識方法從自然觀察向科學實驗的發展。

科學理論是創新思維的載體

一、創新思維在科學理論的改良中產生和發展

所謂科學理論的改良是指原有科學理論被提出之後，它總要受特定歷史時代的客觀條件和人們主觀認識能力的某種限制，然而人的認識能力又是無限發展的，任何科學理論都不是一成不變的。當人們把這種理論應用於實際時，就會發現原有理論是有這樣或那樣的不足，以致有些錯誤需要克服。這樣，在某個理論的應用過程中，就需要對原有的理論不斷地改進或完善，這種改進和完善的過程中，就需要原有的理論不斷改進和完善，這種改進和完善的過程，就是科學理論的改良。在科學理論改良的過程中，創新思維伴隨著產生並發揮著重要的作用。

首先，創新思維在擴大理論應用中產生。為了達到指導人們的實踐和有效的改造世界的目的，理論的應用主要用於解釋已知的事實和予見未知的事實。一個理論應用的範圍越廣，就越來越顯示出它具有普遍性的意義。例如，在科學史上，經典力學曾認為，光和熱輻射是一種電磁波，這種電磁波具有連續性，瀰漫於所及的空間，但這種理論無法說明黑體輻射等實驗結果。著名的德國物理學家馬克斯・普郎克根據大量的實驗材料，提出能量可以分割成一分一分的能量子，這個理論揭示了：光和熱等輻射能，不僅有連續性的一面，還有不連續性的一面。在這裡，普朗克第一次把能量不連續的思想引入物理學，使經典物理學所碰到的許多難題迎刃而解。因此，普朗克的量子論成為現代物理學革命的先聲，因而也標誌著他的思維的創新。後來，普朗克沒有再把能量的不連續性的概念再往前推廣，然而愛因斯坦大膽的把量子理

論應用到熱輻射以外的發光現象，正確地解釋了光效應的新實驗，進一步提出了「光量子」理論。並聲稱：

> 「這完全是從普朗克公式引出來的一個驚人的結果，我還想說這
> 是普朗克公式的直接結果。」[148]

　　愛因斯坦運用創新思維於 1905 年提出光量子論，把量子概念應用到輻射的傳播和吸收上去，從而圓滿地解釋了以前無法解釋的光電效應的經驗規律。第一次揭示了波動性和粒子性的對立統一，即波粒二象性。這就直接為後來德布羅意建立物質波理論開闢了道路。1906 年，愛因斯坦又運用創新思維，把量子理論應用到物體內部的振動上去，成功地說明了低溫時固體的比熱同溫度變化的關係。1912 年，他又進一步把光量子概念應用於光化學現象，建立了光化學基本定律。1916 年，他總結量子論的發展，並從玻爾的量子躍遷概念推導出普朗克輻射公式。由於愛因斯坦運用創新思維廣泛地應用普朗克的量子概念，解決了越來越多的物理學上的難題，並證明量子論的具有的極為普遍的意義，也證明了創新思維在科學理論改良中產生以及被應用所發揮的重要作用。

　　其次，創新思維在提高理論應用的精確性上表現出來。在科學理論改進的過程中，提高理論應用的精確性也是個重要課題。它包括：確定普通常數；用公式進一步明確地表述理論的定量規則等等。在提高理論應用精確性的過程中離不開創新思維。

　　再次，創新思維在科學理論修改中表現出來。所謂科學理論的修改，是指理論的核心部分（包括基本概念、基本命題）保持穩定的情況下，對理論系統中的輔助內容、表述形式、有效條件作出調整的過程。

---

[148] 《愛因斯坦文集》，卷 3，頁 418。

　　其一，創新思維在調整科學理論輔助內容時表現出來。

　　科學理論的改進首先是在理論觀點保持不變的前提下，通過調整理論的輔助性內容而實現的。例如哥白尼於1543年發表了《天體運行論》。他的基本觀點是：天體都應當是球形的，太陽是宇宙的中心。從這種觀點出發，哥白尼認為行星繞日運動的軌道是圓形的，並且運行的速度是均勻的；行星的運動只能是圓運動與圓運動的組合，因為只有圓運動才能回復物體原先的位置。但是從觀測的資料來驗證，行星的運動有不均勻的現象，這一點是哥白尼的均勻圓運動理論所不能解釋的。為此，哥白尼用特定性假說去解釋：這種不均勻的運動或者是因為運動的動力不穩定或者是因為天體在運動中形象發生了變化。

　　開普勒首先開動了創新思維，根據第谷·布拉赫的資料去觀測火星，研究它的軌道形狀。經過反覆觀測、驗算，終於發現火星的運行軌道是橢圓形的，進而在不改變哥白尼原有理論核心的前提下，對其輔助內容進行了修改，創造性地提出了所有行星的運行軌道都是橢圓形的，太陽位於橢圓形兩個焦點之一，這就是開普勒行星運動第一定律。開普勒繼續開動創新思維，提出行星在橢圓軌道上運動的速度是變化的，大體上說，在近日點附近行星運動較快，在遠日點附近，行星運動較慢。這是由於在近日點附近行星獲得較大的引力加速度，而在遠日點附近，行星的引力加速度較小造成的。開普勒行星運動的第二定律是：連接行星和太陽的直線在相等的時間掃過相等的面積。開普勒在1627年又發現了行星運動的第三定律：行星公轉週期的平方和它的軌道長軸的立方成正比。所有這些對哥白尼天文學理論是非常重要的補充。通過開普勒對哥白尼理論體系的修改和增加，哥白尼的日心說體系從此就鞏固了它的地位。後來，牛頓萬有引力定律的發現，給

予日心說以科學的論證，並進一步對日心說的輔助內容進行修改和補充，從而排除了一些疑難。

其二，創新思維在調整理論的表述形式時表現出來。

理論表述形式的完美程度如何，對於理論功能發揮有著極為深刻的影響，因而在理論改進過程中，調整理論的改進形式，也是完善和發展理論的一種方式。

一個新理論剛提出及在最初的發展時，通常在表述形式上不夠嚴謹、精確、簡明。隨著理論內容的逐步成熟，人們將越來越關注表述形式的改進和調整。一個理論越成熟，就越要求以較完美的形式去表述，調整理論的表述形式，也是要運用創新思維的。例如，在科學史上，從哥白尼時代開始，經過伽利略、開普勒的工作，已經發現了許多力學定律。然後牛頓在他的名著《自然哲學之數學原理》中，首次用公理化方法表述了經典力學體系，提出了著名的牛頓三定律。18 世紀法國科學家拉格朗日引入了虛位移和虛功原理，用公理化的方法研究任意力系的力學定律，推導出任意力系中質點運動軌道的微分方程和其它力學定律，開創了分析力學這一研究領域。拉格朗日公理化體系的表述結果與牛頓的力學體系是完全等價的，但是它更加嚴密了。1843 年，哈密頓應用一種新的數學方法——變分法，提出了又一個與牛頓定律等價的原理——哈密頓原理。由哈氏原理可以推出拉格朗日方程，進而反推出牛頓的第二定律的數學方程。這樣，牛頓力學經過拉格朗日、哈密頓創造性的修改、完善，應用更精確的方式表述出來，把經典力學改進為更嚴謹的理論。

二、創新思維在科學理論的革命中產生和發展

科學理論的發展，首先表現為改良性的量變，即不斷修改原有的理論，使原有的理論不斷地充實和完善、修正和改進。然而，

在這種連續性的積累知識的演變到達一定的時候，就將面臨著許多長期不能解決的「反常」問題而陷入困境。這時就勢必出現對原有理論進行根本創造的創新理論，這種新理論與原有理論進行競爭。如果新理論被高度確證並被普遍接受，那就是科學理論的發展進入革命階段了，理論革命的結果是新理論取代舊理論。在理論革命過程中，創新思維也伴隨產生並發揮著重要作用。恩格斯曾說：

> 「只要自然科學在思維著（包括創新思維——作者注），它的發展形式就是假說。一個新的事實被觀察到了，它使得過去用來說明和它同類的事實的方式不中用了。從這一瞬間起，就需要新的說明方式了。」[149]

在科學史上，運用創新思維推動理論革命的事例是很多的。例如近代物理學發展到牛頓力學體系的建立，它往後一直居於統治地位約兩個多世紀。但是牛頓的力學體系一直不能解答諸如水星近日點軌道的進動等反常事例，儘管如此，它仍佔據著領導地位。可是到了 20 世紀初，愛因斯坦為了解決牛頓力學不能解決的問題，運用創新思維，提出了相對論，並用這個理論成功地解釋了水星近日點軌道的趨差現象，特別是相對論所作的兩個大膽而新奇的預見，即星光通過太陽附近的偏折現象和大密度恆星的光譜紅移現象，都被證實了。這一方面使牛頓理論的不完備性日益暴露出來，它在微觀和高速運動的條件下是無效的；另一方面證明相對論獲得了成功。這樣在物理學上就發生了相對論的革命。牛頓力學的統治地位終於被相對論所代替。這種革命性的取代，完全是創新的結果。創新思維是如何在理論的革命中產生的呢？

首先，創新思維在新舊理論的競爭中表現出來。

---

[149]　《馬克思恩格斯選集》，卷 3，頁 561。

　　由於新舊理論的競爭而導致一場科學革命，這在科學史上是多不勝舉的。在高層次的領域內，創新思維用新理論取代舊理論的例如哥白尼以「日心說」取代「地心說」的革命；牛頓以「經典力學」取代「亞里斯多德運動學」的革命；愛因斯坦以「相對論」取代「經典力學」的革命等等。這些高理論領域的革命使一系列的分支科學也產生了相應的理論變革，爲科學的總體發展開創了新紀元。無論是高層次的領域，在新舊理論的競爭中，創新思維總是伴隨著新理論去取代舊理論而表現出來。

　　其次，創新思維在舊理論歸併新理論中表現出來。

　　科學革命中新舊理論的更替存在以下兩種情況：一種是舊理論可歸併於新理論而成爲新理論的特例，另一種是新舊理論是不可歸併的，完全不相容的。可以歸併的如「波動說」與「量子論」、牛頓力學與愛因斯坦的相對論等。不可歸併的如「地靜說」與「地動說」，「燃素說」與「氧化說」等。但無論如何，新理論代替舊理論是必然的，創新思維在新理論的成長與競爭中發揮著促進作用。

三、創新思維在新興學科的創建過程中產生並發揮作用

　　科學理論是不斷發展的。如果說各門學科理論的發展是通過改良與革命兩種方式進行的，那麼科學的整體發現，從客觀上看，則是通過不斷創建新興學科而表現出來的。科學的創新或者是由於各門科學自身進行分化的結果，或者是由於不同的科學部門之間進行結合的結果。

　　首先，科學分化是指由一門統一的科學，分化成爲兩門或多門新的分支學科，這是學科創新的一種表現。未分化的統一科學是對某個研究領域的整體性認識；而分化後的新學科，其研究對象的範圍縮小了，而對此範圍內容的研究和認識卻更加具體和深

刻了。例如「生物學」是對整個生物界的認識，而分化出的「動物學」、「植物學」、「微生物學」就是「生物學」的分支學科，雖然後者比前者的研究範圍狹窄了，但對動物界、植物界及微生物界的認識卻加深了，因此科學分化是創新思維產生的一種形式。創新思維所要解決的是如何朝著新的方向去建立新的分支學科。

其次，與科學分化不同，科學知識的結合是指由兩門或多門學科相綜合、相互滲透而形成的一門新興的學科。科學的結合是通過對一些特定對象的研究而把它們綜合起來的完整的認識。這種綜合不是把幾個學科機械地拼湊起來，而是以特定的方式融匯相關的知識而形成一個具有新質內容的學科體系。例如環境科學就是由生態學、地質學、氣象學、水文學、土壤學、工程學等學科的知識綜合而形成的新學科。因此，科學的結合是創新思維產生的另一種形式，創新思維所要解決的問題是如何朝著新的方向去建立新的結合學科。

創建各門新學科最根本的動因則在於人類社會實踐的需要，恩格斯在談到自然科學各個部門的順序發展時曾說：

> 「首先是天文學——遊牧民族和農業民族為了定季節，就已經絕對需要它。天文學只借助於數學才能發展。因此也開始了數學的研究。——後來，在農業發展的某一階段和在某個地區（埃及的提水灌溉），特別是隨著城市和大建築物的產生以及手工業的發展，力學也發展起來了。不久，航海和戰爭也需要它。——它也需要數學的說明，因而也推動了數學的發展。這樣，科學的發生和發展一開始就是由生產決定的。」[150]

科學發展的歷史事實也充分證明：

---

[150] 《馬克思恩格斯選集》，卷 3，頁 523。

「社會一旦有技術上的需要，則這種需要就會比十所大學更能把科學推向前進。」[151]

現代科學理論的發展雖然越來越抽象，也往往有許多學科的理論走在了實踐的前面，但是，各個學科發展的進度如何，歸根到底仍然是取決於實踐需要的迫切性如何。當前超導研究的迅速發展，其根本原因是它符合於生產實踐的需要。一旦社會實踐對科學的發展有需要，人們就要運用創新思維適應這種需要而創建新的學科。

---

[151] 《馬克思恩格斯選集》，卷 4，頁 505。

個人創新意識的產生

　　前面主要從宏觀上講人類創新思維是怎樣產生和發展的。這裡主要講個人創新意識的產生。

　　一、要對國家和民族的前途有強烈的責任感。

　　當今世界，知識經濟已見端倪。作為一種以知識為基礎，直接依賴知識和信息的生產、擴散與應用的新型經濟，將在 21 世紀各國的經濟發展和國力增強中發揮越來越重要的影響和作用。從某種意義上說，國與國之間的競爭就是各國、各民族的創新精神和創新能力的競爭。因為沒有創新，就沒有科學發現，就沒有知識的創新，就沒有科學的進步，就沒有技術的日新月異。一句話，就沒有知識經濟。

　　一個民族如果沒有創新能力，說得簡單一點，她難以屹立於世界先進民族之林；說得沉重一些，她必將在越來越激烈、越殘酷的國際競爭中處於被動挨打的地位。上海一位資深的大學校長對學生們說：「現在技術壟斷已經成為國際鬥爭的一個重要問題，我們民族要生存，國家要富強，就要堅決反對技術壟斷，就要培養自己的大批有高度創新能力的人才，我們要靠創新來創造我們的新時代，來贏得我們的未來。」說 21 世紀創新人才的競爭是關係到一個國家、一個民族生死存亡的鬥爭，這決不是聳人聽聞，而是科學的預見。一個對國家、對社會有責任感和使命感的人，一定要正確把握時代的特點，從國家和民族的前途和命運的高度來認識創新問題，不斷增加自己的創新意識和創新能力。

　　二、要具有一定的背景知識。

任何創新都要有思維材料爲基礎，這些思維材料也就是背景知識。創造者知識準備如何，直接關係到成果和創新的程度。例如牛頓發現萬有引力理論，主要得益於數學。在牛頓之前，胡克也發現了物質相互吸引的現象，但由於他的數學知識不足，因此他在萬有引力定律的確立上沒有堅定的數學基礎而未獲得成功。再如日本著名的發明大王中松義郎，已獲得 2300 多件發明專利，他在總結發明的要素時，特別強調了科學知識的極端重要性。他認爲創新意識和科學發明要有一定的科學理論做基礎，要掌握與發明對象有關的科學知識，包括各種邊緣科學知識，做到融會貫通；還要有一定的文化修養，這樣才能深刻理解科學理論，在探求深奧的科學知識時，才能暢通無阻。

馬赫要是沒有具備數學知識，他就不能證明「兩個三角形兩邊和夾角對應相等，它們就全等」這條平面幾何的定理。德國的化學家凱庫勒，如果他不具備化學知識，就不可能神話般的想像出苯的結構式。

背景知識不可面太窄，要儘量拓寬知識面，並使各方面有關的知識有機的結合，使知識與知識辯證的結合，並把知識與創新的目標聯結起來，形成新的知識、理論和技術。例如，瓦特、法拉第、佛蘭克林等大發明家，他們都出身於工人，他們都是通過自學掌握了有關領域的豐富知識後才做出了卓越創造的。再如愛因斯坦少年時是輕視數學的。他在 1905 年提出狹義相對論後，緊接著思考引力的問題，1911 年他發表了《關於引力對光的傳播的影響》，可是數學上的問題阻礙他的前進。後來只好回過頭來重新學習黎曼幾何等數學知識，當背景知識俱備後，才爲廣義相對論的完成創造了基礎。

打下一定的基礎知識不但爲創新思維準備了必要條件，而且也爲研究思考問題少走或不走彎路提供經驗。

這裡我們要提醒的是，背景知識只是人們進行創新思維的必要條件，而不是充分條件。有了豐富的知識，有的人可能會應用得好而有所創造發明；但是也有的人，不會運用知識，而且受到知識的束縛，那就阻礙創新思維的產生和發展了。因此創新思維要把知識、理論與實際緊密有機的聯繫和結合，並有效地運用才會有創造。如果把知識、理論與實際割裂，那是不可能有所發明，有所創造的。

三、要適應社會發展的需要。

人類社會是不斷發展進步的，它從客觀上刺激人們要適應這種發展進步。這種社會發展進步的需要，是刺激人們樹立創新意識，不斷創新的一種原動力。就像達爾文創造性地提出生物進化論一樣，這是受生物界本身進化這種事實的刺激而產生的結果。這就要求人們必須適應社會發展的需要，不斷增強創新意識，提高創新的能力，積極進行創新活動，才能獲得創新的成果。

四、要有一個民主和諧的社會環境

人類歷史發展的實踐證明，凡是民主氣氛好、真正形成自由和諧的社會環境，人的思想就異常活躍，敢想敢闖敢幹，科學的發現和技術的發明就豐收。社會主義新中國誕生後，凡是「百花齊放，百家爭鳴」方針貫徹較好的時期，我國文化教育、科學技術的發展就快，創新成果就多。特別在中國共產黨的十一屆三中全會以後，鄧小平提出了改革開放的路線，全面落實「雙百」方針，他特別強調：

> 「幹革命，搞建設，都要有一批勇於思考、勇於探索、勇於創新的闖將。沒有這樣一大批闖將，我們就無法擺脫貧窮落後的狀況，就無法趕上更談不到超過國際先進水平。我希望各級黨委和每個

黨支部，都來鼓勵、支持黨員和群眾勇於思考、勇於探索、勇於創新，都來做促進群眾解放思想、開動腦筋的工作。」[152]

　　隨後迎來了科學技術文化教育大發展的春天，我國社會主義現代化建設也取得了突飛猛進的大發展。

　　　　　　發表於《鄧小平理論與創新思維研究》,〈附錄〉
　　　　　　天津人民出版社 2001 年 7 月版。

---

[152] 《鄧小平文選》，卷 2，頁 143—144。

關於樹立全民族的創新意識

樹立和增強創新意識，既是知識經濟新時代的緊急呼喚，又是我國發展社會主義市場經濟，發展科技、文化和教育等社會主義現代化建設事業的迫切需要，也是我們各項事業發展的動力。因此，我們要把增強創新意識作為一種適應時代發展要求的使命感和責任感看待，不可延誤時機。這對於國家的長治久安和社會主義偉大事業的繁榮昌盛，具有現實意義和長遠的歷史意義。

創新意識的產生應具備兩方面的條件：主觀條件和客觀條件。主觀條件主要包括背景知識、實踐經驗和個人的勤奮，客觀條件主要包括社會需要和政治環境等。樹立創新意識的基本條件是如下幾點：

一、具有一定的背景知識是增強創新意識的基本前提。

任何創新都要有一定的思維材料為基礎，這些思維材料也就是背景知識。創新者知識準備如何，直接關係創新的程度和成果的質量。例如：牛頓發現萬有引力理論，主要得益於數學。在牛頓之前，胡克也發現了物質相互吸引的現象，但由於他數學知識不足，因此在萬有引力定律的確立上未能成功。再如：日本著名的發明大王中松義朗在總結發明的要素時，特別強調科學知識的極端重要性。他認為科學發明要有一定的科學理論基礎，要掌握與發明對象有關的科學知識，包括各種邊緣科學知識，做到融會貫通；還要有一定的文化修養，能夠理解深奧的科學理論，這樣，才有可能做到有所發現，有所發明，有所創造。

　　創新發明是需要運用想像或聯想的，而想像或聯想，也是需要背景知識的。就像馬赫，要是不具備數學知識，他就不能用思維實踐去證明「兩個三角形兩邊和夾角對應相等，它們就全等」這一平面幾何的定理。值得稱道的是，他想像用「思維剪刀」從二維空間剪下這樣兩個沒有厚度的理想平面三角形，並想像移動它到一起就必然會重合。再如德國的化學家凱庫勒，如果他不具備化學知識，就不可能神話般地想像出苯的結構式。

　　要開發創新思維能力，也必須打好一定的知識基礎和理論基礎。它們包括語文知識、數學知識、理化知識、史地知識、外語知識，以及電腦知識等。這些是增強創新意識的起碼條件。

　　為開拓創新準備的背景知識不可面太窄，要儘量拓寬知識面，並使各方面的有關知識有機地結合，使知識與知識辯證地綜合，形成新的知識、理論和技術。例如瓦特、法拉第、佛蘭克林等大發明家，雖然都出身於工人，但他們卻是通過刻苦自學掌握了有關領域的豐富知識後才有所發明、有所創造的。再如愛因斯坦少年時是輕視數學的。他在 1905 年提出狹義相對論後，緊接著思考引力問題，1911 年他發表了《關於引力對光的傳播的影響》，可是數學上的難題阻礙了他的前進。後來只好回過頭來，重新學習幾何等數學知識。當知識背景俱備後，才創造性地提出了廣義相對論。這裡我們要提醒的是，知識背景只是人們增強創新意識的必要條件，而不是充分條件。有了豐富的背景知識，有的人可能會應用得好而有所創新發明；但是也有人不會運用知識，而且受到知識的限制，反而無所創新。關鍵在於把握知識的運用、聯繫實際和轉化。

二、俱備一定的經驗是增強創新意識的根本基礎。

對於任何一個人來說，經驗都是一種寶貴的財富。當一個人積累了豐富的經驗，就能運用分析和概括的方法能動地認識規律，獲得技藝，就能思考新的東西，並發揮巨大的創造力。例如瑞士的數學力學家歐拉，他獲得成就的一個重要原因，就在於他注重對實際的研究，積累了豐富的經驗。當創造海輪需要力學根據的時候，他就研究力學，成為分析力學的創始人之一；為了用天文方法側定船在海洋中的位置他就研究月球運動；為了觀察星體的運動，他又研究光學和天體望遠鏡，最終使他成為科技界的多產作家，科學著作多達 800 餘種。他的研究成果得到社會的承認和廣泛應用。

隨著現代科學技術的發展，越來越顯示出實際操作能力、特別是信息分析和探索能力在創新中的重要地位。應該說，熟練的操作技巧與經驗是增強創新意識和開發創造力的重要基礎。我國著名的生物學家童第周研究遺傳學之所以獲得成功，除了有豐富的基礎知識和基礎理論外，實驗操作技巧與經驗也發揮了重要的作用。

需要強調的是，重視經驗決不是輕視理論看輕知識。實際上，書本知識和理論也是別人經驗的總結。我們只是說，在掌握基礎知識、基礎理論的同時，必須自覺地深入實際，在實踐中汲取新鮮的養分，豐富自己的頭腦，為創新準備更豐富的條件。

三、個人的勤奮與拼搏精神是增強創新意識和能力的重要因素。

人的天賦與創新意識的產生有密切關係，但是創新意識與能力的開發主要取決於本人後天的努力程度。李葡克內西在回憶馬克思時說，天才就是勤奮，沒有非常的精力和非常的工作能力便

不可能成才。高爾基說，天才就是勞動，人的天賦就是火花。因此，不能過分誇大天賦和智商在開發創新方面的作用。正如著名數學家華羅庚所說，在他身上找不到天才的痕跡，而是經過長期的辛勤積累，終於可以看出成績來。

四、社會發展的需求是創新意識產生的外在條件。

社會發展的需求主要是指生產發展及其對技術工具的需要，科學實驗及其對設備的需要等。社會發展的需要是激勵人們樹立創新意識和能力的動力。人們爲了適應社會發展的需求，就必然要爲實現這些需要而苦苦探索、思考、研究和創新。

五、民主和諧、改革開放的政治環境是激勵人們增強創新意識的必要條件。

人類歷史發展的實踐證明，凡是氣氛民主，真正形成自由和諧的政治社會環境。人們的思想就異常活躍，敢想敢闖，科學的發現和技術發明就可能比較多。

發表於《鄧小平理論與創新思維研究》，〈附錄〉
天津人民出版社 2001 年 7 月版。

管理問題認知與科學決策

關於管理問題的認知

研究自然界的提出了《十萬個爲什麼》，研究人類社會的提出了《千萬個爲什麼》。研究方方面面科學的都提出了許許多多的爲什麼。爲什麼就是問題。問題是認識自然界、認識人類社會之網上的紐結，是研究認知問題的一個重要範疇。研究管理科學的也是一樣，也提出了諸多的爲什麼，這就是管理問題。管理問題是管理科學的一個重要範疇。

管理問題作爲管理科學的範疇，它是主觀的、抽象的、高度概括的。但管理問題作爲管理科學的研究對象，它又是客觀的、具體的，內涵與外延又是非常豐富的。因此，管理問題作爲一個科學的範疇是主觀性和客觀性的辯證統一。

管理問題之所以具有客觀性，因爲它是管理活動中客觀矛盾的反映。毛澤東說過，問題就是矛盾，也可以說矛盾就是問題，管理活動中的客觀矛盾就是管理問題。因此，管理問題不是從天上掉下來的，也不是人的頭腦中固有的，而是從管理的實踐中被認知的。管理問題決不是無源之水、無本之木。

管理問題又具有主觀性。它作爲認識範疇、概念是一種思維活動。是認識主體。即管理者對管理活動中客觀矛盾的反映。它作爲一種反映的形式，因此它是認識的符號、指稱。從認知過程來研究，認知的主體（管理者）與客觀矛盾相互作用的結果，便形成了管理問題意識，實際上只有形成了自覺的管理問題意識，才算真正發現和提出了管理問題。

　　管理問題作爲管理科學範疇既是抽象的，又是具體的，是抽象和具體的辯證統一。

　　管理問題的抽象性表現在它把其中的具體的人和事都捨棄了，抓住其本質內容而形成科學的範疇、概念。然而管理問題又有具體性，具體性主要表現在多樣性上。下面主要考察管理問題的具體性、多樣性問題。

　　管理問題的具體性、多樣性主要是指它是多種規定的綜合。正如馬克思所說：

> 「具體之所以具體，因為它是許多規定的綜合，因而是多種性的統一。因此它在思維中表現為綜合的過程，表現為結果，而不是表現為起點，雖然它是現實中的起點，因而也是直觀和表像的起點。」[153]

　　那麼，管理問題的具體規定性是什麼？關於這個問題，研究管理科學方法論的人有些不同的認識。

　　一種觀點認爲，管理問題是需求與滿足需求的矛盾，「問題就產生於需求與滿足需求的交叉點上。有需求，滿足不了就是問題，需求被滿足了，問題就解決了。新的需求產生了，又滿足不了，於是又產生新的問題。所以我們說發現問題是創造之父，滿足需求是創新之母。一切創新根源於此。」這裡是把「需求」與「滿足需求」作爲管理問題的最基本的規定性研究的。

　　另一種觀點認爲，管理問題是管理標準與管理現狀之間的偏差。當管理現狀與管理標準之間發生偏離或相距很遠時，管理活動就產生了矛盾，產生了管理問題。在這裡是把現實狀況與管理標準作爲管理問題的基本規定性來考察與研究的。

---

[153]　《馬克思〈政治經濟學批判〉導言》，《馬克思恩格斯選集》，卷2，人民出版社，1972年版，頁103。

　　還有一種觀點，就是把管理問題看作是在管理活動中希望達到的狀況與現實狀況之間的差異。「希望達到的狀況集中表現爲管理目標或計劃規定的目標，現實狀況是指組織內外發生的一切現象和變化的總和。由於組織內部和外部各種因素的相互作用及由此引起的組織變化和發展是十分複雜的，因而，在現實狀況和管理目際之間常常出現一定的偏差，這種偏差就是管理問題。」在這裡，是把「管理目標」與「管理現狀」作爲管理問題的最基本的規定去研究的。

　　上述觀點中提出的規定，都是深入研究的成果。雖有差別，但都表明管理問題具有具體性和多樣性的特點。

　　以上觀點中所表達的規定是管理問題的最基本、核心的規定，或者說是管理問題的主要因素。管理問題還表現爲其它的規定性。管理問題有時表現爲機遇。這是由於組織運行或生產經營的運行狀況順利，並產生了出人意料的後果，這種後果將大大超過預期的管理目標，於是產生了管理問題。這種問題一旦出現·管理者必須抓住機遇，即必須抓住這種管理問題，充分利用。就當前的一些企業來說，由於我國已經加入 WTO，國際、國內形勢發生了很大變化，政策法規也發生了很大變化。加上科學技術的日新月異的發展，爲企業提供了發展的大好環境，使企業的效益有可能大大超過未來預定的目標。如果管理者能夠科學地預測形勢變化的趨勢，抓住機遇，制定科學的決策，就會使企業快速騰飛。這裡提供一個例子。

　　美國著名企業家哈默是一個善於利用機會的企業家。1922年，年僅 22 歲的哈默瞭解到建國初期的蘇聯，農業和加工工業尚未恢復，糧食和加工工業品極度缺乏。他意識到，這是一個獲得成功的機會。於是他把美國的糧食運到蘇聯，把蘇聯的廉價皮毛運到美國，發了一筆大財。他在蘇聯開辦了一個世界上最大的鉛

筆廠，其產品不僅滿足了蘇聯國內的大量需要，還能把產品的 20% 輸出到其它十多個國家。他在蘇聯居住了 10 年，存到莫斯科銀行的盧布堆積如山。1933 年，哈默回到美國，當時正值美國總統換屆前夕。他預料到羅斯福必將入住白宮，而羅斯福一旦當了總統，必然廢除實行了 10 年之久的禁酒法。他抓住了這個機會，但他不急於創建酒廠，而是從蘇聯訂購了大批木材，興建了一個規模很大的酒桶加工廠，當他的酒桶從生產線上滾滾而出時，禁酒法已經廢除，大批酒廠拔地而起，急需大批酒桶。哈默的酒桶儘管量大價高，仍被搶購一空。

有時管理問題還表現為思維方式的矛盾。例如：在社會主義市場經濟條件下，還用計劃經濟條件下的思維方式。計劃經濟條件下的思維方式是以計劃為基礎、為前提的，而社會主義市場經濟條件下的思維方式是以市場為基礎、為前提的。社會主義市場經濟條件下的價值觀念、時效觀念、競爭觀念等與計劃經濟條件下的觀念是有根本差異的。這種差異也構成管理問題，同樣需要加以解決。

管理活動中思維方式的邏輯矛盾也屬於一種管理問題，有邏輯矛盾的思維方式是一種錯誤的思維方式，在管理中是不允許存在的，解決的辦法是管理者要學點邏輯，按照邏輯科學的要求去做。

管理問題還有深層次的內涵方面的規定性。我在我主編的《管理科學方法論》中，把管理問題規定為管理目標與管理現狀之間的矛盾或偏差。如下圖：

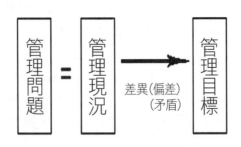

　　所謂管理現狀，是指在組織運行（包括生產經營運行）的過程中，組織內外發生的一切現象和變化的總和。管理現狀是一個複雜的系統，主要包含事變、當事人、時間、空間等因素。

　　事變是指超出一定限度的事件的變化。管理問題的產生首先是同事變相關的。實際上，組織內部和外部的各種因素無時無刻不在發生變化，變化是絕對的。但是並非一切變化都能產生管理問題。許多變化是實現管理目標所不可缺少的，有些變化是不利於實現管理目標的。只要這種變化保持在一定限度之內，就不會引起管理問題；一旦超出了這個限度，就會使管理現狀偏離目標，產生管理問題。因此，為了準確地把握問題，必須密切注意事變這個要素。要進一步弄清是什麼東西的變化超出了限度。

　　當事人是指引起事件變化的人。管理問題的產生總是和具體的人相關的。人的知識水平、技能水平、工作水平、身體狀況、思想道德素質等等，都可能與管理問題的產生相關。因此，掌握當事人的狀況，才能準確有效地把握問題，找到解決問題的方法。

　　時間是指事件變化發生的時間。事變總是有它特定發生時間的。瞭解管理問題發生的時間對分析問題產生的原因很重要，產生的原因或者與事變同時存在，或者先於事變而存在。但決不會在事變發生之後。因此，明確了事變發生的時間，對於掌握問題也很重要。

　　空間是指事變發生的地點，可能是發生了事變的部門、地區、或工序流程等等。明確事變發生的空間，對於準確地把握問題，瞭解問題產生的原因和範圍都有重要的意義。

　　所謂管理目標，是指管理者希望達到的結果，其中包含方向、原則、標準等方面。它可能是一種理想；也可能是一種行為規範、準則；還可能是一組數字。例如：「實現共產主義」，「行為高尚」，「1 億噸鋼」，「300 億元利潤」。管理目標有的相當明確，如每小時生產多少產品，生產每輛轎車降低多少成本，每年增加多少利潤等等。有的就較為含混，例如「提高知名度」，「加強信譽度」，「改善組織形象」等。管理目標是一個體系。整個組織有一個總目標，總目標有抽象的，也有具體的。要在一個複雜的系統中實現總目標，必須依靠各個成員、各個部門共同努力和協調實現總目標。為此，要將總目標分解為不同的分目標或具體目標。如果需要，還可繼續分解，直至每個成員都有自己的具體目標。管理者只有準確地把握目標體系，才可能把現狀與管理目標對照，才能發現在哪裡出了問題，問題的關鍵是什麼，這樣才能找到解決問題的有效方法。

　　明確了管理問題的規定性之後，還要善於發現問題和準確地提出問題。是否善於發現問題，直接決定著管理的成敗，競爭的勝負。

　　20 世紀 60 年代初，瑞士人發明了石英電子手錶，但是瑞士鐘錶業主卻沒有發現這項發明在手錶工業發展中的重大意義，也沒有意識到它對瑞士傳統的機械表可能產生的威脅與衝擊，因而既沒有大批投入生產，也沒有採取任何對策。日本人得到這個信息後，立即組織了調查，進行精確的計算和周密的論證，從中發現了重大的管理問題。於是立即採取措施買下這項發明的專利，並迅速投產。由於石英電子錶的成本十分低廉，因而，當日本的電

子錶以遠遠低於機械表的價格大批投入國際市場時，立即掀起強大的衝擊波。素有手錶王國之稱的瑞士還未從噩夢中醒來時，就已經失去了數億美元的巨額利潤。

可見，發現問題在管理和競爭中具有多麼重大的作用。是否善於發現問題，是管理成敗的重要標誌。成功的管理者成功的一個秘訣，就在於他們善於及時、自覺、主動地發現管理問題。

發現管理問題的關鍵，是瞭解管理現狀和明確管理目標。說來容易，操作很難。就拿明確管理目標來說，如果掌握得過於嚴格，就認為到處都是問題；如果掌握得過寬，就可能感覺不到問題。因此，對管理目標的理解是否合理、全面，對於發現管理問題是有重要影響的。如果你把提高利潤當作企業的唯一目標，就會把不擇手段地賺錢看作好事，把由此引起的不良的社會後果置若罔聞；如果你把企業自身效益和社會效益的統一起來當作管理目標，你就不僅把影響企業自身的效益的行為看作問題，而且會把影響社會效益的行為看作問題。如果你把創名牌產品當作管理目標，就會把技術開發、創造新產品中的一切薄弱環節當作問題，你把「保名牌」作為管理目標，你就看不到這些問題。如果你把培養職工民主精神當作管理目標，你就會把職工敢於提出不同意見，敢於批評與當家作主的精神看作好事；如果你把樹立個人權威當作管理目標，你就會把群眾批評的當作問題來抓，如此等等。因此明確和掌握管理目標不是一件輕而易舉的事。瞭解管理現狀也是如此。要瞭解管理現狀，一是要把握現實情況，掌握相關的信息；二是要抓信息的內在聯繫和事件本質；三是要注意從整體上全面瞭解現狀。

管理者不僅要善於發現管理問題，而且要準確地提出問題。所謂正確地提出問題，一要準確；二要提的角度合理，三要題解域恰當。所謂準確就是抓住問題的本質，準確地予以表達。提問

題的角度要合理，是指提問題有利於問題的解決，而且有明確的針對性，並能較快地實現達到管理目標的目的。正確地提出問題的另一個要求是正確規定題解域，即要有明確的解決問題的方向和適當的範圍。

以上是從內涵方面認知管理問題的。我們還可以從外延上廣泛認知管理問題，關於這方面的研究，有的認爲管理問題有常規問題、非常規問題，戰略問題、戰術問題與業務問題，單一問題與複合問題等等。還有的認爲有現象問題與本質問題，內容問題與形式問題，全域問題與局部問題等等。這方面的研究成果不少，不再贅述。

<h2 style="text-align:center">關於科學決策</h2>

認知管理問題是屬於認識世界的問題。科學決策是屬於改造世界的問題。

認知管理問題對於科學決策有什麼重要意義呢？筆者認爲管理問題是科學決策的邏輯起點和出發點。

關於科學決策的起點問題，人們提出了一些不同的觀點，正確認識這些觀點，對於深入理解科學決策的起點問題，無疑是非常重要的。

有人認爲，科學決策是理論型決策，它總是在某種理論指導下運行的，因而，掌握必要的管理知識和科學決策的理論，是科學決策的起點。這種看法，把科學決策的前提與科學決策的邏輯起點混爲一談了。要進行科學決策，固然要掌握一定的管理知識和決策的理論，但這只是決策的前提，是科學決策的必要準備，當然這種知識和理論的準備是非常重要的，並有時對決策的科學性及深刻性有重大影響。但是管理者僅僅掌握了一定的管理知識

和決策的理論還不能說他已進入了現實的決策過程，他為什麼而決策的問題還沒有解決。

有人認為，科學決策是根據工作計劃做出的，因而制定計劃是科學決策的起點。這種觀點也是不明確的。決策過程固然需要制定計劃，但要弄明白，為什麼要制定計劃，針對什麼制定計劃。任何計劃都是解決管理問題的計劃，計劃本身都是為了解決問題而制定的。沒有管理問題，計劃也就無法制定。

有人認為，科學決策總要以一定的授權為依託，因而授權成了科學決策的起點。但是，管理者之所以必須任命幹部，進行授權，正是因為存在急需要解決的問題。授權的目的是為了解決問題，沒有管理問題，也就無需授權。

有人認為，管理者只有在實踐的基礎上通過調查，通過觀察和實驗，得到感性材料或信息，並進而加以去粗取精，去偽存真，由此及彼，由表及裡的加工整理，才能發現管理問題。因而他們認為社會調查、觀察、實驗才是科學決策的起點。如果認為管理問題是科學決策的邏輯起點，就背離了科學的認識論。

關於科學決策的邏輯起點問題真是眾說紛紜，莫衷一是。

筆者認為，科學決策的邏輯起點只能是管理問題。這裡要注意，我們研究的邏輯起點，即對科學決策的理性認識的起點問題，而不是研究關於科學決策的起源的認識過程問題。另外，科學決策首先是關於解決未來事件的決定或抉擇，而認識未來的事件只能靠推理等理性思維活動去認知。那麼以什麼作為理性思維的出發點，只能以現有管理問題作為邏輯始點。

就科學決策來說，管理問題貫穿於科學決策的全過程，根據管理問題提出決策方案，針對解決管理問題驗證決策方案的有效性和形成最終決策，以及根據如何解決管理問題制定實施計劃。因此說，沒有管理問題，就沒有科學決策的全過程。

　　爲什麼說社會調查、觀察和實驗等實踐過程不能作爲科學決策的邏輯起點？這是因爲在決策的過程中，確實需要社會調查、觀察和實驗等實踐活動，並提供經驗材料和各種信息。但是在科學決策過程中，調查、觀察和實驗都不是盲目進行的。換句話說，社會調查、觀察和實驗是有目的、有計劃的實踐活動。就是說，在科學決策過程中，社會調查、觀察和實驗的目的是什麼、是針對什麼去進行呢？說到底還是針對管理問題去進行。因此我們說科學決策的邏輯起點是管理問題，而不是實踐活動。其實，這與科學的認識論並不矛盾。

　　既然管理問題是科學決策的邏輯起點，並貫穿于科學的全過程，對科學決策有如此重要的作用，因此，管理者必須樹立正確的管理問題意識。

　　首先，要樹立全面的問題意識。

　　所謂全面的問題意識是指針對管理目標，把存在的全部問題找出來，並加以解決。這裡引用一個故事來說明。

　　一個建築工程師和一位邏輯學家到埃及去看金字塔，工程師一個人在街上漫步時，聽見有人吆喝：「賣鐵貓啦！」。他一看，是一位老太太在賣一隻黑鐵玩具貓，言稱這是祖傳的寶物，因爲孫子病了才賣，要價 500 美元。工程師仔細一看，發現貓眼是兩顆大珍珠。就說我花 300 美元只買兩隻眼珠吧。老太太認爲值得，工程師就買下珍珠回旅館。邏輯學家一看這兩顆珍珠價值千元，忙問在哪買的，並馬上跑去把鐵貓買來。工程師笑他 200 元買了個鐵疙瘩，而邏輯學家卻靜靜地思考，一會兒，他拿起小刀在貓身上刮了起來，黑漆剝落，裡面竟是只純金的貓。

　　老太太沒有問題意識對問題熟視無睹，造成很大損失。工程師看到了局部問題，對問題沒有全面認識。而邏輯學家透過現象，

抓住了本質問題，買下了金貓。從這個故事悟出，樹立全面的問題意識是多麼重要。

其次，要樹立發展的問題意識。

發展的問題意識是指管理現狀與管理目標是變化、發展的，隨著管理現狀與管理目標的變化、發展，管理問題也在變化和發展。因此，我們發現和提出管理問題，必須有發展的意識。比如一個不斷發展的企業，去年的管理目標就是今年的管理現狀，管理目標一年比一年高，管理現狀也跟著一年比一年雄厚，同樣管理問題也一年比一年不同。因此，發現和提出管理問題也要有發展的意識。

最後，要樹立創新的問題意識。

所謂創新的問題意識，是指創造性地發現和提出問題的意識，也就是敢於想別人不敢想，提別人不敢提的管理問題。要樹立創新的問題意識就要敢於打破陳規，突破思維定勢，不循規蹈矩，敢於異想天開。這樣才能創造性地發現和提出管理問題。

樹立正確的問題意識的目的是為了進行科學的決策。科學決策關鍵是確立科學的決策觀。管理者應當樹立以下的決策觀：

第一，超前的預見觀。

決策都是以現存的管理問題為出發點，以解決管理問題和達到未來的目標為結果的，都是關於未來事件做出的抉擇或決定。因此，任何決策必須有超前的意識，對處理未來的事件進行積極的予見和思考，運用科學預見的創造性思維方法。就像為解決嫦娥奔月問題，而提前一百年就設想製造太空船登月一樣，最終以阿波羅號飛船登月成功而告一段落。當然超前不是想若非非，不是超越客觀實際，不能像 1958 年中國「大躍進」那樣，設想明天就提前實現共產主義。

第二，開拓的創新觀。

　　決策都具有探索性，對探索性的設想，要敢試、敢幹、敢闖、敢於開拓，敢於創新。科學的創新和實踐的發展是一致的，就像上海市公交企業為實現 8 億元扭虧而做出的科學決策那樣：

　　提起三年前的公車，上海市民記憶猶新：車況差、擁擠，幾乎每天、每輛公車都會發生爭執。面對線路佈局不合理，車輛又舊又差、擁擠不堪的公車，市民的抱怨不絕於耳。而那時的公交行業全年虧損高達八億元，靠著政府的補貼勉強地維持。「乘車難」成了當時上海社會的主要矛盾之一。

　　長期以來，上海公交一直在傳統的計劃經濟體制下運作，幹部職工形成了「過分強調社會公益性而一味依靠政府，過分強調政策性虧損而不重視經營管理」的思維定勢；企業「等、靠、要」，幹部「官本位」，職工「鐵飯碗」，這些觀念嚴重困擾著企業的發展。

　　1996 年上海公交以「三制」改革為切入點，開始全面改革，促進公交企業真正步入市場，參與競爭。三制改革是：

　　一、改革體制，撤銷公交總公司，打破壟斷，將下屬公交單位轉制為 13 個具有獨立法人資格的企業，自主經營、自負盈虧，形成了多家經營的競爭格局。

　　二、改革票制，公交基本票價調為 0.5 元，取消使用了幾十年的公交月票。

　　三、改革補貼機制，切斷後路，自覺按市場運作方式開拓經營。

　　剛開始，改革十分艱難，然而，面對客流下降，財政補貼減少、資金緊缺、企業負擔沉重等困難，上海的公交行業還是頂住了壓力，千方百計挖潛增效，使連續十年大幅度虧損的勢頭得到遏制。上海公交從 1987 年起出現虧損，至 1995 年全年直接財政補貼高達 3 億元。1996 年開始改革，當年便實現減虧 5.32 億元，

直接財政補貼減少到 1．68 億元，13 家運營單位中有 3 家在經營上基本收支持平。

1997 年上海公交深化改革，各運營公司努力把建立緊貼市場、反應靈敏的運營調度機制等八大機制作爲改革的重中之重。各公司大膽試，大膽幹，大膽闖，衝破阻力，注重實效，取得了可喜的成果。

通過三年改革，上海公交行業的人車比大大降低，從原來的 8．4：1 下降到 5：1，新的調度時刻表適應了市場需要，使勞動生產率提高了 30%。（《光明日報》，1999.3.25，第 1 版）

第三，全域的戰略觀。

決策要求決策者要有整體性、方向性和策略性。決策既要有利於長遠，也要有利於當前。科學決策必須立足於事關全域的勝算，爲此，必須確立明智的戰略思想和方法。就像齊國大將田忌賽馬那樣，雖輸局部，但保勝全域。

> 「數與齊諸公子逐馳重射。孫子見其馬足不甚相遠，馬有上、中、下輩。於是孫子謂田忌曰：『君弟重射，臣能令君勝。』田忌信言之，與王及諸公子逐射千金。及臨質，孫子曰：『今以君之下駟與彼上駟，取君上駟與彼中駟，取君中駟與彼下駟。』既馳三輩畢，而田忌一不勝而再勝，卒得王千金。」[154]

第四，足實的效益觀。

決策必須講究效益，既要注重社會效益，又要注重經濟效益。而且這種效益要是足實的。爲此就要充分地利用時間和空間，講究效率，儘快實現管理目標，在實現目標前，要算計經濟利潤的獲得，要強調必要的社會效益。就像中央政府和天津市政府制定引灤入津的科學決策那樣。

---

[154] 司馬遷，《史記·孫子吳起列傳》，長沙：岳鹿書社，頁 500—501。

「天津市的吃水和工業用水長期以來嚴重缺乏，是天津人民生活
和經濟建設中的十分突出的問題。怎麼辦？自己淡化海河水，困
難；南水北調，遠水暫時解決不了近渴。中央在 1981 年 5 月提出：
把灤河下游潘家口水庫的水引來天津。」

「潘家口水庫位於河北省遷西縣境內，距天津 234 公里，如何引
灤入津，有兩條線：一條南線，一條北線。走南線，則從水庫出
發，一直向南，經過遷安、灤縣、唐山市，把水引至天津；走北
線，則從水庫出發，向西穿過燕山山脈幾座山到遵化縣，經灤河
輸入於橋水庫，然後利用舊有的薊運水道，再加新開挖的引水管
道，把水引至天津。南線方案長處；在解決唐山和河北省用水時，
同時可以解決天津用水問題，國家減少投資，有利解決天津燃眉
之急。但致命的弱點是不能確保天津用水。北線方案的長處：可
以利用舊有河道，占地少，遷戶少，可以節省投資，沿線有公路、
電源，施工方便，最大的長處是可以確保天津用水。1981 年，由
天津市領導班子組織多方調查研究，確定採用北線方案。」

　　第五，科學的邏輯觀。

　　在決策過程中，無論是發現和提出管理問題，還是驗證決策
方案，形成最後的決策，都要運用科學的邏輯方法，特別是非必
然性推理的方法，例如集合論的方法，概率與統計推理的方法。
就是說，任何決策都是應用邏輯，都要用邏輯的或非邏輯的科學
思維方法制定科學決策。

發展高等職業教育與創新

創新是發展高等職業教育的靈魂，這是因為高等職業教育是具有中國特色的應用性人才培養模式的探索，其目標要重點培養學生的創新精神和實踐能力，是具有自身特色和活力的教育形態。為此，高職的發展必須遵循實事求是、解放思想和強調實踐、產學研相結合的原則。同時，必須實行具有發展創新的內容。

1999 年國務院批轉的教育部《面向 21 世紀教育振興行動計劃》、《中共中央國務院關於深化教育改革全面推進素質教育的決定》，都把高等職業教育放在非常重要的地位。在全國教育戰線的廣大幹部和教職員工全面貫徹落實第三次全教會精神時，我們必須充分認識高等職業教育的地位以及它與創新的關係，這對開創我國高等職業教育工作的新局面有著非常重要的現實意義和歷史意義。

創新是發展高等職業教育的靈魂

1995 年 5 月 26 日，國家領導人在全國科學技術大會上指出：「創新是一個民族進步的靈魂，是國家興旺發達的不竭動力。」同樣，創新是教育事業發展進步的靈魂，也是高等職業教育發展進步的靈魂。

為什麼說創新是發展高等職業教育的靈魂呢？

一、高等職業教育是探索教育

我國大力發展高等職業教育是對具有中國特色的應用型人才培養模式的重要探索。

　　從國外高等教育發展的潮流來看，職業教育，包括高等職業教育已經越來越受到重視。1999 年 10 月，筆者隨中國企業協會文化交流代表團訪問德國，專門考察德國的職業教育。德國職業教育的最顯著特點是搞「雙軌制」（有人翻譯爲「雙元制」），就是指在教育投資方面，聯邦政府和州政府的教育行政主管部門和各行業、企業都要投入；在教學方面，職業學校和企業人才培訓部門都要承擔任務；在對學生的考核方面，職業學校和行業聯合會都要參與考核，既有專業理論的考核，又有技能的考核；在學生畢業後的就業方面，州政府和企業都有責任推薦和聘用。他們在總結發展職業教育的經驗時指出：「雙軌制」職業教育爲德國經濟發展培養了大批應用型技術人才，它是德國近幾十年經濟騰飛的重要因素之一。雖然東、西德統一後，面臨著經濟全球化的挑戰和影響，對職業教育的投入比重有所變化，但是「雙軌制」的職業教育模式繼續堅持進行，繼續受到高度重視。

　　從我國的情況來看，由於我國的特殊國情，「文革」的十年動亂使一代人被剝奪了學習的機會，在動亂後，進行了撥亂反正，尤其在教育戰線，鄧小平親自主持抓了恢復高考、恢復研究生制度，以及發展電視大學、實行遠距離教育等等。但還有一些「老三屆」畢業生沒有機會到普通高校學習，因此，成人高校乘機發展起來，爲廣大知青提供了接受高等教育的機會。但僅有這些還不夠，因此，就必須在此基礎上進行探索、創新，而通過大力發展高等職業教育（包括高專教育），就成了應用型人才的培養模式和重要的途徑，並要進一步探索一條具有中國特色的行之有效的應用型人才培養的新路子，所以我們說發展高等職業教育是一條探索創新的辦學道路。

　　二、高等職業教育也是素質教育

　　素質教育是我國所有教育的主題。素質教育的重點就是創新精神和實踐能力的培養，素質教育要面向全體學生，使學生在德智體美等方面得到全面發展，所以，在高等職業教育中，也必須全面推進素質教育。同時，由於高等職業教育是培養生產、經營、管理、服務第一線和爲農村培養技術應用型人才的專門教育，推進素質教育也必須結合高等職業教育的特點和實際進行。例如高等職業教育的畢業生必須要有非常好的職業道德和愛崗敬業精神。在德國，如果老闆讓工人去做假冒僞劣產品，工人是不願做的，而且也拒絕去做。因爲德國工人受到了嚴格規範的職業培訓 ，做任何工作都嚴格按照規程、規範去做；在商店買商品，如果你問營業員：「這商品是真的嗎？」營業員會感到驚奇，因爲他們在職業訓練中，反覆要求必須堅持貨真價實，堅持質量第一。這就是德國的國民素質，也是十分具體的素質教育。

　　高等職業教育的素質教育的重點是要培養學生的創新精神和實踐能力。高等職業教育主要是培養學生掌握本專業的實用技術，並真正具有掌握和應用該專業的技術能力。實用技術當中有許多需要創新的東西，需要有創新的精神。

　　時任中華人民共和國教育部部長陳至立在談到創新時說：

> 「這種創新不是只指高新技術或某一產業，而是貫穿於工作中的一種新的理念、新的概念，是一種新的創意。當這種創意、這種理念、這種概念在實際工作中執行以後能產生巨大的效益。有時並不是最尖端的東西才叫創新，最尖端的成果叫創造或叫科學研究。在實際工作中也有很多小小的、看上去不起眼的創意，但它可能使整個企業的運行機制或佔有的市場份額完全不一樣，完全改變了企業的面貌，我覺得這些都應該叫做創新。」

　　高等職業教育培養出來的學生，還要有創新精神和自強自立的能力。例如江蘇的一些職業技術學院提出要培養「小企業家」

型的人才，就是要使培養出來的畢業生要敢於創新，比如開個小店鋪，創辦個鄉鎮企業等等。高等職業教育根據市場需要，針對培養的目標，創造性地辦學，這樣就能培養出創新的高素質的人才。

三、高等職業教育是特色教育

高等職業教育要強調辦出特色，任何教育都要堅持教學質量第一的標準，不講質量的教育，不堅持質量標準的教育是不得人心的，是一種失敗的教育。然而，不同教育層次、教育水平的辦學模式下的教學品質是不同的，它們有不同的品質要求，特別是高等職業教育應該適應地區經濟發展的需要，要適應各行各業的需要，因此就必須辦出特色。高等職業教育如果沒有特色，也就沒有品質。

高等職業教育必須在辦出特色中體現自己的教育水平和高品質。如果高等職業教育在一般的專業知識與理論水平上與重點大學或普通大學相比，是怎麼也比不過的，但是，如果高等職業教育辦出了特色，可能是那些大學所沒有的，是它們的畢業生所幹不了的，而高職培養的學生能幹到，而且幹得很受社會用人單位的歡迎，這就是辦出了特色，從而也就體現了高等職業教育的高品質和辦學水平。而要做到這一點，就必須堅持創新，堅持教育教學改革。

四、高等職業教育是活力教育

高等職業教育要辦出高質量、高水平，就必須使專業設置針對性準、適應性強。為此，就必須使之充滿生機和活力。

　　高等職業教育千萬不能辦成普通高等教育大專或大本的翻版，壓縮餅乾，而且不能辦得越來越死板，越來越教條，跳不出條條框框的限制，被形式主義的東西綁住手腳。

　　高等職業教育的活力主要表現在學科和專業能及時地調整，它們能及時適應各種不同時期的經濟、社會發展的需要。例如，我們到深圳考察，深圳職業技術學院適應深圳珠寶業發展的需要，就及時辦了珠寶鑒定專業，它們培養的畢業生，在當地就供不應求。深圳職業技術學院還看到深圳市大街上跑著各種進口的高級轎車，轎車跑久了，需要維護、修理，它們就設立了轎車維修專業，培養出來的畢業生也十分搶手。因此高職技術教育必須辦得靈活，才能不斷發展，要辦的靈活，就必須堅持創新。

　　總之，高職教育的實踐已充分證明，創新是高職教育發展的靈魂，只有堅持不懈地創新，發展高職教育才大有希望！

高等職業教育發展創新的基本原則

　　國家領導人談到深化科技和教育體制改革，促進教育、科技發展時，提出了「鼓勵創新、競爭和合作」的方針，這個方針同樣適用於高等職業教育的發展。任何事業的發展創新都是要遵循一定的方針和原則進行的，高等職業教育的發展創新應遵循哪些基本原則呢？

　　一、實事求是、解放思想的原則。

　　首先，高等職業教育的發展是社會和經濟發展的客觀需要。

　　就社會需要來看，一般地說，社會對人才的需求是多樣化、多層次的，因此，各級各類人才的培養都是必須的。就我國來說，一個 13 億多人口的大國，要使更多的青年接受高等教育，更高地提高全民族的科學文化素質，僅僅依靠少量的全日制普通大學是

不夠的。所以只有通過大力發展高等職業教育等辦學方式，才能使更多的人接受高等教育。

　　另外，許多普通大學特別是重點大學培養的人才，幾乎都不能回到他們出來的不發達地區工作，例如從青海、甘肅、山西等地區考進北大、清華的，能回原籍工作的可能不到 1%，因此必須培養「下得去、留得住、用得上」的深受基層和生產第一線歡迎的應用性人才，而高等職業教育所培養的學生，能更好地在當地發揮作用。

　　就發展來看，也迫切需要發展高等職業教育。根據我們在上海的考察，上海自改革開放以來，社會經濟蓬勃發展，科技水平迅速提高，這就必然促進社會人才結構的變動，其中一個顯著的標誌是對職業技術人才的急切需求，因此，發展高等職業技術教育已成為當務之急。這是因為高新技術在上海的廣泛應用，產生了許多與高新技術直接有關的職業崗位，例如數控機床加工中心的程式設計、操作和維護崗位；半導體晶片加工設備的操作崗位；電腦設備維修崗位等。隨著上海第三產業蓬勃發展也產生了眾多的與第三產業相關的崗位，如保險實務、外匯交易、銀行信貸、證券交易、信託服務等等。又隨著科學技術的發展和社會活動複雜程度的提高，在上海原有職業崗位中產生了複合特徵的職業崗位，例如機電外貿、經貿日語、商務英語、涉外秘書、電算會計、機械電子等。

　　因此，高等職業技術教育的發展創新必須從社會和經濟發展的實際出發，有針對性地培養各個專業所需要的人才，這就是實事求是的原則，也就是從社會和經濟發展的實際出發去發展創新的原則。

　　其次，高等職業教育的發展創新必須解放思想，轉變觀念。

解放思想、轉變觀念主要表現在以下兩方面：一方面要從傳統的（包括普通高教和成人高教）教育觀念轉變到嶄新的職業技術教育觀念，要從教育思想和教學內容與方法上改革創新；另一方面，要從人才的計劃培養觀念轉變到適應市場需要培養的觀念，市場人才的需要，就是高等職業教育發展創新的目標。

二、強調實踐、產學研結合的原則。

高等職業教育是實踐性很強的教育，無論從辦學的指導思想，還是教學的內容和方法，以至教學的全過程，都必須強調實踐，把產學研三者有機地結合起來。

高等職業教育的發展和創新，也必須堅持在實踐的基礎上進行，在產學研結合的過程中進行。分析國內外一些高等職業技術學院的教學內容，實踐教學環節的學時數與理論教學環節學時數，雖有懸殊，但都注重強調實踐，如法國短期技術學院的實踐教學時數占總學時的 1/2，美國密特薩克斯社區學院電氣技術專業的實踐教學時數占總學時的 46.7%，新加坡技術學院機械製造專業的實踐教學時數占總學時的 1/2，北京聯合大學電腦應用專業的理論與實踐教學比例也約為 1：1，瀋陽高專實踐教學時數平均各占 50%，而且實踐課經常在企業上，在科研單位上。

經驗證明，高等職業教育的發展和創新必須強調實踐，產學研結合。

高等職業教育發展創新的主要內容

高等職業教育相對於普通高等教育和中等職業教育，是新型的教育。因此，它需要發展創新的內容很多很多。

一、關於專業設置創新。

　　高等職業教育的專業設置不是針對學科，而是針對職業崗位或者崗位群的。學科是較穩定的，而職業崗位卻是日新月異、千變萬化的，因此大有創新的廣闊天地和機遇。它可以突破普通高校專業目錄的框框，可以根據社會和市場對人才的需要，結合職業崗位的變化，靈活地創造性地設置專業。

　　高等職業教育的專業設置必須針對性強，適用性廣，而且要能上能下，有需求就上，沒有需求就下，需要培養人才的就設，不需要的就撤，這也正是高等職業教育發展過程中的一個特色。

　　二、關於教學內容創新。

　　設置或開拓了新的專業，要培養適用性的新型人才，因此教學內容必須創新。高等職業教育中，實踐職業教育中，實踐教學佔有相當重要的位置，往往要求學生畢業時能得到「雙證（或多證）書」，而且畢業後即能上崗工作。然而，專業技能是不斷發展的，不斷在更新，因此，教學內容也必須翻新或創新。

　　高等職業教育專業還要按將來就業的崗位需求不斷設計出新課程，例如加拿大就為此創造了一種新的課程開設方法，即以滿足產業界對培訓對象的主要要求為基本原則，以某一職業崗位或崗位群體需求的職業能力為目標，組織在此類職業長期工作，經驗豐富的優秀從業人員來開發課程，這也是創新的表現。

　　三、關於師資隊伍建設創新

　　高等職業教育的師資建設主要在培養「雙師型」教師方面積極創新。深圳職業技術學院的經驗告訴我們，即使是來院任教的博士或碩士，也要下工廠，到車間，學習本專業需要的基本技能。師資隊伍建設還可採取專兼結合的措施。一方面大力培養既懂理論又懂實際的雙師型隊伍；另一方面是大量聘請社會上有實踐經

驗又有較高專業理論知識的兼職教師，這樣不僅可以使教學更加貼近現實，而且可以使專業易於調整，避免因人設課、設學科，還可以降低培養成本，密切學校與社會的聯繫，這也可謂之創新之舉。

四、關於實訓基地建設創新

發展高等職業教育，每個專業必須有相應的校內外實訓基地。現在搞實訓基地困難很多，校內經費不足，建成了使用效率不高。校外建立實訓基地困難也很多，除了經費問題外，還有是搞形式主義的。現在上海等地教育行政部門集中經費搞大家共用的實訓基地，這種創新的行動，值得我們學習。

顯然，高等職業教育中從辦學模式到教學內容體系等各個方面需要探索、發展和創新的很多，在此不再贅敘。只要我們潛下心來，以高度的事業心和責任感，實事求是，努力鑽研，大膽實踐，積極創新，我們就能為高職教育專業的發展做出應有的貢獻！

發表於《成人高等教育研究》2000 年第 6 期。

論思維方式變革與創新的主要背景

　　人類思維起初主要運用確定的、固定的、普通思維方式，後來經過變革與創新，發展出變動的、靈活的、辯證的思維方式。從一元的、簡單的思維方式創造出多元的複雜的思維方式。

　　在確定的、普通的思維方式中，最早主要使用演繹思維方式，後來經過變革與創新，產生出歸納、類比等思維方式。

　　從科學形態來看，首先出現的是古代傳統邏輯，例如古希臘亞里斯多德的邏輯學，其代表著作是《工具論》；又如中國古代的墨辯邏輯，其代表著作是《墨經》；還有就是古印度的因明學，其代表著作是陳那的《因明正理門論》、商羯羅主的《因明入正理論》等。邏輯學經過長期的變革與創新，發展出近代社會的歸納邏輯，其代表著作是英國，弗·培根的《新工具》，以及英國科學家穆勒提出的探尋因果關係的「穆勒五法」。後來又經過變革與創新，邏輯學與數學相結合，德國數學家萊布尼茨創造了數理邏輯。

　　社會發展到現代，辯證法為人類所認識，客觀辯證法通過主觀辯證法反映出來，經過一番思維方式的變革與創新，提出了辯證思維的方式，科學形態表現為辯證邏輯。

　　思維方式是主觀認識的範疇，我所說的思維方式是廣義的。它包括思維形式（例如概念、判斷、推理等）思維模型（包括非形式邏輯思維模式等），思維方法、途徑及手段等等。

　　思維方式的變革與創新都不是從天上掉下來的，也不是主觀臆生的，它們都是與人的社會實踐相聯繫，實踐的變革與創新是思維方式變革與創新的基礎與淵源。思維方式的變革與創新，進步與發展都是在一定條件與背景下產生的。具體來說，它與經濟

發展要求、政治環境，科學技術的發展，以及文化知識的儲備，傳統文化習慣等條件和背景密切相關。換句話來說，我們在討論思維方式變革與創新時，或在研究創新思維時，必須關注這些背景，研究這些背景。深入研究這些問題，對我們進行科學理論的創新、科學技術的發明創造、思維方式的轉變與革命、思維方法的更新，以至於對經濟的發展、社會的進步、人的全面素質的提高，甚至於對樹立科學發展觀，構建社會主義和諧社會，都是具有重要意義的。

一、思維方式的變革、創新與經濟發展要求的背景。

經濟的發展要求可以說是思維方式變革、創新的決定性力量。也是創新思維產生和發展的決定性因素。

經濟發展要求主要體現在生產發展的要求上。生產力發展就必然要求思維方式適應這種要求而進行轉變、變革和創新。

人類古代社會經過三次最初的社會大分工之後，生產力的發展要求生產分工進一步細化，生產的部門要具體化，職業也分化得越來越多，這時人對世界的認識形式、方式是分析的形式、方式。科學也越來越分化，科學門類也分得越來越具體。所以這時人的思維方式和形式從那種整體的、概括思維方式變革為整體分解為部分的。從概括變革為具體的思維方式，即演繹的思維方式。這就是因為經濟發展的趨勢、生產發展的要求，人們的思維方式主要以分析、演繹為主的思維方式的根源，思維科學也以演繹邏輯為主要的原因。

後來，生產越來越發展，人們要在社會生產中總結經驗，尋找規律，研究其內部的因果關係與聯繫。社會生產要不斷地進行科學實驗，從現象究其原因，這時人的認識、思維方式主要以綜合、歸納為主了。

　　到了現代社會，工廠大工業發展越來越快，生產中社會分工更加細化和複雜交錯，生產力發展的辯證聯繫機制要求人們以普遍聯繫的思維方式，以靈活的、具體的、辯證的思維方式去思考問題，認識世界。這時辯證的思維方式就成為人的主要思維方式了，這個過程從下例可以說明。

　　在中國的舊社會，直到新中國的計劃經濟時期，經濟體制是封閉的，由此決定了當時的文化和思維方式也是封閉的，比如建廟宇寺院、蓋房屋、建學校樓堂等都要封閉起來。建的寺廟都在深山之中，所謂「深山古剎」離鬧市越遠越好。百姓蓋住室都要拉上牆院，與別人家徹底隔開，尤以北京四合院為典型。每個家庭封閉後，一個家長說了算，這封閉的文化，又是高度統一的思維文化的體現。中國辦學校，特別是辦大學，也要砌上長長的圍牆，不讓外人隨意進出，與外界隔離開來，把自己封閉起來。這種封閉的經濟與文化決定了人們封閉的思維，從而形成了人們封閉的思維方式。新中國自從改革開放以後，經濟體制逐步改革，由計劃經濟逐步轉變為社會主義市場經濟體制，由封閉的閉關鎖國的經濟方式，轉變為改革開放的經濟方式，從而決定了人們思維方式的轉變、變革與創新。由封閉的變為開放的，由保守的變為革命的。現在的寺廟成為了旅遊的勝地。北京的四合院越來越少，慢慢成了「古董」。學校的圍牆，多數已被推倒。人們把東西方文化和思維方式結合起來，辯證地統一起來。

　　隨著經濟發展的要求，人的思維方式越來越靈活了，例如南開學校的創始人之一張伯苓先生為創辦南開大學，在經濟狀況十分困難的條件下四處籌款。為了發展學校，為國家培養更多有用之才，千方百計募集資金。當時有一位名聲很臭的政客也捐了錢，張先生收了。當時有人堅持反對使用這種錢辦學。說這種錢很不乾淨。張先生說：「糞水也能澆出美麗的鮮花嘛！」

筆者認為，張先生就是運用了靈活的辯證的思維方式。

中國共產黨的十一屆三中全會之後，人的思維方式的轉變、變革和創新，也是適應我國經濟發展要求而進行的。我們要把計劃經濟體制轉變為社會主義市場經濟體制，我們的思維方式也就必須轉變、變革和創新。在這方面，鄧小平為我們樹立了光輝典範。例如「白貓黑貓抓住老鼠就是好貓」的思維方式；改變「計劃與市場姓資姓社」的思維方式等等。

隨著社會主義市場經濟向縱深發展，我們的思維方式還要不斷地轉變、變革和創新。例如時任天津市人大常委會副主任王述祖說的一段話很有啓發意義：「搞開發區、保稅區需要辯證思維、創新思維。現在搞現代化，發展天津經濟，要進一步解放思想，轉變思維方式。不能再靠蓋工廠，搞粗放式生產去賺外商的錢，而要靠搞流通，加強物流管理，抓高科技、搞集約型經濟去賺錢。思維方式必須創新。」這話講得很對。

二、思維方式變革、創新和政治環境背景。

政治環境背景對思維方式的變革與創新具有特殊的潛移默化的作用。例如中國自古以來，或者說秦始皇統一中國以後，就講究統一，追求大一統，主張「合」，強調「和諧」。秦滅了六國建立大秦，統一貨幣，統一度量衡，統一文字等。儘管後來曾有朝代分裂，比如三國時期，分立魏、蜀、吳，但是每個當權者，無論是曹操、還是劉備心裡都想著統一，想著「合」。所以泱泱中華政治上的統一，政治環境的變遷，始終影響著一代又一代人們的思維方式轉變與創新。

我們中國人圍坐一圈就餐這種宴會文化和思維方式也受這種政治環境的影響：

中國人吃飯一般用圓桌（西方歐美國家的人喜歡方桌）燈火輝煌之下，高朋滿座（團團圓圓的）佳餚一道道上來擺在中間，觥籌交錯，好不熱鬧，大家歡天喜地碰杯、舉杯、夾菜都極為方便，是「合」的象徵。

中國人這種「統一」、「合」的思維方式，就是受中國社會統一、「合」的政治環境的影響。在統一和「合」的思維之中，又特別強調「和諧」。在此基礎上中國人又在不斷地創新，有人提出和諧思維方式，這就是創造性地變革和發展出的新的概念。

當然，政治環境有開明的和黑暗的、文明的和惡劣的區分。開明的、文明的政治環境有助於思維方式的變革和創新，也有利於構建和諧的社會。例如中國古代百家諸子的爭鳴，唐朝貞觀之治主張兼聽則明，偏信則暗。新中國成立之後的「雙百方針」，改革開發後的「科學的春天」。再如西方的古代科學發展，以及後來的文藝復興等等。

政治環境的黑暗和惡劣時期，人的思維方式退步、落後，例如歐洲中世紀，宗教、神學統治時期，政治環境惡化，科學受到摧殘與壓制，就連傳統的邏輯科學，也成了宗教、神學的婢女和論證工具。再如中國的「文革」時期，唯心主義橫行，形而上學猖獗，政治上大搞「鬥、批、改」。人與人之間關係十分緊張，矛盾激化，思維科學停滯，人們的思維極不和諧，因此，社會就很不穩定，武鬥到處可見，人們的思維及其方式極端混亂。歷史教訓不可忘記，我們必須努力構建和諧的政治環境，促進和諧思維建設，推動思維方式不斷創新和發展。

三、思維方式變革、創新與科學技術背景。

科學理論與科學技術的變革與創新是普遍存在的，不僅歷史上有之，而且在現代更加普遍。儘管各門學科各個時期的理論變

革與創新都各有其特殊性，各種技術發明和創造都有著具體的特徵，但是，只要是整個理論系統的重建，思維方式就必須變革與創新。例如從牛頓的力學理論發展出愛因斯坦的相對論，從賴爾的地質演化理論發展出達爾文的生物進化論，必須轉換方式，包括思維方式的轉換，科學理論才能從整個系統上轉換。特別是根據新理論的特異性原則作出對應的「合理的改寫」這是創建整個新理論系統的一種有效的方式。因此，轉換的方法在現代科學理論的變革進程中以及高新技術發明過程中是被廣泛採用的，而這種轉換是伴隨著人們的思維方式轉換的。例如波爾以對應原理指導原子光譜的研究，這是說明轉換方法的啓發性作用的典型案例。

　　波爾對有原子光譜作了細緻的研究，原子「軌道」分層模型是他的量子理論的基礎。由於量子條件的引進，因此它與經典理論存在「根本對立性」。儘管如此，他首先想到，在輻射頻率 $\gamma \to 0$ 的極限情況下，量子理論和經典理論應該得出漸近的定量結果。這種「漸進一致性」使得他在發展原子光譜的量子理論時有了一個定量上可靠的參考基準。波爾意識到「對應性處理方式」的優點恰恰在於，可以在合理改寫形式下充分發揮舊的經典理論的潛力，最大限度地利用經典理論進行分析和計算。另一方面，再用量子條件作限定，從經典的可能運動中篩選出許可的量子態運動。

　　由於轉換方法涉及前後相繼理論之間的「對應性處理」，因此常常被認爲與「類比」方法存在密切聯繫。海森伯曾說過，波爾提出的對應原理，假定在量子論和適合於所採用的思維圖景的經典理論之間有個細緻的類比。然而值得提出的是，類比所注重的只是前後相繼理論的相似性，而通過「對應論證」，所實現的轉換，卻重視新理論的特異性。「合理改寫」是對應論證的不可分割的組成部分，而能否刻畫非常理論的特異性，正是能否成功地實現轉換的關鍵。

　　科學技術的不斷發展，廣泛地影響著人的思維方式的變革與創新。在技術發明創造的過程中，過去多用十分規範的、形式化的思維方式，而隨著科學技術突飛猛進，人的思維方式越來越靈活。特別是當代人們廣泛地使用想像、聯想等自由的思維方式。提出量子假說，獲得 1918 年諾貝爾物理學獎的德國著名物理學家普朗克說，每個假設都是想像力發揮作用的產物。

　　再如獲得1979年諾貝爾生理學醫學獎的英國科學家亨斯菲爾德，原是一個沒有上過大學的實驗員，其獲獎成果主要是他將 X 光和電腦組合在一起，從而發明了 CT 掃描器。

　　許多科學家、技術發明家都認為，人們所得新知識新發明都與運用了綜合思維方式分不開。

　　四、思維方式變革、創新與文化知識儲備。

　　文化知識的儲備對思維方式的變革、創新同樣具有重要的促進或推動作用。人的知識面越寬廣，對各種文化知識的理解越深，對思維方式的變革、創新作用就越大。

　　大家知道，東西方人的文化知識背景不同，人們的思維方式就顯著不同。由於中國文化與西方歐美國家的文化有明顯的差異，因此東西方人的思維方式也就有顯著的區別。我國改革開放之後，中國文化與歐美國家的文化相互交流，就有相互補充、取長補短的裨益，從而對我國人的思維方式的變革與創新就有很明顯的促進作用。例如中國文化追求一般性、統一性，而歐美國家文化追求特殊性、具體性。

　　1999 年 10 月初，筆者隨中國企業家協會文化交流代表團訪問德國，順便也去了荷蘭、比利時、法國、義大利等國考察中小企業的文化，訪問考察後，深有體會。到了德國漢堡後，主人設宴接風，宴前請大家喝飲料。服務員首先非常禮貌地問中國朋友要

喝什麼飲料，我們保持了一段時間的沉默，誰也不出聲。後來團長講話了：「Tea！」緊接著每個團員跟著講：「Tea！」「Tea！」「Tea！」……。這充分體現了中國傳統的統一的思維方式。後來服務員又問陪客的德國朋友，他們有的說「牛奶」，有的說「果汁」，有的說「可口可樂」……，也有的說愛喝中國茶。這充分體現了德國朋友追求個性、具體性的思維方式。不僅德國朋友如此，法國人、義大利人也如此。回國前服務員再問大家，我們的回答也是各取所需了。短短幾周，我們的思維方式就發生了變革。

　　科學知識的儲備，對思維方式的變革、創新具有很大的促進和推動作用。例如從牛頓的傳統力學或稱常數力學，發展到了愛因斯坦的相對論力學，或稱變數力學，這是科學上的劃時代的革命，是有偉大意義的科學史上的創新。同樣也是思維方式的大革命，即從確定性的常數思維方式，經過一番革命發展到變動的變數思維方式。關於這次思維方式的變革與創新，愛因斯坦講到他在研究廣義相對論時是缺乏高等數學知識的，為了研究的順利，創造性地完成這項劃時代的科學研究任務，他又用了兩年補學數學，可見知識的儲備對思維方式的變革與創新是多麼的重要！

　　再如，20世紀90年代，上海要在黃浦江上架設楊浦大橋，開始提出兩種方案，一是築隧道從地下過江；一是從江上架橋，從高空過江。用哪個方案，如何決策為好？據說時任上海市市長的朱鎔基請教當時任天津市市長的李瑞環。李瑞環憑他豐富的城市建設方面的知識，提出建議：「粉要往臉上擦，不要往屁股上抹」。由此可見，一個人的思維方式的變革與創新是和他具有的文化專業知識密切相關的。後來楊浦大橋真是建在了江上，成為上海一景，去上海的人都想去參觀一番，從此楊浦大橋在國內外馳名。

　　傳說一個建築學家和一個邏輯學家到埃及去考察金字塔，一天，走到金子塔附近的一個小鎮上住下，建築工程師到街上散步，

看到一個老太太在變賣其傳家寶「黑貓」，說因孫子病了，急需用錢，要價 500 美金，這個工程師憑他深厚的建築學專業知識，一眼就看出「黑貓」的眼珠子是顆價值連城的大黑珍珠，他跟老太太說，只要貓的眼珠，而不要貓身，老太太答應了，工程師用了300 美金買下了貓的眼珠，他回到旅館後，誇耀自己揀了天大的便宜。邏輯學家聽後，認真思索一下，他也到街上去了，見賣貓的老太太還在叫賣，他走上去，把黑貓身子拿起來掂量了一下，然後他面對太陽用指甲劃了下黑貓的身子，當時就露出金黃色的條紋。他只花了 200 美金就買下，回去一查，是隻金貓。這就告訴我們，人們的專業知識不同，影響著人的思維方式的變革與創新。

發表於《和諧·思維·創新》，
天津人民出版社，2008 年 6 月版。

鄧小平科學思維方法和藝術簡論

　　所謂思維方法，是指爲完成一定的思維任務和達到一定的思維目標所採取的思維模式、程式、途徑和手段。鄧小平在設計我國改革開放的宏偉藍圖，建立建設有中國特色社會主義理論體系時，有自己的思維方法，並表現出高超的藝術性。

「從抽象到具體」的思維模式

　　鄧小平在創立建設有中國特色社會主義理論的思維過程中，主要體現了「從抽象到具體」的思維模式。他指出：

> 「我們的現代化建設，必須從中國的實際出發。無論是革命還是建設，都要注意學習和借鑒外國經驗。但是，照抄照搬別國經驗、別國模式，從來不能得到成功。這方面我們有過不少教訓。把馬克思主義的普遍真理同我國的具體實際結合起來，走自己的道路，建設有中國特色的社會主義，這就是我們總結長期歷史經驗得出的基本結論。」[155]

　　鄧小平在這裡明確提出的「建設有中國特色的社會主義」這一科學概念，是通過對國內、國際長期歷史經驗的總結而抽象概括出來的，豐富了「建設有中國特色的社會主義」這一概念的具體內容。他在 1984 年一次接見外國友人時指出：

---

[155]　《鄧小平文選》，人民出版社，1993，卷 3，頁 2—3。

> 「如果說構想，這就是我們的構想。我們還要積累新經驗，還會遇到新問題，然後提出新辦法。總的來說，這條道路叫做建設有中國特色的社會主義的道路。」[156]

到了 1992 年初，鄧小平在視察南方時指出：

> 「現在建設中國式的社會主義，經驗一天比一天豐富。經驗很多，從各省的報刊材料看，都有自己的特色。」[157]

他還具體地指出：

> 「廣東 20 年趕上亞洲『四小龍』，不僅經濟要上去，社會秩序、社會風氣也要搞好，兩個文明建設都要超過他們，這才是有中國特色的社會主義。」

在這裡，鄧小平把「建設有中國特色的社會主義」這一概念的內涵基本界定清楚了。自從中國共產黨的十一屆三中全會以後，以鄧小平為代表的中國共產黨人在總結建國以來正反兩方面經驗的基礎上，在研究國際經驗和世界形勢的基礎上，在改革開放嶄新實踐中，運用科學思維，找到了中國自己進行社會主義現代化建設的道路，經過科學抽象，在提出了「建設有中國特色的社會主義」的科學概念後，從多方面豐富它，進而創立了鄧小平建設有中國特色社會主義理論體系。這一理論體系的建立，也經歷了一個「從抽象到具體」的發展上升過程。馬克思指出：

> 「具體之所以具體，因為它是許多規定的綜合，因而是多樣性的統一。」[158]

---

[156] 《鄧小平文選》，人民出版社，1993，卷 3，頁 65。

[157] 《鄧小平文選》，卷 3，人民出版社，1993，頁 372。

[158] 《馬克思恩格斯選集》，卷 2，人民出版社，1972，頁 103。

　　「建設有中國特色的社會主義」這一科學理論體系，首先把握了社會主義的本質，第一次比較系統地初步回答了中國這樣的經濟文化比較落後的國家，如何建設社會主義、如何鞏固和發展社會主義的一系列基本理論問題，諸如思想路線的理論、社會主義發展道路的理論、發展階段的理論、根本任務的理論、發展戰略的理論、發展動力的理論、對外開放的理論、政治體制改革的理論、精神文明建設的理論、政治保證的理論、外交戰略的理論、祖國統一的理論、依靠力量的理論、國防建設的理論、領導核心的理論等。

　　由此可見，鄧小平創建的建設有中國特色社會主義理論的思維過程，充分體現了他所運用的「從抽象到具體」的科學思維模式。可以說，他的理論思維基本形成為「從抽象到具體」的科學思維方法網，並用這些科學的思維方法指引我們偉大祖國改革開放和社會主義現代化建設不斷勝利前進。

　　鄧小平的「從抽象到具體」的思維模式，是對馬克思主義「從抽象上升到具體」思維方法的運用和發展。馬克思說：

> 「從抽象上升到具體的方法，只是思維用來掌握具體並把它當作一個精神上的具體再現出來的方式。但決不是具體本身的產生過程。」[159]

　　馬克思所說的從抽象上升到具體的方法，決不能脫離開實際，而思維必須從具體事實出發。因此馬克思明確指出：

> 「研究必須充分地佔有材料，分析它的各種發展形式，探尋這些形式的內在聯繫。」[160]

---

[159]　《馬克思恩格斯選集》，卷 2，頁 103。
[160]　《資本論》，卷 1，人民出版社，1975，第 2 版跋，頁 23。

　　鄧小平運用科學思維的「從抽象上升到具體」的方法，從客觀實際出發經過概括和總結，抽象出科學的概念，以後經過認識的不斷深化，認識內容的不斷豐富，使抽象的概念發展爲具體概念，直到發現具體真理，形成科學的理論。因此，鄧小平的「從抽象到具體」的科學思維模式是對馬克思的從抽象上升到具體方法的有效應用，並創造性地發展了馬克思主義的從抽象上升到具體的方法。

　　之所以說鄧小平科學思維的「從抽象到具體」的模式又是一個科學思維的方法網，是說這個模式中包含著一系列的科學思維方法，如「具體地分析具體情況」的方法，分析與綜合相結合的方法，歸納與演繹相聯繫的方法，邏輯與歷史相統一的方法等。

「既靈活又創新」的思維藝術

　　鄧小平在構思改革開放和社會主義現代化建設藍圖時，在創立建設有中國特色社會主義理論體系中，表現了超凡的總設計師的思維藝術才能。

　　鄧小平科學思維的藝術主要表現在靈活與創新的高度統一和結合上，這在當代中國革命和建設的舞臺上，表演得非常成功，取得了舉世矚目的成就，在世界大舞臺上也產生了極大的影響。他的靈活和創新的思維藝術主要表現在以下幾個方面：

一、審時度勢。

毛澤東指出：

> 「領導人是依照每一具體地區的歷史條件和環境條件，統籌全
> 局，正確地決定每一時期的工作重心和工作秩序，要把這種決定
> 堅決地貫徹下去，務必得到一定結果，這是一種領導藝術。」[161]

鄧小平作為新中國的第二代領導集體的核心，以他高超的審
時度勢的領導藝術和卓越的才能，領導中國人民衝破了一切艱難
險阻，取得了輝煌的成就。所謂審時度勢，就是要正確地觀察時
機，科學地分析形勢，而採取恰如其分的領導行為。要做到這一
點，關鍵要抓住三點：一要抓住時機，二要分析周圍情況，三要
發展自己。

正如鄧小平指出的：

> 「抓住時機，發展自己，關鍵是發展經濟。現在，周邊一些國家
> 和地區經濟發展比我們快，如果我們不發展或發展得太慢，老百
> 姓一比較就有問題了。」[162]

審時度勢的思維藝術還表現在「必須保持清醒的頭腦」，恰如
其分地認清形勢和事物。例如在改革開放的過程中，鄧小平指出：

> 「有右的東西影響我們，也有『左』的東西影響我們，但根深蒂
> 固的還是『左』的東西。」

> 「右可以葬送社會主義，『左』也可以葬送社會主義。中國要警惕
> 右，但主要是防止『左』。」

> 「把改革開放說成是引進和發展資本主義，認為和平演變的主要
> 危險來自經濟領域，這些就是『左』。我們必須保持清醒的頭腦，
> 這樣就不會犯大錯誤，出現問題也容易糾正和改正。」[163]

---

[161]　《毛澤東選集》，人民出版社，1991，卷3，頁856。

[162]　《鄧小平文選》，卷3，頁375。

[163]　《鄧小平文選》，卷3，頁375。

二、綿裡藏針。

綿裡藏針是靈活性和原則性相結合的思維藝術。就是說，在思維過程中，既有堅持原則立場的堅定性，又要發揮解決問題方法的靈活性。鄧小平在他對許多重大問題決策時，把這種藝術運用得非常卓越，可以彪炳史冊。例如他在處理香港回歸祖國的問題上提出的「一個國家，兩種制度」的決策，就是最典型的範例，是高超藝術性的表現。

鄧小平在對國內一些重大問題的決策方面也表現出了「綿裡藏針」的藝術性。例如對十一屆三中全會的路線、方針、政策的看法，就表現出了「綿裡藏針」的藝術。他說：

> 「在這短短的十幾年內，我們國家發展得這麼快，使人民高興，世界矚目，這就足以證明三中全會以來路線、方針、政策的正確性，誰想變也變不了。說過去說過來，就是一句話，堅持這個路線、方針、政策不變。」

> 「這次十三屆八中全會開得好，肯定農村家庭聯產承包責任制不變。一變就人心不安，人們就會說中央的政策變了。」

> 「像這一類的問題還有不少，如果處理不當，就很容易動搖我們的方針，影響改革的全局。城鄉改革的基本政策，一定要長期保持穩定。」

他又說：

> 「當然，隨著實踐的發展，該完善的完善，該修補的修補，但總的要堅定不移。」[164]

鄧小平把堅定的原則性和多變的靈活性的藝術運用得十分出色。

---

[164] 《鄧小平文選》卷3，頁371。

三、多謀善斷。

這是指在決策過程中，既有謀略，又能判斷準確，並能當機立斷的思維藝術。

鄧小平關於多謀善斷的思維藝術，發表過許多講話。他在 1948 年作的《躍進中原的勝利形勢與今後的政策策略》報告中，很讚賞毛澤東的多謀善斷的思維藝術。

鄧小平領導中國人民進行改革開放和社會主義現代化建設時，也充分發揮了多謀善斷的思維才能。從 1975 年主持國務院的工作到黨的十一屆三中全會以後領導全黨和全國人民開展千頭萬緒的工作，都能多謀善斷，正如他在《堅持社會主義，堅持和平政策》中所說：

> 「十億人的中國堅持社會主義，十億人的中國堅持和平政策，做到這兩條，我們的路就走對了，就可能對人類有比較大的貢獻。」[165]

四、敢試敢創。

所謂敢試敢創，就是要解放思想，轉變觀念。思考問題時，要敢於試驗，敢於創新。這也是高超思維藝術的表現。鄧小平的敢試敢創的卓越思維藝術，也是很值得我們認真學習和效法的。

首先，要有一點敢闖敢冒的精神。鄧小平指出：

> 「改革開放膽子要大一些，敢於試驗，不能像小腳女人一樣。看準了的，就大膽地試，大膽地闖。深圳的重要經驗就是敢闖。沒有一點闖的精神，沒有一點『冒』的精神，沒有一股氣呀、勁呀，就走不出一條好路，走不出一條新路，就幹不出新的事業。」[166]

---

[165]　《鄧小平文選》卷 3，頁 158。

[166]　《鄧小平文選》卷 3，頁 372。

其次，要有敢破敢立的精神。以前人們把計劃經濟與社會主義劃等號，把市場經濟與資本主義劃等號。而鄧小平指出：

> 「計劃多一點還是市場多一點，不是社會主義與資本主義的本質區別。計劃經濟不等於社會主義，資本主義也有計劃；市場經濟不等於資本主義，社會主義也有市場。計劃和市場都是經濟手段。」[167]

這段論述，就是對以往的社會主義經濟理論的重大突破，爲建立社會主義市場經濟體制指明方向。鄧小平科學思維藝術的內容非常豐富，以上介紹的只不過是鳳毛麟角，更多更深的發掘還有待於今後認真學習和探究。

發表於《理論與現代化》1997 年第 10 期。

---

[167] 《鄧小平文選》卷 3，頁 373。

鄧小平理論的創新思維模式再探

　　筆者在 1997 年第 10 期《理論與現代化》雜誌上發表的《鄧小平科學思維方法和藝術簡論》中，專門探討了鄧小平理論體系中「從抽象到具體」的思維模式，認為鄧小平在創立建設有中國特色社會主義理論的思維過程中，主要體現了「從抽象到具體」的創新思維模式。鄧小平理論是對馬列主義和毛澤東思想的繼承和發展，是既有繼承，又有創新的偉大理論。在我們深入學習和研究鄧小平理論時，認真研究和探討鄧小平理論體系中的創新思維模式，對促進這一偉大理論的發展，是有重要意義的。

　　最近閱讀由陝西人民出版社出版的專著《鄧小平理論體系研究》，該專著指出，鄧小平理論體系的歷史起點是 20 世紀 60 年代的「貓論」和 70 年代中期的「全面整頓」。作者認為，馬克思主義經典作家關於社會主義事業的論述，毛澤東等第一代領導集體探索社會主義建設道路的經驗教訓及其思想成果，是鄧小平理論的基礎和前提，構成了鄧小平理論的起點。作者還認為，鄧小平理論體系的邏輯起點是發展社會主義生產力。所謂邏輯起點，是指理論胚芽時期即包含著的貫穿整個體系中的最基本的核心內容和主要觀點。它既是理論的出發點、著眼點，又是理論的立足點和落腳點。該專著強調，鄧小平理論的邏輯起點是發展社會主義生產力。

　　近來又讀海南出版社 1998 年 12 月出版的由靳輝明主編的《中國特色社會主義理論體系研究》一書，該書從新的層面上拓展了鄧小平理論體系的研究，它強調，中國特色社會主義理論體系是科學社會主義在當代中國堅持和發展的生動活潑的實踐的必然產

物，是結合新的歷史條件對馬列主義、毛澤東思想的創造性發展，是一種符合事物客觀規律的理論創新，是科學社會主義學說的偉大歷史進步。該書把建設有中國特色的社會主義理論體系，即鄧小平理論體系放在歷史與現實的交匯點上加以研究和定位，較好地體現了理論體系的形成規律。

最近還讀了由山西人民出版社於1999年6月出版的學術專著《鄧小平理論的內在邏輯和歷史發展》。該專著指出，從馬克思到鄧小平，科學社會主義理論在實踐中經歷了不斷從抽象到具體的邏輯發展。該書強調鄧小平理論誕生於當代中國改革開放和現代化建設的具體實踐之中，並表現了邏輯與歷史的科學統一。鄧小平在創立這一理論的過程中，始終走在實踐的最前頭，走在歷史的最前頭。每當歷史進入一個新的階段，他的思維活動也就走上一個新的臺階。他的每一篇著作都是對歷史和實踐的總結，每一個思想都有其由來和發展。正因為遵循了歷史，邏輯也就變得非常清晰，這便是邏輯的線索清楚地表現在歷史的發展之中，是邏輯與歷史統一的光輝典範。

以上著作，都深入研究和論述了鄧小平理論體系的構成問題，也都涉及到了這一理論體系的邏輯思維模式問題，即創新思維的模式問題。實際上，上述著作都涉及到了鄧小平理論體系的歷史起點，邏輯起點，發展線索等問題。筆者認為，他們的研究是深刻的、很有啟發性的。本文就鄧小平理論的創新思維模式問題再做一些探討。

一、鄧小平理論的邏輯起點問題。

鄧小平在中國共產黨的十二大開幕詞中指出：

「我們的現代化建設，必須從中國的實際出發，無論是革命還是建設，都要注意學習和借鑒外國經驗。但是，照抄照搬別國經驗，

別國模式，從來不能得到成功。這方面我們有過不少教訓。把馬克思主義的普遍真理同我國的具體實際結合起來，走自己的道路，建設有中國特色的社會主義，這就是我們總結長期的歷史經驗得出的基本結論。」[168]

鄧小平在這裡明確提出的「有中國特色的社會主義」這一科學概念，是通過對國際、國內長期的科學社會主義運動歷史經驗的總結而抽象概括出來的。「有中國特色的社會主義」這一科學的概念，就是鄧小平理論的邏輯起點或出發點。

「有中國特色的社會主義」之所以能成為鄧小平理論的邏輯起點或出發點，首先，它能反映社會主義的本質，即解放和發展社會生產力。這一科學概念在鄧小平理論體系中是最簡單、最一般的抽象規定，這也是該邏輯起點客觀實在性的表現。我認為，鄧小平理論的歷史起點是「改革開放」和「以經濟建設為中心」的具體實施。而「有中國特色的社會主義」這一邏輯起點與這個歷史起點是一致的，突出表現了邏輯與歷史的統一。其次，作為邏輯出發點的規定，「有中國特色的社會主義」能反映對象整體中的最基本的規定，即「有中國特色」。第三，它包含認識物對象（中國社會主義）整體中的一切矛盾胚芽。「有中國特色的社會主義」這一科學概念，能把在建設它的過程中的所有複雜的矛盾包含進去。這正像列寧所指出的：

「馬克思在《資本論》中首先分析資產階級社會（商品社會）裡最簡單、最普遍、最基本、最常見、最平凡，碰到過億萬次的關係—商品交換，這一分析從這個最簡單的現象中（從資產階級的這個「細胞」中）揭示出現代社會的一切矛盾（或一切矛盾的胚芽），往後的敘述向我們表明這些矛盾和這個社會的發展，在這個

---

[168] 《鄧小平文選》，卷3，人民出版社，1993，頁2—3。

社會的各個部分總和中的，從這個社會的開始到終結的發展（既是生產又是運動）。」[169]

作為邏輯起點的「有中國特色的社會主義」在鄧小平理論中也是如此的。

二、鄧小平理論的「上升」和具體化。

鄧小平理論從「有中國特色的社會主義」這一科學抽象規定出發，後來經過中國改革開放的實踐，逐步取得了豐富的經驗，因而豐富了「有中國特色社會主義」的具體內容，正如鄧小平在1984年一次接見外國友人時指出：

「如果說構想，這就是我們的構想。我們還要積累新經驗，還會遇到新問題，然後提出新辦法。總的來說，這條道路叫做建設有中國特色的社會主義的道路。」[170]

到1992年，鄧小平在視察南方時指出：

「現在建設中國式的社會主義，經驗一天比一天豐富。經驗很多，從各省的報刊材料看，都有自己的特色。」

他還具體地指出：

「廣東20年趕上亞洲『四小龍』，不僅經濟要上去，社會秩序、社會風氣也要搞好，兩個文明建設都要超過他們，這才是有中國特色的社會主義。」[171]

在這裡鄧小平把「有中國特色的社會主義」這一科學概念的內涵基本界定清楚了。

---

[169] 《列寧全集》卷38，頁409。

[170] 《鄧小平文選》，卷3，頁65。

[171] 《鄧小平文選》，卷3，頁375。

　　自中國共產黨十一屆三中全會以後，以鄧小平為代表的中國
共產黨人，在總結建國以來正反形勢的基礎上，在研究國際經驗
和世界形勢的基礎上，在改革開放的嶄新實踐中，運用科學思維
和創新思維，找到了中國自己進行偉大的社會主義現代化建設的
道路，在經過科學抽象之後，又從多方面豐富「有中國特色的社
會主義」這一科學概念的內容，進而創立了鄧小平理論的體系。
這一理論體系的建立，同樣也經過了一個「從抽象到具體」的發
展上升的過程。馬克思指出：

　　　「具體之所以具體，因為它是許多規定的綜合，因而是多樣性的
　　　統一。」[172]

　　鄧小平理論這一科學的理論體系，首先把握了社會主義的本
質，第一次比較系統地回答了在中國這樣的經濟文化比較落後的
國家裡，如何建設社會主義，如何鞏固和發展社會主義的一系列
基本理論問題，諸如思想路線即解放思想、實事求是的理論；走
社會主義發展道路的理論；社會主義發展階段理論；建設社會主
義現代化根本任務的理論；按「三步走」的發展戰略理論；堅持
改革開放的發展動力理論；社會主義精神文明建設理論；穩定發
展的政治保證理論；「一國兩制」與和平統一祖國的理論；世界和
平發展的理論；以及依靠力量的理論和党的領導核心作用的理論
等等。

　　三、鄧小平理論的「從抽象到具體」的創新思維模式，是對
　　馬克思主義「從抽象上升到具體」科學思維方法的運用和發
　　展。

　　馬克思說：

---

[172]　《馬克思恩格斯選集》，卷 2，頁 103。

「從抽象上升到具體的方法，只是思維用來掌握具體並把它當作一個精神上的具體再現出來的方式。但決不是具體本身的產生過程。」[173]

馬克思所說的從抽象上升到具體的方法，決不能脫離客觀實際，決不能脫離開社會實踐，而思維必須從具體的實際和實踐出發。因此，馬克思明確指出：

「研究必須充分佔有材料，分析它的各種發展形式，探尋這些形式的內在聯繫。」[174]

鄧小平理論是實踐性極強的理論，首先它誕生於我國改革開放和社會主義現代化建設的偉大實踐之中。雖然，從馬克思恩格斯到列寧、史達林，再到毛澤東，科學社會主義理論在實踐的基礎上經歷了不斷從抽象到具體的邏輯發展，這些都可以供鄧小平進行科學的概括和總結。然而更深刻的總結，還是來自於當代中國改革開放的偉大實踐。其次，鄧小平理論對今後的中國社會主義現代化建設的實踐，具有極大的指導意義，是社會主義各項事業的根本指針。同樣，鄧小平運用科學思維的「從抽象上升到具體」的方法，也是從客觀實際和社會實踐出發，經過科學的概括和總結，以後又經過認識的不斷深化，認識內容的不斷豐富，使抽象的概念發展為具體概念，直到發現具體真理，形成科學的理論。因此，鄧小平的「從抽象到具體」的創新思維模式是對馬克思的抽象上升到具體方法的創造性的有效的應用，並創造性地發展了馬克思主義的從抽象上升到具體的方法。

鄧小平理論及其理論體系的創立過程，充分體現了他所運用的「從抽象到具體」的創新思維模式。這是鄧小平科學認識論的

---

[173]　《馬克思恩格斯選集》，卷2，頁103。

[174]　《資本論》，卷1，人民出版社，1975，第23頁。

傑出成果，是認識具體真理的有效途徑。這一創新思維模式能具體指引我們偉大社會主義祖國的進一步改革開放的實踐，使我們偉大祖國的社會主義現代化建設事業不斷勝利前進！

鄧小平理論體系中的創新思維已基本形成了「從抽象到具體」的科學思維方法網路，因為它包含著一系列的創新思維方法，既有邏輯的方法，也有非邏輯的方法，諸如分析與綜合相結合的方法、歸納與演繹相統一的方法、邏輯與歷史相一致的方法，以及對立互補的方法等等。所有這些，對於創新思維方法論是巨大的貢獻。

四、鄧小平理論中的創新思維模式是開放的、發展的。

鄧小平理論體系的終點是建成「有中國特色的社會主義」，這是鄧小平認知理論成果的具體實現，它完成了對這一具體真理的認識。然而，鄧小平理論中的創新思維模式不是僵化的、封閉的，而是不斷發展的、開放的。這是因為歷史現實和社會實踐是不斷發展的，人的思維方法、思維方式、思維模式也要相應地有所發展。這就體現了邏輯認識與其它思維認識與歷史發展的一致。當代中國建設有中國特色的社會主義事業是不斷發展的，在我們前進的道路上，將會出現許多新情況、新問題，我們在認識這些新情況，處理這些新問題時，肯定要提出新概念、新理論，因此也將不斷豐富和發展鄧小平提出的建設有中國特色的社會主義理論。

總之，深入研究和把握鄧小平理論體系中的「從抽象到具體」的創新思維模式，對鄧小平理論的發展，對我們堅定建設有中國特色社會主義的信心，以至於使社會主義、共產主義的偉大旗幟在全世界高高飄揚，都有重大的意義！

發表於《邏輯研究文集》，
西南師範大學出版社 2001 年 10 月版。

論經濟體制改革與創新思維

國家領導人在中國共產黨第十五次全國代表大會上的報告中指出：

> 「高舉鄧小平理論偉大旗幟，把建設有中國特色社會主義事業全面推向 21 世紀。」

> 「把我們的事業全面推向 21 世紀，就是要抓住機遇而不可喪失機遇，開拓進取而不可因循守舊，圍繞經濟建設這個中心，經濟體制改革要有新的突破，政治體制改革要繼續深入，精神文明建設要切實加強，各個方面相互配合，實現經濟發展和社會全面進步。」

這些話爲中國人民在我國又一個發展的關鍵時刻，明確地指明了前進方向，部署了任務。還爲完成上述偉大任務提出了方法論的要求：創新和發展。要改革就必須創新，要有新的突破；要創新，就要開拓進取而不可因循守舊；要發展，就要各個方面相互配合，實現經濟發展和社會全面進步。

本文是筆者學習「十五大報告」的一點體會，僅就經濟體制改革呼喚創新思維，以及創新思維是經濟體制改革的重要思維方式，發表一些拙見。

一、經濟體制改革呼喚創新思維。

從歷史上看，古往今來的改革事業必然要求有創新的思想和創新的思維方式。

歐洲的資產階級革命就是在創新的思想和思維方式的指導下實現的。16 世紀以前，歐洲處於中世紀時期，整個歐洲在政治上被教會所統治，思想上被宗教神學所束縛。社會生產遭受嚴重破

壞，人民生活處於水深火熱之中。在文藝復興時期，人們在思想上，把鋒芒指向反動的天主教會，反對唯教會、唯聖經之命是從；在思維方式上提倡科學，提倡自由，提倡創新。這種創新的思想和思維方式，對人們的思想起了很大的解放作用，爲即將到來的資產階級革命作了思想準備。後來就相繼發生了英國的資產階級革命和法國的資產階級大革命，使歐洲歷史進入了一個新時代。如同英國和法國一樣，德國思想家們的創新哲學和創新思維方式也爲德國的資產階級革命作了輿論準備。

　　我國歷史上的改革也是如此。英美帝國主義的大炮衝破了大清帝國的僵化保守，即使是頑固派也頂不住了，出現了一些人想搞改革。但他們仍堅持「中學爲體、西學爲用」，表面上要改革，而思想、行動上不創新，結果是社會的革新不可能成功。後來出現了嚴復、康有爲、梁啓超等人向西方追求真理，引進了西方資產階級思想，西方的新思想對中國的資產階級民主改革發揮了一定作用。但由於不合中國國情，這些改革仍然不能成功。十月革命的一聲炮響，爲我國送來了馬克思列寧主義，中國革命才真正起了變化。進而，中國革命的成功與否，很大程度上取決於革命政黨對馬克思列寧主義的理解和應用的程度。中國共產黨成立初期，馬列主義水平不高，主觀主義與盲從性很強，因此，革命雖然取得了一定程度的勝利，最後還是由於指導思想的錯誤，導致了嚴重的挫折，被迫進行了兩萬五千里長征。後來是毛澤東把馬列主義與中國革命的具體實踐進行了創造性的結合，中國革命才走上健康發展的道路。確定正確路線的領導固然重要，但如果沒有全黨在思想和思維方式方面的不斷創新和深刻的變革，革命仍然不能成功。毛澤東親自領導的延安整風一個重要的內容，就是進行世界觀的改革，反對一切主觀主義，提倡學習馬列主義和科

學創新的思維方式。可以說，沒有延安整風就沒有抗日戰爭乃至解放戰爭的偉大勝利。

所謂創新，首先要有創新的觀念、創新的意識和創新的思維。爾後在創新思想的指引下，產生創新的行為和創新性的實踐。

那麼，什麼是創新思維呢？一般地說，創新思維是指富有創造力的思考方式，或能產生創造性成果的新穎獨特的思維類型。

在社會主義現代化建設和發展社會主義市場經濟的過程中，尤其在經濟體制改革中，更需要創新思維和創造性的實踐。

從中國共產黨的十一屆三中全會以來，我國人民的三次思想大解放，以及由此產生的三次社會主義經濟理論的大突破，都是運用創新思維所取得的偉大成果。

第一次是在 1978 年，在「文化大革命」結束以後，當時中國正面臨著向何處去的關鍵歷史時刻，鄧小平發表了《解放思想，實事求是，團結一致向前看》的重要講話，從而衝破了「兩個凡是」的嚴重禁錮，並提出了把黨的工作著重點從以階級鬥爭為綱轉移到以經濟建設為中心上來，進而開創了建設有中國特色的社會主義新道路。

第二次是在 1992 年，當時我國處於國內外政治風雲變幻的嚴峻考驗的重要歷史關頭，鄧小平視察了我國南方，發表了著名的南方談話，精闢地回答了長期以來束縛人們思想的許多重大問題與經濟理論問題。比如他指出：

> 「計劃多一點還是市場多一點，不是社會主義與資本主義的本質區別。計劃經濟不等於社會主義，資本主義也有，市場經濟不等於資本主義，社會主義也有市場。計劃和市場都是經濟手段。」[175]

---

[175] 《鄧小平文選》，卷 3，人民出版社，1993，頁 373。

　　學習這段談話，對於人們轉變觀念，解放思想發揮了巨大的作用，對以往的經濟理論是重大的突破，在全國又掀起了一次經濟建設的狂瀾，從而把我國的改革開放和社會主義現代化建設事業又推進到了一個新的階段。

　　第三次就是 1997 年，在世紀之交的新形勢下，中國共產黨第十五次全國代表大會勝利召開。大會高舉鄧小平理論偉大旗幟，全面貫徹「一個中心兩個基本點」的基本路線，堅決落實解放思想、實事求是的思想路線，這一路線清楚明白的體現在「十五大報告」的各個部分中。在「經濟體制改革和經濟發展戰略」問題上，報告明確指出：以公有制為主體，多種所有制經濟共同發展，是我國社會主義初級階段的一項基本經濟制度。報告指出，要全面認識公有制經濟的含義。公有制經濟不僅包括國有經濟和集體經濟，還包括混合所有制經濟中的國有成分和集體成分。公有制的主體地位主要體現在：公有資產在社會總資產中佔優勢；公有經濟控制國有經濟命脈，對經濟發展起主導作用。公有資產佔優勢，要有量的優勢，更要注重質的提高。國有經濟起主導作用，主要體現在控制力上。關於公有制的實現形式，十五大報告指出：公有制實現形式可以而且應當多樣化。一切反映社會化生產規模的經營方式和組織形式都可以大膽利用。要努力尋找能夠極大促進生產力發展的公有制實現形式。報告還明確地指出：股份制是現代企業的一種資本組織形式，有利於所有權和經營權的分離，有利於提高企業和資本的運作效率，資本主義可以用，社會主義也可以用。不能籠統地說股份制是公有還是私有，關鍵看控股權掌握在誰的手中。國家和集體控股具有明顯的公有性，有利於擴大公有資本的支配範圍，增強公有制的主體作用。目前城鄉大量出現的多種多樣的股份合作制經濟，是改革中的新事物，要支持和引導，不斷總結經驗，使之逐步完善。勞動者的勞動聯合和勞

動者的資本聯合為主的集體經濟，尤其要提倡和鼓勵。同時指出：建立現代企業制度，是國有企業改革的方向，對國有大中型企業實行規範的公司制改革，是企業成為適應市場的法人實體和競爭主體。把國有企業改革同改組、改造、加強管理結合起來。採取改組、聯合、兼併、租賃、承包經營和股份合作制、出售等形式，加快放開搞活國有小企業的步伐。還提出了完善分配結構和分配方式。堅持以按勞分配為主體、多種分配方式並存的制度。把按勞分配和按生產要素分配結合起來，堅持效率優先，兼顧公平，有利於優化資源配置，促進經濟發展，保持社會穩定；充分發揮市場機制的作用，健全宏觀調控體系；加強農業基礎地位，調整和優化經濟結構。實施科教興國戰略和可持續發展戰略。在談到深化科技和教育體制改革，促進科技、教育同經濟的結合時，江澤民同志強調：「鼓勵創新、競爭和合作。」「十五大報告」中提出的這一系列的方針，一方面在社會主義經濟理論上有了重大突破；另一方面，也體現了馬克思主義的解放思想實事求是的精神，解除了以往許多幹部和群眾的思想上的困惑，從而對於實現「兩個根本性轉變」，促進經濟體制改革都將發揮重要作用，也必須推動我國社會生產力的快速發展。

綜上所述，我們可以得出以下幾點認識：

第一，創新，是一個民族的靈魂，是社會改革的靈魂，也是我國發展社會主義市場經濟和進行經濟體制改革的靈魂。第二，創新思維是建設社會主義現代化，以及進行經濟體制改革的有效思維方式。第三，我們必須重視對創新和創新思維的研究，並充分應用創新思維這一科學思維工具。

二、創新思維是經濟體制改革的重要思維方式。

　　十五大報告指出：「我們提出的經濟改革和發展的目標和任務，反映了人民的根本利益，要依靠人民的積極性和創造精神，依靠人們的艱苦奮鬥來實現。只要我們堅持正確的政策，把各方面的積極性引導好、保護好、發揮好，就一定能夠在我國成功地建立起社會主義市場經濟體制，實現國民經濟持續快速健康發展。」這是對抓好經濟體制改革任務的總體要求，其中包括依靠人民的積極性和創造精神，當然包括運用創新思維方式。爲什麼這麼說呢？

　　第一，創新思維是一種具有創造性的思維活動。

　　這是因爲創新思維除了具有反應認識對象內容的客觀性和反映形式的主觀性以外，它還具有能動性作用。就是說，它能應用思維中的聯想與想像，類比與歸納等創造性的思維方式和方法，突破原來的認識範圍和已經形成的理論框架和內容。我們以對社會主義市場經濟的認識爲例，鄧小平在 1992 年南巡以後，把馬克思主義與中國經濟體制改革的實踐相結合，創造性地運用理論思維、創新思維，對市場經濟進行全面分析後指出，計劃經濟不等於社會主義，市場經濟不等於資本主義，這就從根本上突破了原來的「姓資姓社」的理論框架和內容，從而爲構建嶄新的社會主義市場經濟理論奠定了理論基礎。再如對改革開放中企業的認識，也只有運用創新思維及其科學的思維方法和藝術，才能取得突破性的進展。從 1984 年召開的十二屆三中全會以後，我國城市經濟體制改革全面展開，而其中最主要的是進行公有制企業的改革，特別是大中型企業的改革。近十多年來，改革經歷了十分艱難的歷程。一方面，我們以鄧小平建設有中國特色的社會主義理論爲指導，並運用科學的理論思維方式和藝術，提出了一種新的企業改革的制度——現代企業制度。十五大報告指出：「建立現代企業制度是國有企業改革的方向。」要按照「產權清晰、權責明確、政企分開、管理科學」的要求，對國有大中型企業實現規範

的公司制改革，是企業成爲適應市場的法人實體和競爭主體。現代企業制度的建立將有利於生產效率的提高，有利於公有制經濟的發展和增值，有利於社會生產力的發展。

第二，創新思維能夠深入反映認識對象的本質。

作爲認識的對象既有現象的方面，又有本質的方面，感性認識反映的往往是對象的現象，而理性認識才能反映對象的本質。而理論思維和創新思維是屬於理性認識活動，所以它們最能認識對象的本質，或深入認識和發展事物的深層次的本質。例如我們要進行經濟體制改革，首先要認清經濟體制改革的本質是什麼？這就必須要進行創新的思考，運用創新思維。我國的經濟體制改革是社會主義改革的重要組成部分，而社會主義改革與歷史上的其它改革有本質的不同，社會主義改革的實質是社會主義制度的自我完善和自我發展。社會主義改革不是從根本上改變社會主義制度，而只是從社會主義生產關係和上層建築方面，變革那些不適應生產力和經濟基礎發展的部分，而代之以創新的管理體制與運營機制。經濟體制的改變就在於實現「兩個根本性轉變」。再如我們必須正確應用創新思維認清社會主義市場經濟的本質。關於市場經濟，特別是前所未有的社會主義的市場經濟，它們的表現真可謂是琳琅滿目，千姿百態，既有現象包裝，又有豐富的本質內涵。它們的現象是表現於外表的，是可以直接感知的；既然它們的深層的本質是潛伏於內部的，運用感官是不能認識的，所以只有透過現象，深入其內部，才能認識其本質。這就必須運用理論思維和創新思維，以新思想新觀念作指導，對其現象進行分析和綜合，抽象和概括，探察其內涵，抓住其本質。市場經濟有供應、生產、銷售等多方面的表現，然而市場經濟與計劃經濟相比，一個最根本的區別就是強調市場的基礎性，基礎是市場，幹什麼都要按市場要求辦事。但是企業又要敢於改變市場經濟初期的觀念：首先不能看到市場上什麼賺錢就上什麼項目。有的企業上項

目，雖然事前做了市場調研，但只注意現狀，不注意、不瞭解市場變化的趨勢，再加上項目的建成投資需要時間，人們的需求熱點又在不斷變化，因此結果往往達不到預見的結果。其次，不能看到別人上什麼項目就跟著跑。現在有的企業進行項目決策，不從自己的客觀情況能力出發，而是跟著別人，亦步亦趨。最後要改變上面說什麼就跟著上什麼的觀念，上級政府與部門往往是從全局出發考慮問題的。每個企業和地區都有自己的實際情況，不能「唯書唯上」。搞市場經濟必須認清其本質。市場經濟的本質就是要讓市場在國家宏觀調控下「發揮市場機制在資源配置中的基礎性作用」。因此，要認識市場經濟的本質，就必須運用理論思維和創造性思維。

第三，創新思維能發現和反映認識對象的規律。

任何對象都有它的運動、變化和發展規律。而事物的規律不是感官所能直接認知的，同樣需要理論思維和創新思維去認識、總結和概括。還以認識市場經濟為例，人們通過比較、抽象、分析與綜合，發現了三條基本規律，即價值規律、供求規律和優勝劣汰規律。三條基本規律體現出了市場經濟的競爭性。首先，競爭是通過價格實現的，產品的價格是產品價值的貨幣表現，是產品價值的反映，是產品包含的社會平均勞動量。如果一個企業管理得好，消耗的社會平均勞動量就少，成本就低，利潤就高。如果一個企業管理得不好，消耗的社會平均勞動量就多，成本就高，利潤就少。其次，競爭還表現在供求規律中，在供求方面，供大於求的產品，價格自然就下降，供小於求的產品，價格就要上升。這樣就必須形成競爭。最後，企業通過競爭，必然有的勝利，有的失敗，勝者生存，劣者被淘汰，這就是優勝劣汰的規律。要深入認識這些規律，掌握這些規律，尤其要應用這些規律於經濟體制改革，如果沒有理論思維，沒有創新思維，就無法把經濟體制改革推向前進。

　　第四，創新思維能全面地認識和反映對象。

　　創新思維還能幫助人們深入全面地看問題：一方面能看到事物的各個方面；另一方面又能看到各個方面的聯繫和「仲介」；再一方面還能看到這個事物與其它事物之間的普遍聯繫。這三個方面的統一，就是全面性的觀點。看不到事物的諸多方面，只看到某一方面，是片面性的觀點；只看到各個方面及其對立和差別，看不到它們的統一和仲介，也是片面性的觀點；如果看不到一事物與它事物的聯繫，仍然是片面性的觀點。還以認識市場經濟為例，人們正確運用了理論思維與創新思維的方法，就能既認識到它的有利方面，又能認識其不利方面；既能認識其基礎性、競爭性、開放性，又能認識其政府的宏觀調控性。市場經濟不是孤立存在的，它還與一個國家或一個地區的政治、文化、民族、風俗習慣以及許多事物相關，如果企業家們不全面認識這些事物，那麼你在市場經濟的海洋中是無法前進的。要進行經濟體制改革，就要全面深入認識市場經濟；而要全面深入認識市場經濟和經濟體制改革，就要應用理論思維和創新思維。朱鎔基在 1996 年 7 月 25 日發表的文章《管理科學興國之道》中也指出，要全面理解和貫徹十四屆三中全會規定（現代企業制度——筆者注）的 16 字方針。要全面抓好「三改一加強」，就是要把企業機制的轉變、技術的改造、行業的改組同內部管理的加強，幾個方面結合起來抓。由此可見，要全面地認識以上問題，不應用理論思維和創新思維是不可能實現的。

　　結論是：創新思維是進行經濟體制改革所必須的重要思維方式，我們要深入地研究和應用它，以發展我國的社會主義市場經濟！

發表於《企業創新思維與邏輯應用研究》，
天津人民出版社 1998 年 11 月版。

書評篇

邏輯科學的新篇
——喜讀《辯證邏輯》

由武漢大學、北京師範大學、杭州大學、內蒙古師範學院、北京大學、南京大學、吉林大學和中國社會科學院哲學研究所的老師們集體編寫的《辯證邏輯》一書，已由吉林人民出版社出版。這本系統地論述辯證邏輯的學術專著和教學參考書，是中國邏輯科學研究中的新篇。

《辯證邏輯》全書有 20 多萬字，共分十一章。這本著作明確指出：辯證邏輯學是以人類的辯證思維為研究對象的。它對辯證思維的基本規律、辯證思維的主要形式、辯證思維的邏輯方法，以及邏輯範疇、科學理論等問題，都進行了比較全面而又深入的探討，從而形成了一個初具規模的辯證邏輯學的理論體系。儘管辯證邏輯的許多理論問題以及理論體系尚待探討，儘管該書的某些論點論據還有可以商榷之處，但是作者在科學上注意實事求是，在學術上勇於創新的精神，是非常可貴的，有必要給予充分的肯定。

《辯證邏輯》這本著作，從考察人類認識史、思維發展史入手，具體闡明辯證思維的基本規律。新中國誕生以後，國內就有不少哲學工作者對辯證邏輯進行探討和研究。到了 20 世紀 60 年代前半期，辯證邏輯的研究工作已經有了顯著的進展。這一時期的研究，多數是集中於討論辯證邏輯的對象、性質、意義以及形式邏輯和辯證邏輯的關係等問題，這是必要的，也是有成績的。但是涉及辯證邏輯的具體問題卻很少討論，也很少從考察人的認識史、思維發展史入手進行更深入具體的研究。在《辯證邏輯》這本著作中，作者認為，關於辯證思維的邏輯理論，是哲學與各

門科學發展的必然產物，是對世界認識的歷史的總結。作者考察了人類思維發展的歷史、科學發展的歷史、兒童智力發展的歷史，從中探討人類思維辯證發展的規律性。如本書初步提出了辯證邏輯有三條基本規律，即：具體同一律、能動轉化律、週期發展律。儘管目前國內外對辯證邏輯的基本規律還有許多不同的看法，對這個問題還不能一下子做出令人滿意的科學回答。但是，作者這種從客觀實際出發，進行深入細緻研究的精神是極為可取的。而且，它使得全書的論點比較新穎，富有啟發性。

這本書用了大量的篇幅闡述了辯證思維的形式。作者認為，關於概念、判斷和推理的理論是辯證邏輯最基本的理論。辯證邏輯不是對思維的「純形式」的描述，而是研究這些思維形式在人們獲得真理過程中所處的地位和價值。作者指出：辯證思維是作為客觀辯證法的反映並在概念、判斷、推理中表現出來的。它不是客觀事物自身的矛盾運動，而是概念、判斷和推理的矛盾運動。人們通過概念、判斷、推理的矛盾運動去反映客觀事物的矛盾運動。可以說，離開了概念的辯證法、判斷的辯證法和推理的辯證法，也就弄不清什麼是辯證思維。因此，論述思維形式（概念、判斷、推理）的辯證法是辯證邏輯最基本的內容。

作者在闡述辯證思維的形式及規律時，注意把辯證邏輯與形式邏輯相比較、相區別。雖然辯證邏輯與形式邏輯都是研究思維形式及其規律的，兩者都是作為關於認識方法的知識，但是兩者有根本的區別。形式邏輯是以固定範疇建立起來的科學體系，它的研究方式是「純形式」地考察人的思維形式及其規律的，因而，它是對既成的、凝固的、間斷的認識成果進行概括和總結；而辯證邏輯是以流動範疇建立起來的科學體系，它的研究方式是從認識發展的辯證過程來考察思維的形式及其規律的，因而，它是對人類認識史的概括和總結。

在這本著作中，有一部分內容是闡述辯證思維的邏輯方法的。作者指出，如果人們要從自發地辯證思維提高到自覺地辯證思維，那就應該懂得並應用辯證思維的邏輯方法。辯證邏輯不僅僅是說明辯證思維的形式與規律，而且教導人們要自覺地、有效地進行辯證思維。為此，單是說明辯證思維的規律和思維形式的辯證法，那還是遠遠不夠的，必須闡明辯證思維的邏輯方法。換句話說，辯證邏輯應當有一大部分內容是關於辯證思維的方法論。在這本著作中，具體地論述了歸納和演繹的統一，分析和綜合的統一，抽象和具體的統一，邏輯和歷史的統一等等辯證思維的邏輯方法。作者還指出，辯證思維不過是客觀現實的反映。既然辯證思維的方法是達到辯證思維的途徑、手段，自然它也是人們認識客觀現實的途徑和手段。同時，任何一種辯證思維的邏輯方法，都是以辯證思維的基本規律和思維形式的辯證法作為基礎的，因此，這些邏輯方法都是具有規律性的東西，如果把它們作為思維的規律看待，那也未嘗不可。這本書是供高等院校文科使用的辯證邏輯教學參考書。作者為適應教學的需要，努力做到論點明確，條理清楚，通俗易懂，例證淺顯，便於作為教材使用。

辯證邏輯是一門新型的學科。關於辯證思維，還有大量的問題需要廣泛深入地探討。換句話說，要正確地深刻地揭示出辯證思維的規律性和基本特徵，不是輕而易舉、一蹴而就的。由於我國「文化大革命」的十年動亂，各門學科的研究遭到了浩劫，科學研究大大落後了，對思維科學的研究尤其落後。因此，《辯證邏輯》一書，作為系統地論述辯證邏輯具體內容來說，它是國內邏輯科學研究中的一項突破，同時它又是很不成熟、很不完善的。這本書所展示的辯證邏輯理論體系，還只是一個嘗試，缺點和不足之處，顯然在所難免。我們衷心地希望哲學工作者、邏輯工作者和自然科學工作者一道，努力研究人類的認識史、科學技術發

展史，尤其要總結現代自然科學發展的新成果，全面具體地揭示出辯證思維的形式和規律以及邏輯方法。這樣做，無論對於發展辯證邏輯和其它思維科學，還是對於促進科學技術的現代化，推動我國的四個現代化建設，都是大有好處的。

發表於《光明日報》1981 年 6 月 11 日。

一本強調應用的新型邏輯教材
——讀《管理者的思維工具——辯證邏輯》

北京師範大學哲學系汪馥鬱教授編著的《管理者的思維工具——辯證邏輯》，1987年由北京大學出版社出版。該書已作爲中央電視講座教材。全書22萬字，共分九章，並附有4篇應用辯證邏輯思維方法的論文。

第一章和第二章，是全書的總論，主要論述了現代管理者應該具備的主要素質，即思想政治素質，科學文化知識素質，職業道德素質，開拓創新的素質和思維方面的素質。一個良好的管理者，應該具備必要的理論思維素質，而「理論思維的實質和核心，就是辯證思維」。辯證邏輯則是以辯證思維的形式和規律爲研究對象的一門科學。作者通過對辯證邏輯知識的簡要介紹，是管理者對辯證邏輯這種思維工具的基本內容，特點和要求有所瞭解，並通過學習，培養自己在管理工作中樹立全面性觀點，發展性觀點，實踐性觀點和具體性觀點，從而提高管理的水平和效能。

第三章至第五章，主要論述了管理者應該運用的辯證思維形式——「作爲思維活動基本紐結的概念，作爲表達思維成果的基本形式的判斷，以及作爲形成統一認識的基本手段的推理。」作者強調，一個好的管理者，應該是善於進行辯證思維的人，辯證思維中的概念應該是達到具體水平的概念。同時，一個良好的管理者還要善於作出恰當的判斷，學會運用形成統一認識的手段——推理，而這些都離不開辯證邏輯知識。

第六章至第九章，主要論述了管理者應該掌握的辯證思維的邏輯方法。這些方法主要是指：作爲系統處理信息材料技巧的分

析和綜合相統一的方法，作為深入洞察對象本質途徑的歸納與演繹相統一的方法，作為再現對象全貌階梯的從抽象上升到具體的方法，作為掌握對象發展鏈條的工具的邏輯的與歷史的相統一的方法。一個良好的管理者應該使自己從自發的辯證思維提高到自覺的辯證思維，而要達到這個目的，就應當懂得並應用辯證思維的邏輯方法。本書在論述和介紹辯證思維的邏輯方法時有兩個特點，一是作為論述每種辯證思維的邏輯方法時，特別強調它在管理工作中的作用和應用；二是作者對每一種方法的應用模式和有效原則作了探討。這兩點，正是以往出版的辯證邏輯教材中所缺乏或薄弱的環節。

從內容看，該書是一本立足管理、強調應用的新型教材。對於科學理論的應用研究，對於社會，特別是邏輯學的發展有重要意義。

書後附載的 4 篇論文是作者強調辯證邏輯理論應用的獨具匠心之處。

辯證邏輯是一門新學科。關於辯證思維，還有許多問題需要廣泛深入地研究和探討。因此，本書還有一些不夠完善的地方是難免的。我們衷心期望，邏輯工作者、哲學工作者以及自然科學工作者結成聯盟，共同努力，一方面根據人類的認識史、科學發展史、總結現代科學的發展成果，深入研究辯證思維的理論。另一方面要聯繫我國社會主義初級階段物質和精神文明建設的實際，聯繫經濟體制和政治體制改革的實際，全面揭示辯證思維的規律，發展並運用辯證思維形式、方法的理論，把各項工作做得更好！

發表於《天津社聯學刊》1988 年第 10 期。

潛心研究、銳意求新之著
——評《辯證邏輯學》

　　中山大學哲學系梁慶寅教授編著的《辯證邏輯學》一書出版兩年以來，經過部分同行教學實踐的檢驗，反映很好。筆者在辯證邏輯課的教學過程中，有比較地研讀了這本《辯證邏輯學》，很有收穫。筆者認為，該書主要有以下的顯著優點：

　　首先，該書是一本潛心研究之著。

　　辯證邏輯是研究辯證思維的邏輯理論。研究辯證邏輯學，最基本的就是要把辯證思維研究清楚，當然，這是一件艱難的事情。《辯證邏輯學》的作者，在研究辯證思維方面狠下了一番功夫，做了較為細緻、深入和嚴謹的考察和探討，並取得了顯著成果。

　　一方面，作者從歷史上對辯證思維進行了考察，指出邏輯思維是歷史的發展的，辯證思維作為邏輯思維的一個階段和形態也是歷史的發展的。該書具體地把辯證思維的發展分為三個歷史階段：

　　第一階段：樸素的辯證思維。這是辯證思維的初始形態，以天然純樸的形式出現，把自然界作為一個整體看待，反映、描述了自然界相互聯繫、變化發展的總畫面。但由於樸素辯證思維只能以直觀方式和天才的猜測方式去說明世界，還不能作出精確的觀察和嚴密的證明，因此，它雖然正確地把握了現象的總畫面的一般性質，卻不足以說明構成這幅總畫面的各個細節。

　　第二階段：近代唯心主義辯證思維。該書指出，黑格爾在《邏輯學》中，詳細地論述了辯證思維的方法和規律以及思維形式的轉化和發展，使辯證思維獲得了理論形態。辯證思維在近代的發

展是以黑格爾《邏輯學》的發表爲標誌的。但是黑格爾是從唯心主義的哲學立場闡發辯證思維的，這使辯證思維在黑格爾那裡出現了畸形。

第三階段：馬克思主義的唯物主義辯證思維。該書指出，馬克思和恩格斯把辯證思維重新置於唯物主義基礎之上，從此，辯證思維取得了科學形態，辯證邏輯成爲科學。

另一方面，作者把思維辯證法與辯證思維相比較，進一步考察了辯證思維。該書強調，思維辯證法與辯證思維是不同的，具體表現在以下幾點：

第一，思維辯證法滲透在所有思維形式中，但並非運用思維形式就是辯證思維。

著者指出，思維的基本形式是概念、判斷和推理，這些思維形式都內含著矛盾。思維形式的矛盾本性充分表明辯證法是邏輯思維所固有的。但運用了思維形式，並不表明一定具有了辯證思維，思維形式中固有的辯證法並不能爲辯證思維提供天然的保證。作者還指出，辯證思維是對辯證法規律的自覺意識和運用。對於怎樣才是自覺意識和運用辯證規律，強調了兩點：一是，評價思維活動是不是辯證思維，不能以思維主體作出的個別判斷爲依據，應考慮其系統論述；二是，評價辯證思維，主要應考察思維主體在科學認識活動中的思維情狀。看一個思維過程是不是辯證思維，可主要根據以下的標準區別：

①對思維對象的考察是否進行了矛盾分析；②對思維對象的描述是否做了動態描述；③是否形成了關於思維對象的科學理論。

2.思維辯證法貫穿於思維發展的各個階段，既存在於知性思維階段，又存在於理性思維階段，而辯證思維則只存在於理性的思維階段中。

3.思維辯證法與人類思維史同步發生,而辯證思維只對於較高發展階段上的人才是可能的。普通思維中已固有辯證法,因而可以說有了邏輯思維就有了思維辯證法。但辯證思維正因為它是以概念本性的研究為前提——只對於人才是可能的,並且只對於較高發展階段上的人才是可能的。

作者還指出,研究辯證思維,不能僅就其本身來談論,還必須與實踐緊密結合起來研究,現代人的思維之所以能得到很大發展,辯證思維能發展到如此高的程度,一個根本原因,就是由於社會歷史和實踐的發展。這是一個非常重要的科學觀點。

關於辯證思維,作者概括出如下結論:

第一,在思維中,客觀上存在兩種不同的思維方式和過程,一種是靜態分析的;一種是反映對象多樣性統一的動態整體的,即辯證思維是一個客觀的思維階段和形態,它可以得到清楚的說明。

第二,辯證思維具有如下特徵:它是客觀辯證法的反映,是「自然界中到處盛行的對立中運動」的反映。它是對形而上學思維的否定,是對形式邏輯思維的超越。

該書作者對所討論的問題進行了深入細微的研究,在此基礎上提出自己的觀點和結論。這一點使筆者聯想到當今社會上出版的一些書籍,這些「作品」不是認真細緻研究的成果,而是趕時髦、追求「實惠」、粗製濫造的東西,其中有的還是非科學、反科學的貨色,不僅不能為社會進步盡力,還污染社會。對於這種風氣,我們應該堅決反對。而對於潛心科學研究的著作,應大力弘揚。

二、該書是一本銳意求新之著。

中國共產黨十一屆三中全會以後,中國的辯證邏輯研究,猶如雨後春筍,蓬蓬勃勃地向上發展。10年來,我國的辯證邏輯工

作者從不同的側面，並多樣化地研究了辯證邏輯，有的通過研究馬克思主義經典作家的論著來闡發辯證邏輯原理；有的通過研究人類思維史來總結概括辯證思維的形式和規律，提出辯證邏輯理論；有的通過對自然科學方法論的研究，探討辯證邏輯思想的方法和規律；還有的想通過把主觀辯證法符號化、形式化地加以研究，抽象概括出辯證思維的符號系統……，這些不同方向上的研究互相促進、互相補充、相互收益。

《辯證邏輯學》一書的作者，銳意求新，認爲辯證邏輯是邏輯科學在非形式化的發展方向上產生的邏輯形態，是邏輯學深入到哲學理性思維領域的產物，因而它具有邏輯屬性也具有哲學屬性，是一門「邏輯——哲學」學科。辯證邏輯的基本任務是揭示思維的運動形式和規律，對如何通過理論思維把握客觀真理作出回答，因而它具有科學認識論和科學方法論的功能。這本《辯證邏輯學》主要是從上述認識出發把握馬克思主義經典作家的有關思想，借鑒西方科學哲學的一些合理內容，從理性的科學認識論和科學方法論這個側面去闡明辯證邏輯理論的。作者強調，從科學認識論和方法論這個角度研究辯證邏輯，是有文章可做的，該書就是這個方向上研究的成果。

該書在研究辯證思維形式時，也與以往的一些辯證邏輯著作有所不同，頗有新意。對辯證思維的形式首先明確兩點：其一，辯證思維的形式指的是「思維的運動形式」。例如判斷在運動中由經驗判斷發展到理論判斷，概念在運動中由抽象概念上升爲具體概念。其二，辯證思維的形式指的是「判斷、概念的理性階段或形態」。判斷和概念都有一個從知性思維水平到理性思維水平的發展過程，在不同的階段表現爲不同的形態。對判斷來說，陳述原理定律的理論判斷是判斷的理性形態。對概念來說，具體概念是

概念的理性形態。因而可以具體地說，辯證思維的形式就是「陳述原理定律的理論判斷」和「具體概念」。

　　作者在研究辯證思維形式時，提出了「在認識過程中，是先形成概念還是先形成判斷」的問題。關於這個問題，學術界歷來有不同的看法，以往一直流行的是思維的起點和終點是概念，概念是思維的細胞的觀點。而該書贊同，從思想內容上，從認識過程上去研究，「思維的細胞、起點不是概念，而是判斷。任何概念都是認識的凝縮，而凝縮在概念中的認識總是判斷。」認識的實際過程是先形成一些關於客觀對象的判斷，然後約定一個名詞去指謂這些判斷的內容，去指稱該客觀對象，這才形成概念。對於判斷先於概念，概念是認識的凝縮，康德、黑格爾等哲學家也早有論述。從根本上看，還是先形成判斷，然後形成概念。

　　由於辯證邏輯學還處於初創時期，人們把它作為一門科學進行研究的歷史並不算長，因此，要建立一種完整的科學體系還需要更深入更全面的研究和探討。加上辯證邏輯需要從自然科學和社會科學中進行全面概括和綜合，而且它又具有交叉學科的性質，因此研究它確實有一定的難度。由於這些條件的限制，就不能不使我們面前的這本著作，難免存在一些不足，例如本書對辯證思維規律的概括和總結，是否恰當？對辯證思維的一些方法的闡述，在科學研究中是否都能普遍適用？這些問題還需要進一步研究和探討。

發表於《廣東社會科學》1990 年第 4 期。

研究現代科學方法論的綜合成果
——喜讀《認知與方法叢書》

　　最近，浙江科學技術出版社隆重推出《認知與方法叢書》。該叢書由武漢大學陶德麟教授擔任顧問，武漢大學張巨青教授、華中師範大學劉文君教授擔任主編。這套叢書是國家級科研項目「現代科學方法論問題」的綜合成果，是建國以來出版的較爲全面深入地探討科學認識論和科學方法論的系列著作。

　　該叢書第一批共 10 本，書名分別是：《認知的兩極性及其張力》[176]、《科學的難題——悖論》[177]、《關於世界的問答——科學說明》[178]、《科學定律的發現》[179]、《科學理論模型的建構》[180]、《人與自然的對話——觀察與實驗》[181]、《解自生之謎》[182]、《邏輯與歷史——現代科學方法論的嬗變》[183]、《科學邏輯導論》[184]、《科學推理的邏輯導論》[185]。

　　讀了上述 10 本著作的內容之後，筆者確感受益匪淺，認爲它們主要有以下優點：

---

[176] 王宏維、汪信硯著。

[177] 張建軍著。

[178] 陸健體著。

[179] 鬱慕鏞著。

[180] 張瓊、於祺明、劉文君著。

[181] 桂起權、張掌然著。

[182] 陳克晶、王貴友著。

[183] 張巨青、吳寅華著。

[184] （英）R・哈雷著，李靜譯。

[185] （英）J・特魯斯蒂德著、盧惠群譯。

　　第一，它們從不同側面、在不同層次上探討了現代科學發展的認識論和方法論問題。

　　隨著現代科學的迅猛發展、新興學科的不斷湧現，人們提出了許多哲學問題要求回答，並向傳統思維方式提出挑戰或質疑。該叢書正是為了適應這種需要，從不同角度、不同層次上研究現代科學發展的認識論和方法論問題，以求解決人們心中的困惑。

　　《認知的兩極性及其張力》一書，在窮究認識的主體性和探究思維機制的同時，對認識的客體性向所面臨的種種理性詰難進行了深入的透視，並致力於認識客體性理論的辯證重建，它與以往人們對兩極性的研究不同，盡力揭示兩極之間的內在張力，即二者之間相依相促、相容互補的關係，展現了現代認識論研究的新理論格局和發展模式。

　　《科學的難題——悖論》一書，作者考察了自古以來多種悖論的提出和解答過程，研討了悖論問題和辯證哲學的關係，並深入探討了悖論對於經驗科學方法論的意義。

　　「悖論問題的哲學探討無疑將促進人們的認識進程，促進新的形式技術方案的誕生，反過來也會大大提高人們對於科學和人類思維本性的認識。」

　　《關於世界的問答——科學說明》一書，對科學說明的方法論進行了深入的探討。科學說明又稱科學解釋，它是人們進行科學研究、認識世界的一種活動，該書細緻地分析了科學說明活動及其產物的特徵。

　　在《科學定律的發現》一書中，作者考察了歷史上各種具有代表性的科學發現，力求在個案分析的基礎上研討科學發現的模式、程式、途徑、手段以及合理性標準。該書還對歸納方法論作了歷史的回顧和哲學的反思，提出了作者的獨到見解。

《科學理論模型的建構》一書，論述了科學理論模型的基本特徵和建構方式，並結合科學史上許多理論形式的典型案例，比較系統地闡明了類比、抽象、演繹、歸納等思維方法在理論模型建構過程中的應用。

在《人與自然的對話——觀察與實驗》一書中，作者指出：

> 「觀察是科學的一個永恆主題，一個引起無窮探索的主題」。

作者在吸收科學哲學、心理學和「三論」等學科最新研究成果的基礎上，較爲細緻深入地考察了觀察的心理機制，觀察和實驗的特徵等等。

《解自生之謎》一書，通俗而又深入地研究了自組織理論的原理和方法。

在《邏輯與歷史——現代科學方法論的嬗變》一書中，作者指出：

> 「本世紀西方科學方法論，經歷了從預設主義邏輯模型到相對主義歷史模型，又從相對主義歷史模型到邏輯與歷史相結合的模型。這些轉變，反映了當代西方科學方法論趨向日益與科學的實際發展相一致。以往極端的邏輯主義使科學方法論與科學史相脫離，極端的歷史主義對科學史和科學實踐作出非理性主義的描述，而邏輯與歷史相結合的模型則代表了一種新的動向。」

該書以考察本世紀以來西方科學方法論的三種模型—預設主義的邏輯模型、相對主義的歷史模型和邏輯與歷史相結合的模型—爲主線，剖析了現代各派科學方法論的嬗變與其代表人物的思想，對現代西方科學方法論嬗變的基本趨向作出了系統的評價。

《科學邏輯導論》和《科學推理的邏輯導論》這兩本譯著，介紹了西方科學家對科學方法論研究的一些觀點，比如描述與說明、經驗與理論、理論與理解、類比與模型、科學理論的評價等

理論觀點。這些都是從不同角度和不同層次上研討科學發展的認識論和方法論的，從而給人以啓迪。

第二，它們都不同程度地引用了邏輯學研究的新成果，並把邏輯方法的研究向縱深推進。

例如在《科學的難題—悖論》一書中，作者指出：

「悖論的方法論研究的另一個重要方面，是它在概念方法論中的地位和作用。——當代科學方法論的一個重要特點，是概念方法論逐漸地取代推理方法論居於中心地位。悖論的解決既然不能是肯定一方否定另一方而排除邏輯矛盾的通常道路，則只有通過改變某些概念的方法才能做到。而某些悖論之由以推出的共識，涉及到了一些根本性的概念，使得悖論成了否定舊概念建立新概念的重要媒介。」

又如在《科學理論模型的建構》一書中，專門研究了「理論模型的邏輯結構」。作者指出：

「理論模型是一個具有層次結構的演繹系統。它解釋已知事實的方式就是通過引入某種關於事物深層結構的假設；將這些事實作為其必然的邏輯結論從中推導出來的。」

因此，

「從形式結構上說，一個成熟的理論模型一般包括三個組成部分：①核心假說；②橋樑假說；③邏輯結論。有些結論可能是人們在先前的科學實踐中已經總結出來了的，有些則可能從未被人們認識到。通常人們把前一類邏輯結論稱為『解釋』，把後一類結論稱為『預測』，以示區別。」

這本書還專設篇章，全面深究了演繹與理論模型的建構、歸納與理論模型的建構、類比與理論模型的建構等等。

再如在《科學定律的發現》一書中，作者全面考察了科學定律發現的邏輯方法和非邏輯方法，把科學發現的邏輯方法的研究向深層次推進，使人耳目一新。

第三，堅持馬克思主義認識論和方法論的基本觀點，潛心研究，銳意求新。

本叢書的撰寫目的非常明確，正如顧問在《序》中所強調的：

> 「科學本身的發展規律，科學發展中提出來的認識論和方法論問題，也理所當然地成了哲學家和科學家共同關注的研究課題。」

他進一步強調，現代科學的迅猛發展已經大大突破了以往的眼界：科學理論的抽象程度越來越高，人的主觀能動性和創造性的作用日益增強，研究的物質手段日益複雜多樣，新興的學科包括邊緣學科、橫斷學科、綜合學科不斷湧現，分化和綜合的趨勢同時加強。所有這些都正在強烈地影響著現代人類的思維方式，提出了許多認識論和方法論問題，如果不加以研究，我們的認識就會落後於現代的要求；當然無法堅持和發展馬克思主義哲學。

叢書的作者們在著述的過程中，正是在馬克思主義世界觀的指導下，正確地研究、分析、批判、吸收、改造了西方科學哲學的研究成果，並用以豐富科學的認識論和方法論，這也是值得稱讚的。

由於科學認識論和方法論的問題是非常複雜的，是在無垠的自然科學海洋中探秘，因此，該叢書存在不足之處在所難免，例如有的科學方法的可操作性問題還研究得不夠。我們期待著該叢書往後的著作能更上一層樓。

發表於《哲學動態》，1991，第 6 期。

為經濟邏輯的創新之作而贊
——《經濟思維邏輯》一書評介

　　《經濟思維邏輯》專著有著鮮明的特色和顯著的優點。它是一部潛心研究、銳意創新之著。是一部資料豐富、信息量大的著作，又是一部案例生動、可讀性強的著作，它既是一部學術專著，又是一本教學體系完備的經濟邏輯教材。其社會價值很高，對提高人的思維素質和邏輯思維能力有重要作用，值得向廣大讀者推薦。

　　天津財經大學劉明明博士所著《經濟思維邏輯》（第 2 版）一書，已於 2011 年 9 月由清華大學出版社出版。第 2 版是作者應出版社之邀，根據讀者的要求，在 2006 年第 1 版的基礎上，做了創造性的大篇幅修訂和增補而成。全書共十三章，57.8 萬字。

　　「經濟邏輯」的著作和文章，已經面世的很多，筆者也拜讀過一些。但《經濟思維邏輯》這部專著，理論聯繫實際，邏輯的觀念、原理、方法及其應用有機統一，學術性強，實用價值高，特色鮮明、信息量大、可讀性好，客觀地說，確是一部經濟邏輯的創新力作。

　　關於該書的特色，筆者略加評述。

　　特色之一：抓住本質，科學性強。該書從經濟思維的實際出發，對邏輯原理，方法的具體應用和邏輯在論辯、談判、預測、決策等中的應用進行了深入探討，並提供可操作的邏輯思維策略和方法，去解決經濟思維中的邏輯問題，這可謂抓住了科學的本質。因為科學的本質就是「實事求是」。「實事求是」的基本含義是指：人的理性必須從客觀實際出發，尋求客觀事物固有的而不是虛構的規律性。作者就是從經濟思維的實際出發，總結出經濟

思維邏輯的規律、規則、模式、程式與方法等，反過來再應用於各種經濟活動中。作者在這方面進行了深入的探討，並取得了顯著的成果。

特色之二：貼近現實生活，突出應用性。該書緊密聯繫經濟生活實際，認真發掘邏輯的實用價值，作者對於每一邏輯原理和方法，該用在哪些方面，並應注意哪些問題，都作了深入的探討。例如關於「預設理論」的應用，作者提出：應注意分析那些事關經濟工作思路、決策、措施等語句的「預設」，因為這實際上是找出其「依據」，將有利於提高經濟工作的科學性、合理性，這都是很有新意和實用價值的。

特色之三：注重案例分析，富有啓發性。該書共分十三章，每一章都選用了大量經濟思維的典型案例。通過案例分析，一方面闡發經濟邏輯的理論觀點，另一方面說明邏輯方法的具體應用。該書案例典型、鮮活，分析簡明，富有啓發性。這既是該書的一個突出特色，又是能吸引廣大讀者的一個重要原因。

特色之四：採用西方批判性思維訓練素材，強化邏輯思維訓練。該書採用其豐富的素材，並利用「支持（加強）」、「削弱」、「直接推理」、「假設」、「解釋」、「評價」等多種題型，來強化邏輯思維訓練，旨在培養和提高人們評價論證。建構合理論證和評價行動方案的邏輯思維能力。這個方面做得確實卓有成效！

特色之五：潛心研究、銳意創新之著。該書是作者經過十多年的探索，在總結教學經驗和開展邏輯應用研究的過程中逐步完善而成的。它是天津財經大學在調整課程結構中「重點建設」的一門創新教材（2003年立項），也是在國家社科基金項目「經濟邏輯研究」和天津市教委社科項目「經濟決策的邏輯研究」和天津市「十五」綜合投資項目「經濟邏輯教學改革」等課題研究基礎上所取得的一項重要成果。誠然，研究經濟邏輯，最基本的就是要把「經濟思維」研究清楚。不過，這是一件艱難的事情。而作

者在這方面下了很大功夫，做了較為細緻、深入和嚴謹的考察與探討，取得了顯著的成果。作者在該書的各章中，深入地研究了經濟思維的形式、規律及方法。諸如第一章的語詞篇；第三、四、五、六章的命題及推理篇；第七章的因果分析法和類比法篇；第八章的基本規律篇；第十章的論證篇。作者在深入研究經濟思維形式、規律及方法時，特別強調如何應用的問題，不僅提出了應用的各種制約條件和合理性的標準與原則，還提出了許多具有創造性且具有實用性、可操作性的新觀點和新理論。這對提高邏輯思維能力是很有用處的。

除了以上幾個顯著特色外，該書還有以下兩大優點：

一是，資料豐富「信息量大」可讀性強。

該書以豐富的資料作為論據，有力地支持了作者的論點或觀點。一部好的著作，很重要的方面就是能夠為讀者提供廣泛的信息。當這些知識被讀者真正掌握之後，就能轉化為能力，並可用以認識世界和改造世界。筆者認為，該書真正做到了這點。

二是，適應社會發展需要具有推廣價值。

該書是為我國財經院校本科生和從事經濟工作的人士而寫的邏輯創新之作，在天津財經大學本科教學、研究生教育、成人教育和 MBA、EMBA、MPAcc、GCT 等輔導班教學中得到廣泛應用，並在天津市社會科學普及週「邏輯應用講座」和有關學術交流中深獲好評。該書入選 2006 年第七屆深圳讀書月藏書與閱讀推薦書目 100 種和 2007 年安徽財經大學「感悟讀書快樂，創建和諧校園」讀書活動推薦書目 80 種！

該項創新成果對邏輯學的發展具有促進作用，並可應用於經濟學、管理學、會計學、投資學等學科的研究之中，以促進其創新發展。例如《邏輯思維在「三農」問題研究中的應用》一文[186]致謝說：

---

[186] 見趙亞翔、高素英、吳捷睿，《中國農學通報》，2010.6 期。

「文中所涉及的邏輯學基礎理論知識主要根據劉明明博士編著的《經濟思維邏輯》一書梳理而成，筆者謹此對劉明明博士為我們奉獻了這樣一本觀念、方法與應用有機統一的邏輯學書籍表示特別的謝意！」

綜上所述，該書具有求實與創新相結合、邏輯原理與案例相結合、理論與實踐（應用操作）相結合等顯著的優點。與同類著作相比，這些優點都是很突出的。因此，筆者認為，該書可稱為經濟邏輯著作中的典範。

該書不僅是一部學術專著，也是一本經濟邏輯的教科書。它有系統而完整的教學體系，從對經濟思維的各種形式論述到經濟思維的具體方法應用，總結出經濟思維的邏輯規律，最後探討了經濟思維邏輯在經濟活動（經濟談判、經濟決策等）中的具體應用。全書在應用上狠下功夫，特別注重邏輯的應用與邏輯思維技能訓練的有機結合，以期提高人們「快速抓住問題關鍵所在」、「辨別謬誤」、「言語交際」、「論文寫作」，「信息搜索」、「預測與決策」的邏輯思維能力。因此，我們推薦該書作為大學本科、研究生經濟邏輯課程的重要教材。

由於經濟邏輯需要研究的問題很多，經濟邏輯的科學體系與教學體系是不同的，需要深入開發。它的科學邏輯起點是什麼？它的科學範疇體系應如何連結？經濟思維的邏輯規律有什麼特異性？與其它邏輯科學分支間有什麼區別？這些問題還需要經濟邏輯工作者進一步研究。該書雖涉及到一部分，尚需進一步探索。

作者：馬英、陶文樓。
發表於《現代財經》，2012，第 2 期。

學哲學、用哲學篇

差異未必就是矛盾

　　長期以來，在我國哲學界有一種傳統的說法，即「差異就是矛盾」。這種說法準確嗎？我們不妨來作一點分析。

　　黑格爾在《邏輯學》的本質論中，對「矛盾」這一範疇，作了深刻的研究。他認為「矛盾」是本質的差異，矛盾的兩方面是既對立又同一的。黑格爾批判了抽象的「同一」，主張具體的「同一」。他認為，在具體的「同一」中，「主要包含有異（或區別）的特性」。因此，「同一」的範疇必然要轉化到反面的範疇，即「異」（或區別）。「異」的深化發展過程分為三種不同的情況：

　　首先，是直接的或雜多的「異」，不同的事物之異的關係是外在的，無關本質的。

　　第二，比雜多的異深化一層的是「本質的異」，即「本質的區別」，在「對立」中的雙方，彼此之間有著本質的、內在的聯繫。

　　第三，比「對立」更為深刻的範疇就是「矛盾」。所謂「矛盾」就是對立的尖銳化，是對立面的衝突和統一。

　　顯然，黑格爾所說的「矛盾」，是指對立中的雙方彼此間有著本質的、內在聯繫的差異，並且每一方都只是由於與另一方有了關係才獲得了它自己的性格。而決不是指所有的差異，不是指那些沒有必然聯繫的非本質的差異。因此，矛盾一定是差異，而差異未必就是矛盾。事物彼此相異，並非都能構成一對矛盾。隕石落到地球上，是受地球吸引的結果，這是必然的聯繫，隕石和地球雙方能構成吸引和排斥這樣一對矛盾。然而隕石落到地面把人砸死，卻是偶然的，因此，隕石和人之間並不能構成一對什麼矛盾。

我們再來看看列寧是如何論述矛盾這一範疇的。列寧在《黑格爾〈哲學史講演錄〉一書摘要》中指出：

> 「就本來的意義說，辯證法就是研究對象的本質自身中的矛盾。」
> [187]

列寧在《談談辯證法問題》中談到矛盾這個哲學範疇時說，所謂矛盾，就是「統一物之分為兩個互相排斥的對立面以及它們之間互相關聯」。他還要我們「注意」！

> 「統一物是由兩個對立面組成的，所以在把它分為兩半時，這兩個對立面就顯露出來了。」[188]

從列寧的這些話中，筆者的體會是：列寧所論述的「矛盾」與黑格爾所論述的「矛盾」的含義是一致的：一方面，「矛盾」這一哲學範疇指的都是對象本質自身中的矛盾；另一方面，是指統一物中的對立的兩方面的聯繫。不過，我們應該強調指出，列寧是在辯證唯物主義的基礎上論述「矛盾」的，而黑格爾是在唯心主義的基礎上論述矛盾的。如果把差異都看作是矛盾，那就要產生以下問題：

第一，把沒有必然聯繫或沒有本質聯繫的事物都看作是矛盾；第二，把毫不相干的事物聯繫在一起，隨意製造「矛盾」。

因此，我們不能不加區別地說「差異就是矛盾」。在實踐中要抓住本質性的聯繫和差異，全面具體地進行分析，才能正確地處理矛盾。

發表於《光明日報》1980.11.5。

---

[187] 《列寧全集》，卷 38，頁 278。
[188] 《列寧全集》，卷 38，頁 396。

一邦反動的詭辯徒

「四人幫」反革命修正主義路線的哲學基礎是主觀唯心主義和形而上學。他們在把這種反動哲學日益巧妙地裝扮成馬克思主義的過程中，採取的主要方法是搞詭辯術。在這方面，「四人幫」遠遠超過了他們的前輩。不是嗎？你看，分明他們是對廣大工人、貧下中農、革命幹部和知識份子實行資產階級法西斯專政，經過他們一番詭辯，就「變」成了「對資產階級專政」；分明是他們要打倒一大批從中央到地方的革命老幹部，經過他們詭辯一番，則就「變」成了「革黨內走資派的命」，如此等等。相反，我們要把國民經濟搞上去，要落實政策，經過他們一番詭辯，你就成了「反攻倒算」、「唯生產力論」、「否定文化大革命」。「四人幫」就是這樣一幫反動的詭辯之徒。

「四人幫」搞詭辯的本質特徵是實用主義。只要對他們推行反革命修正主義路線，對他們篡黨奪權有利，什麼謬誤他們都可以詭辯成「真理」；相反，無論多麼顯而易懂的真理，只要對他們無用、不利，他們都可以詭辯成謬誤。這裡，筆者擇其要，略作一些粗淺分析。

「四人幫」出於篡黨奪權，推行反革命政治綱領的需要，首先在哲學的根本問題上大搞詭辯。他們裝著重視辯證法，實際上卻在思維和存在、精神和物質的關係上肆意顛倒第一性和第二性的真實關係，並以此作為他們反動世界觀的基礎。

反動文痞、階級異己分子姚文元在惡毒攻擊馬克思主義哲學時說：「存在第一、思維第二，客觀第一，主觀第二」，「完全抹煞人的主觀能動作用」，「是反動的形而上學」。這無異於公開鼓吹思維第一、存在第二，主觀第一、客觀第二。在這裡，他們狡猾地

以反對所謂「抹煞人的主觀能動作用」和「反動的形而上學」爲藉口，任意歪曲和誇大人的主觀能動性，以至完全顛倒了精神與物質的客觀的真實關係。張春橋不就公開叫嚷「精神萬能論是對的」，「精神萬能論不能批判」嗎！難道不正是他們自己出於不可告人的罪惡目的，頑固地堅持反動的主觀唯心論和形而上學嗎？「四人幫」既然顛倒了思維和存在、精神和物質的真實關係，鼓吹精神可以「萬能」，還談什麼唯物辯證法呢？

　　「四人幫」的詭辯論，還在批判所謂「折中主義」的過程中突出地表現出來。像在政治上他們打著紅旗反紅旗一樣，在哲學上他們打著辯證法的旗號反對辯證法，用詭辯論冒充辯證法。「辯證法就是搞詭辯」，這是「四人幫」御用文人的一句私房話，卻洩露了他們的天機。

　　毛澤東指出：

> 「關於辯證法，列寧說過：『可以把辯證法簡要地確定爲關於對立統一的學說。這樣就會抓住辯證法的核心，可是這需要解釋和發展』。」

　　這就是說，我們分析任何事物，要堅持唯物辯證法，就必須堅持對立統一。即：既要看到矛盾的普遍性，又要看到矛盾的特殊性；既要看到主要矛盾，又要看到次要矛盾；既要看到矛盾的主要方面，又要看到矛盾的次要方面；既要看到矛盾的鬥爭性，又要看到矛盾的統一性；既要看到矛盾雙方在一定條件下的相互依存和相互轉化，又要看到矛盾雙方的相對穩定；既要看到矛盾的共性，又要看到矛盾的個性；既要看到絕對性，又要看到相對性；等等。總之，要客觀地、全面地反映客觀事物的內部矛盾性。「是兩點，而不是一點」。

　　「四人幫」在詆毀辯證法的詭辯中，首先篡改了唯物辯證法的核心對立統一學說。具體表現在把形而上學一點論詭辯爲唯物

辯證法的重點論。在這方面，他們的詭辯手法，一是把對立統一的矛盾雙方分割開來，取其一方，舍掉一方，胡說這是爲了「抓重點」。例如他們把對立和統一這對辯證法的根本範疇就肆意分割開來，不僅否認事物是既對立又統一的，而且以強調「重點論」爲名，大搞一點論，只要對立，不要統一，說什麼「從根本上說，一切矛盾著的對立面就是對著幹」，否認對立和統一是相互依存和相互轉化的。正是求助於這種詭辯，他們炮製出「鬥爭就是政策」的反動謬論，爲實現其反革命政治綱領，把鬥爭矛頭對準革命老幹部，對廣大勞動人民實行法西斯專政制造反革命輿論。二是把對立統一的矛盾雙方簡單化地等同起來，從而同樣把「兩點論」變爲「一點論」。諸如什麼「政治好了，業務自然會上去」，「革命搞好了，生產自然而然地就上去了」等等，就是突出的例子。

　　「四人幫」在詆毀辯證法的詭辯中，還利用概念和範疇的辯證靈活性混淆真僞，歪曲唯物辯證法的具體內容。

　　概念和範疇應用的靈活性有兩種：一種是客觀地應用的靈活性，一種是主觀地應用的靈活性。列寧指出：

> 「概念的全面的、普遍的靈活性，達到了對立面同一的靈活性，——這就是問題的實質所在。這種靈活性如果加以主觀地應用＝折中主義與詭辯。客觀地應用的靈活性，即反映物質過程的全面性及其統一的靈活性，就是辯證法，就是世界的永恆發展的正確反映。」[189]

　　馬克思主義哲學堅持範疇的客觀地應用的靈活性。「四人幫」在應用概念和範疇時，丟掉了範疇的源泉和內容的客觀性，否定其質的規定性，是主觀的、片面的、實用主義的應用的靈活性，最後陷入了詭辯。

---

[189]　《黑格爾〈邏輯學〉一書摘要》，《哲學筆記》，人民出版社，1956，頁 112。

　　「四人幫」是如何利用概念和範疇的靈活性搞詭辯的呢？

　　第一，主觀隨意地捏造聯繫。捏造因果聯繫就是一例。諸如「衛星上天」就會「紅旗落地」；「實現四個現代化」就會「資本主義復辟」；「按勞分配」就會「產生資產階級分子」；「有文化」就會「變成資產階級精神貴族」等謬論，在他們看來，這些「推理」，前者是原因，後者是結果，要杜絕後者，就要根除前者。於是「衛星上天」、「實現四個現代化」、「按勞分配」和「有文化」就都是所謂資本主義的東西了，當然就都在「根除」之列。這哪裡是什麼「革命辯證法」，完全是徹頭徹尾的反革命詭辯論。

　　馬克思主義認為，概念和範疇的辯證性，首先就在於它們反映、揭明瞭客觀事物的相互聯繫。原因和結果這對範疇是相互聯繫的，但這種聯繫決不是任意捏造的，而是客觀事物內部的、必然的、全面的因果聯繫的反映。「四人幫」講的所謂因果聯繫與唯物辯證法的聯繫根本不同，他們不顧事實真象，用主觀捏造的所謂原因歪曲客觀事物的本質。難道「衛星上天」就必然會造成「紅旗落地」的結果嗎？否！「紅旗落地」與「衛星上天」之間並沒有必然的本質聯繫。蘇聯發生資本主義復辟，那是因為赫魯雪夫——勃列日涅夫集團篡奪了黨和國家的最高領導權，並非因「衛星上天」所致。

　　第二，鼓吹無條件轉化。「四人幫」利用可能性和現實性這對範疇搞詭辯就是一例。他們認為：無需任何條件，可能性即可轉化為現實性。「四人幫」在其反革命政治綱領中就販賣了這種詭辯術。他們胡說：「老幹部百分之七十五都是民主派，民主派發展到走資派」，是「客觀必然規律」。這一反動邏輯，乍一看很嚇人，又是「客觀」，又是「必然」，可是他們就是避而不談轉化的條件，這就暴露了他們的無恥詭辯。

　　馬克思主義認為：

> 「辯證法的基本原理是：自然界和社會中的一切界限都是有條件的和可變動的，沒有任何一種現象不能在一定條件下轉化為自己的對立面。」[190]

唯物辯證法所說的對立面的相互轉化，是指客觀事物在一定條件下的轉化，在這裡，條件是十分重要的。「四人幫」否定條件講轉化，在理論上是完全違背辯證法的，在政治上，完全是為其篡黨奪權，復辟資本主義服務的。

我們的革命老幹部，絕大多數在參加民主革命時，就是抱定為共產主義事業獻身的。他們同資產階級民主派，無論在信仰的主義和追求的目標上，都有根本的區別。在馬列主義、毛澤東思想指引下，經過長期革命戰爭的考驗和鍛煉，這批革命老幹部，到了社會主義革命時期，絕大多數又都成了堅持無產階級專政下繼續革命的領導力量，成為黨和國家的最寶貴的財富。正如毛澤東所說：

> 「我們有在不同革命時期經過考驗的這樣一套幹部，就可以『任憑風浪起，穩坐釣魚船』。」

如果說「客觀」、「必然」，這確是歷史的真實。

第三，偷換和歪曲概念。

「四人幫」像新老修正主義者一樣，利用概念的靈活性，玩弄偷換和歪曲概念的把戲，為其反革命政治陰謀服務。偷換和歪曲按勞分配這個概念就是一例。

馬克思主義認為，按勞分配是社會主義的分配原則，為社會主義的公有制所決定，它從根本上否定了人剝削人的分配制度。「四人幫」出於篡黨奪權的目的，卻肆意偷換並歪曲按勞分配的

---

[190] 列寧，《論尤尼烏斯的小冊子》，《列寧選集》，卷2，人民出版社，1960，頁850。

性質。新生資產階級分子王洪文胡說：「按勞分配」、「資本主義社會有，社會主義社會也有」，完全混同兩種性質根本不同的分配制度，從而既醜化了社會主義的按勞分配，又美化了資本主義的按資分配。他們以這種反動輿論為依據，到處打棍子，扣帽子，誰主張按勞分配就說誰搞「資本主義復辟」，把矛頭對準我們黨和革命老幹部，真是狂妄至極。

第四，引用一些分明與當前實際情況根本不符的概念。

科學的概念，是在人類的實踐和認識活動的歷史發展進程中產生的，它除了有變化發展的方面，還有相對穩定的方面。

「四人幫」出於推行其反革命政治綱領的需要，把革命老幹部打成「維護舊事物的專家」，隨心所欲地曲解社會主義社會不可避免地存在著的資產階級權利，任意擴大它的範圍，隨便給它捏造罪名，以論證其要「限制資產階級法權」，就要「革老傢伙的命」。列寧指出：

> 「一切詭辯家的手法向來是：引用一些分明與當前實際情況根本不符的例子來作證。」[191]

「四人幫」搞詭辯，對此也頗為內行。「四人幫」的詭辯論，表現離奇，花樣繁多，但都是為他們推行其反革命政治綱領，妄圖「改朝換代」這一罪惡目的服務的。他們繼承了現代資產階級和修正主義反動哲學詭辯論的衣鉢，適應了國內外階級敵人的反動願望和需要。在深揭狠批「四人幫」的偉大鬥爭中，我們必須把對「四人幫」反動哲學的批判和對其反動政治路線極右實質的批判結合起來，以期在理論上和實踐上肅清「四人幫」在各個領域、各條戰線上的流毒和影響。

發表於《南開大學學報》，1978，第 1 期。

---

[191]　《第二國際的破產》，《列寧選集》，卷 2，人民出版社，1960，頁 627。

企業家需要理論思維

在市場經濟條件下，企業環境、企業經營、企業發展趨勢、企業軟件建設等問題非常複雜，企業家們要管理好現代化企業，在市場經濟大潮中立於不敗之地，就不能沒有理論思維。而當前，有的人往往只注重經驗，輕視或否定理論思維的作用，這是一種錯誤的傾向。

那麼，什麼是理論思維呢？所謂理論思維是對認識對象（例如市場經濟、企業等）的本質和規律做全面的、創造性的反映，從而形成概念、判斷、推理和科學理論的過程。

具體說來，理論思維有如下的特徵：

第一，理論思維能夠反映認識對象的本質。作為認識的對象既有現象的方面，又有本質的方面，感性認識反映的往往是對象的現象，而理論思維所反映的往往是對象的本質。例如，我們現在的企業家首先要認識的是市場經濟，特別是社會主義市場經濟。它們的表現真可謂千姿百態，琳瑯滿目，既有現象包裝，又有本質內涵。它們的現象是表現於外表的，是可以直接感知的；然而它們的本質是潛伏於內部的是運用感官所不能認識的，所以只有透過現象，深入其內部，才能認識其本質。這就必須運用理論思維，對其現象進行分析和綜合，抽象和概括，探察其本質，獲得理性的認識。市場經濟有供應、生產、銷售等多方面的表現，然而市場經濟與計劃經濟相比，一個最根本的區別就是強調市場的基礎性。基礎是市場，幹什麼都要按市場要求辦事。市場經濟的本質就是要讓市場在國家宏觀調控下「發揮市場機制在資源配

置中的基礎性作用」。因此，要認識市場經濟的本質，就必須運用理論思維。

第二，理論思維能反映認識對象的規律。

任何認識對象都有其運動、變化和發展的規律。而規律也不是感官所能直接感知的，同樣需要理論思維去認識、總結和概括。還以認識市場經濟爲例，理論思維通過比較、抽象、分析和綜合，總結出其三條基本規律，即價值規律、供求規律和優勝劣汰的規律。三大基本規律體現出了市場經濟的競爭性。首先，競爭是通過價格實現的，產品的價格是產品價值的體現，是產品價值的反映，是產品裡包括的社會平均勞動量。如果一個企業管理得好，消耗的社會平均勞動量就少，成本就低，利潤就高。如果一個企業管理得不好，消耗的實際社會平均勞動量就多，成本就高，利潤就少。其次，競爭還表現在供求規律中。在供求關係中，供大於求的產品，價格自然要下降，供小於求的產品，價格就要上升，這樣就必然形成競爭。最後，企業通過競爭，必然有的勝利，有的失敗，勝者生存，劣者被淘汰，這就是優勝劣汰規律。要認識這些規律，也必須運用理論思維。

第三，理論思維能夠全面地反映認識對象。

這是說，理論思維能夠幫助人們全面地看問題：一方面能看到事物的各個方面，另一方面能夠看到各個方面的聯繫和「中介」，再一方面還能看到這個事物與其它事物之間的普遍聯繫，這三個方面的統一，就是全面性的觀點。看不到事物的諸多方面，只看到某一方面，是片面性的觀點；只看到各個方面及其對立和差別，看不到它們的統一和中介，也是片面性的觀點；如果看不到一事物與他事物的聯繫，仍然是片面性的觀點。還以認識市場經濟爲例，理論思維通過比較、抽象和歸納的方法，能說明企業家認識其有利的方面，又能說明企業家認識其不利的方面；既能

認識其基礎性、競爭性、開放性，又能認識其政府的宏觀間接調
控性。市場經濟不是孤立存在的，它還與一個國家或地區的政治、
文化、民族、風俗、民俗習慣以及許多事物相關，如果企業家們
不全面認識這些事物，那麼你在市場經濟海洋中是無法挺進的，
要全面認識市場經濟，就必須運用理論思維。再如認識社會主義
市場經濟，既要認識它具有市場經濟的普遍性，又要認識它具有
特殊性，這種普遍性與特殊性既有聯繫，又有區別。社會主義市
場經濟的特殊性主要表現在它是堅持以公有制為主體的市場經
濟，它是在中國共產黨領導下堅持社會主義道路的市場經濟，它
是堅持以按勞分配為主、效率優先、兼顧公平分配原則的市場經
濟。要認清這些問題。不運用理論思維，也是不可能的。

　　第四，理論思維是一種具有創造性的認識活動。

　　這是因為理論思維除了具有反映內容的客觀性和反映形式的
主觀性外，它還具有能動性的作用，即它能運用聯想，類比和歸
納等創造性的思維方法，突破原來的理論框架和內容，構建新的
理論框架和內容。還以對市場經濟的認識為例，鄧小平在 1992 年
南巡之後，明確指出，計劃經濟不等於社會主義。資本主義也有
計劃；市場經濟不等於資本主義，社會主義也有市場。這就從根
本上打破了我們原來那種傳統觀念，並從理論上有了重大突破，
從而為構建社會主義市場經濟理論，為建立社會主義市場經濟體
制奠定了新的理論基礎。再如對改革開放中企業的認識，也只有
運用理論思維及其科學的方法，才能取得突破的進展。從 1984 年
中國共產黨十二屆三中全會以後，我國城市經濟體制改革全面展
開，而其中最主要的是進行公有制企業的改革，近十年來，經歷
了十分艱難的歷程。一方面，大家大膽實踐，積極摸索經驗；另
一方面，我們以鄧小平建設有中國特色社會主義理論為指導，並
運用科學的理論思維方法和藝術，在最近才提出了一種新的企業

改革的制度——現代企業制度。現代企業制度的建立將有利於生產效率的提高，有利於公有制經濟的增值，有利於生產力的發展。

　　馬克思主義經典作家告訴我們，一個民族要站在世界科學的高峰，是一刻也不能沒有理論思維的。一個企業要站在當代經濟發展大潮的前沿，企業家們同樣也是一刻也不能沒有理論思維！

發表於《企業之友》，1995，第 1 期。

成人高校必須加強職業道德教育

　　我國成人高校自 20 世紀 80 年代初恢復招生以來，一直是重視思想政治教育的。但是，成人高校有成人高校的特點，無論從招生對象、培養目標，還是教學內容與教學方法等都與普通高校有所不同。因此，思想政治教育除了有與普通高校共同的內容之外，還必須有自己的重點和特色。筆者認為它最主要的特點就是：成人化、職業化和務實化，因此對學員必須有針對性地加強社會主義職業道德教育。

　　一、加強職業道德教育的必要性。

　　加強社會主義職業道德教育應當成為當前成人高校思想政治教育的根本任務和基本內容。

　　1、這是成人高校實現自己培養目標的迫切需要。

　　成人高校與普通高校最顯著的區別就是各自的培養對象不同。成人高校主要是培養成人大學生。這些學員基本上都有自己的工作崗位、自己的職業、自己的專門業務。他們各自在社會上已經承擔著一種專門角色，因此，成人高校的培養目標就是培養德育與智育等全面發展、又紅又專的高等職業化的專門人才。這種職業化人才必須具有社會主義職業道德素質。職業道德是高度社會化的角色道德。例如做官要有官德，執教要有師德，經商要有商德，行醫要有醫德，從藝要有藝德等。各行各業都有與本行業和工作崗位的社會地位、功能、權利和義務相一致的道德準則及行為規範，並要求每個從業者或未來從業者必須遵循和執行的，這就是職業道德。

成人高校的培養對象一方面是學員，另一方面又是從業人員。為了使思想政治教育有明確的針對性，今天我們對他們的培養就是使他們在職業崗位上深造，為了更好地把已有職業工作做好，所以加強職業道德教育是提高他們現有道德素質的重要方面。

2、這是使學員適應社會主義市場經濟發展的迫切要求。

由於成人高校的學員，都有自己的職業，也就都直接或間接地參與了社會主義市場經濟的建設。社會主義市場經濟與社會主義職業道德是密切聯繫在一起的，相互聯繫，相互作用，相互滲透，二者是誰也離不開誰的。它們的聯繫具體表現在兩個方面。

第一，社會主義市場經濟是社會主義職業道德的經濟基礎，發展社會主義市場經濟有利於社會主義職業道德的建設。

一般說來，經濟是道德的基礎。我們知道，發展社會主義市場經濟的目的是促進生產力的發展，增強綜合國力和提高廣大人民群眾的生活水平，同時也有助於良好的公民道德和社會風氣的形成。社會主義市場經濟健康有序的進行，自身就內含著活動主體為社會服務的道德要求。這是因為，社會主義市場經濟活動是一種社會行為，任何經濟活動主體利益的實現，都必須把個人勞動轉化為社會勞動，為他人或社會提供所需要的產品和服務。社會主義市場經濟不僅包含著一般市場經濟的職業道德的要求，而且還蘊含著社會主義的價值承諾和道德的規範，要求人們發揚為人民服務和集體主義精神。

第二，社會主義職業道德又是發展社會主義市場經濟的重要保證。

應該說，社會主義的市場經濟才是真正的道德經濟。這是因為，加強社會主義職業道德建設是發展社會主義市場經濟的內在要求。我們知道，市場經濟對人們道德觀念的影響既有積極的方面，又有消極的方面，因此就需要社會主義職業道德教育的正確

引導。由於被市場經濟的客觀規律所決定，即價值規律、供求規律和優勝劣汰規律在市場經濟活動中具體化表現就是競爭性。而競爭必須有正確的道德規範約束，約束得好就能發揮積極有效的作用，反之就會發生盲目性和消極作用。這種消極作用反映到精神生活中，就會使人們產生「拜金主義」，「一切向錢看」，享樂主義和極端個人主義，以至產生腐敗等消極現象。要克服這些消極現象，一方面要靠市場經濟管理體制的完善和發展，另一方面就要靠加強社會主義職業道德的建設和教育。

成人高校的辦學目的是直接為發展社會主義市場經濟服務的。因此，對它的培養對象，就必須加強社會主義職業道德的教育，以適應社會主義市場經濟發展的需要。

二、加強職業道德教育的基本內容。

針對成人高校培養對象的特點，以及這些培養對象是來自各種具體的行業，從事多種多樣的職業，我們在這裡不去具體論述各種具體的職業道德的內容，而只就其共性的一些內容進行論述。從我們的教育實踐中體會到，成人高校加強職業道德教育的內容主要有以下幾方面：

1、進行以為人民服務為核心的敬業樂業教育。

學員們如何看待自己的職業，如何看待自己所在的工作崗位，是否認同職業所聯繫的責、權、利，是否認同和追求自己所從事崗位的價值，這是全部職業道德的核心。歷來職業道德教育的首要環節，是從職業認同入手培養職業意識，社會主義職業精神的基礎，是對於人民群眾主人翁地位的認同。

我們的各種職業都是為人民服務的，每個就業者都是人民的一分子。對於人民群眾來說，「為人民服務」本質上是「人民自我服務」，即公民之間通過相互服務來謀求共同的幸福。每個崗位上

的職業服務人員，在別的崗位面前都是被服務對象。這裡的職業分工原則都是平等的，沒有高低貴賤之分，也不存在根本的利害衝突，因此每個從業者都應該敬業樂業，全心全意為人民服務。

對學員進行教育時，必須講明，為人民服務所以成為社會主義職業道德的核心，這是由以公有制為主體的社會主義經濟基礎決定的；為人民服務的敬業樂業精神，是社會主義職業道德與以往一切私有制社會中的職業道德的根本區別。為了真正做到全心全意為人民服務，每一個從業者必須愛崗敬業，誠實守信，自覺地創造性地去做好自己的工作。

2、進行以集體主義為原則的職業規範教育。

學員們所從事的職業活動，都是在一個社會集體組織中進行的，因此他們必須按集體規範要求行動，才能達到自己的職業活動目標。這些職業規範通常表現為必要的規章制度和操作程式。職業規範是維繫職業和崗位生命的自我保證。對於每個從業者來說，是否具有基本的職業素質，也直接反映出他的職業道德水平。具有高度的職業規範的意識，一方面能充分認識和正確執行既定的規範，另一方面還能合理地完善和發展這些規範，更好地為人民服務。

3、進行對職業價值追求的勤業精業教育。

職業價值的追求是多方面的，有社會方面的，也有個人方面的，對職業道德的意義也不能簡單化地看待。當然，人們職業道德的內容越豐富，水平越高，在職業上所能實現的價值也越大越豐富。但是無論追求什麼樣的價值，都必須以實現職業的職能和利益為前提，只有職業本身和發展有保證，才能為實現更多的價值提供保證；本職工作做得越好，價值追求的實現才更有條件。所以必須對學員進行勤業精業教育。勤業表現為忠於職守，認真

負責，執行規範，堅持不懈。精業表現為業務熟練，技術精益求精。

4、進行遵紀守法和廉潔奉公的教育。

任何職業活動都是一種社會行為，而社會行為都要受多種規範的約束。這些規範中最重要的是政治法律規範、紀律規範。可以說社會主義市場經濟是法制經濟和紀律經濟，不允許無法無序的狀態出現。在社會主義市場經濟的條件下，所有從業人員必須遵紀守法，廉潔奉公，才能推動職業的發展。

對學員教育時，要把職業道德教育與法制教育、紀律教育緊密結合起來，充分認識遵紀守法和廉吉奉公的重要意義，並弄清道德與法律、紀律的重要關係。

三、加強職業道德教育的主要途徑。

1、領導重視。領導者要充分認識成人高校抓好職業道德教育的必要性和現實意義，堅持一手抓好學員的智育，一手抓好德育，在全面加強社會主義道德建設時，成人高校學員要以加強職業道德建設為重點。

成人高校的領導同志要高度重視對學員的職業道德教育，並從組織上給予保證。例如天津經濟管理幹部學院就成立了以黨委書記兼院長為組長的德育領導小組，下設德育教研室，並把社會主義職業道德作為學員思想品德教育的主要內容，選擇天津市教委組織編寫的《職業道德教程》[192]作為教材，用 40 學時進行課堂教學、參觀學習和課堂討論。還組織教師、班主任和黨團組織齊抓共管，聯繫平時行為表現對學員進行考核。

2、堅持理論聯繫實際的教學方法。

---

[192] 天津社會科學院出版社 1994 年出版。

　　職業道德教育，包括兩方面的內容：一方面是職業道德的理論內容，包括職業理想、職業觀念、職業精神、職業意志、職業形象等；另一方面是職業道德的實踐內容，包括職業行為等。職業道德具有精神活動和實踐活動的統一性，就是說，職業道德建設既要加強職業道德理論的修養，又要加強職業道德實踐的修養。也就是說，既要有正確的認識，又要有高尚行為。天津經濟管理幹部學院對學員進行職業道德教育也是抓兩手：一手抓好課堂教學；一手抓好職業道德行為的教育。另外也從兩方面考核：一方面對學員進行理論考核；另一方面進行職業道德品德的考核，最後綜合評分。

　　3、抓好典型的案例教學，向英雄模範人物學習。

　　榜樣的力量是無窮的。在社會主義職業道德的教育中，要充分發揮典型案例的作用，使學員學有榜樣，做有標準。例如北京市服務行業榜樣李素麗同志的業績，上海市維修行業標兵徐虎同志的業績，在我們對學員的教育中發揮了重要作用。

　　榜樣不僅有全國的，而且我們身邊也有，學員們也要向他們學習。我們還組織學員進行相互交流，相互學習。這在職業道德的教育中也發揮了重要作用。

　　4、提倡「慎獨」。

　　所謂「慎獨」，原是儒家的修身之法。《禮記・中庸》中說：

　　　「莫見乎隱，莫顯乎微，故君子慎其獨也。」

　　在今天加強社會主義職業道德教育時，仍然提倡這種修養的方法，並賦予其新的含義，即堅持在職業道德建設方面的自律和自我約束。關於「慎獨」的修養，在成人高校學員中主要應強調兩點：

　　第一，加強自覺性修養。

　　成人高校的學員在執行職業道德規範時，是在工作崗位上獨立實施的。因此加強自覺性教育十分重要，要像古希臘哲學家德謨克利特講的那樣，「要留心，即使當你獨自一人時，也不要說壞話做壞事，而要學得在你自己面前比在別人面前更知恥。」總之，要使「慎獨」成爲一種內在的道德力量。

　　第二，加強自律教育。

　　要求成人高校學員在獨處無人監督的情況下，要嚴於律己，始終如一。自我約束，必須按職業道德的規範去做，不要打折扣。必須敢於批評自己的過失，敢於批評和自我批評是自律的保證。

　　　　　　　　　發表於《職業教育》，1998，第 1 期。

轉變擇業觀念與加強職業道德教育

我們無論在革命戰爭年代，還是在社會主義建設時期，有一種光榮的傳統工作方法，那就是在事關全國的大事面前，堅持政治工作是其它一切工作的生命線，堅持針對大事，抓好思想政治教育工作。越是難事，越要加強思想政治工作。在實施下崗分流和再就業工程這種關係全局的大事面前，我們也不例外，要通過加強對幹部和職工的社會主義職業道德的教育，幫助他們樹立起適應市場經濟發展的正確擇業觀。

第一，要進行職業的社會需要性的教育，說明職工樹立以社會需要爲擇業目標的就業觀。

任何一種職業的產生，都是以社會需要爲前提的，只要社會有某種物質的或精神的需要，就必然要產生生產某種物質產品和精神產品的職業。社會需要某種職業，就必須有人去從事這種職業活動。社會的需要也是發生變化的，有時這種職業需要多一些，有時那種職業需要多一些。因此，人們的職業也不是永遠不變的，人們必須根據社會發展的需要去選擇自己的職業，去調整自己的職業。當然，社會的需要與個人的需要有時一致，有時不一致。當社會的需要與個人的需要發生矛盾時，正確的態度與做法是把社會的需要內化爲個人的需要，即要把個人的需要融進社會的需要。那麼，如何內化呢？這就需要加強教育，特別是進行社會主義職業道德的教育。用社會主義職業道德規範去調整社會需要與個人需要之間的矛盾。當個人利益與社會整體利益發生矛盾時，要按照社會主義職業道德的集體主義原則的要求去做，即個人利

益要服從集體利益和社會整體的利益。同時，在保證社會整體利益的前提下，努力保障正當合理的個人利益。

在社會主義社會，仍然存在各種職業需要，存在著各種苦、累、髒、險的職業，例如我國就有諸如採礦、鑽井、建築、環衛等職業，需要許多人去做，服務行業就業的需要也很大。因此，下崗職工應該適應這些職業的需要實施再就業。

第二，要進行職業的平等性的教育，幫助職工樹立崗位有區別，職業無貴賤的就業觀。

社會職業是由於社會分工和生產內部的勞動分工而形成的具有特定專業和專門職責的活動。在社會主義制度下，任何職業都是平等的，沒有高低貴賤的區別。職業的區別，只是分工的不同，就職業活動來說，只有簡單勞動和複雜勞動的區別。就從業人員來看，不同職業的從業者都是社會主義社會的主人，政治上和人格上都是平等的，也沒有高人一等和低人一等的區別。前國家主席劉少奇在接見全國勞動模範掏糞工人時傳祥時就談到，無論是國家主席還是環衛工人都是社會主義國家的主人，大家都是平等的。在下崗分流和實施再就業工程中，要進行職業的平等性的宣傳和教育，要使廣大職工充分認識到，在社會主義制度下，任何職業活動都是為建設社會主義祖國服務的，都是造福社會，造福人民的，因此，職業無貴賤，從事任何建設兩個文明的職業都是光榮的。

第三，要進行職業的人民性教育，幫助職工樹立在社會主義市場經濟條件下，在不同所有制企業工作都是為社會服務的就業觀。

在社會主義制度下，任何職業的從業者，在法律允許的範圍內，所從事的一切造福社會，造福人民的職業活動都是為人民服

務。這就體現了社會主義職業的人民性。這些職業活動是符合社會主義職業道德要求的。

社會主義職業道德中的爲人民服務的原則，是建立在以社會主義公有制爲主體的經濟基礎之上的，受公有制爲主體的經濟關係所決定，在公有制企業從業的人員都是企業的主人，他們所做的工作都是爲人民服務。社會主義職業道德要求他們必須以主人翁的精神從事勞動，這種勞動是人民之間的自我服務，也就是爲人民服務。過去這方面宣傳得很多。那麼在非公有制企業或職業中從業人員是否是爲人民服務呢？當然也是爲人民服務，因爲它們是社會主義社會的組成部分，也是爲建設社會主義國家服務的。關於非公有制職業中的從業活動也具有人民性，我們應該大力宣傳，讓下崗職工在再就業時大膽從事這些職業。

第四，要進行職業的責、權、利統一性的教育，幫助職工樹立競爭上崗，效率優先的就業觀念。

職業在社會生活中，主要體現出三方面的要素：一是職業職責，即每一種職業都包含著一定的社會責任，必須承擔一定的社會任務，爲社會做出應有的社會貢獻。二是職業權利，即每一種職業人員都有具體的職業業務權力，就是說只有從事這種職業的人才有這種權利，而在此職業之外的人不具有這種權利。三是職業利益，即每一種職業人員都能從職業工作中取得工資、獎金、榮譽等利益。任何一種職業都是職業職責、權利和利益的統一體。

在實施再就業工程中，必須教育廣大職工，無論從事哪種職業，都要有責任感和事業心，敢於競爭，講求效率，努力爲社會、爲人民造福，自己取得合法正當的利益，把職業責任、權利和利益正確地統一起來。

發表於《研究與實踐》，1998，第4期。

道德建設和現行政策的關係初探

「堅持先進性與廣泛性的統一，正確處理提倡先進道德同執行現行政策的關係」是做好職工思想政治工作的一條重要原則，它也是一條有效的經驗。關於這一條原則，有許多理論問題需要我們深入研究和探討。李瑞環在《關於職工思想政治工作的若干問題》的講話中，對這一條原則做了既全面又透徹的闡發，那麼怎樣才能正確處理提倡先進道德和執行現行政策的關係呢？

一、正確認識道德規範和現行政策的特殊性。

所謂道德規範是制約人們道德意識和道德活動的社會法則，是調節社會中個人利益和社會整體利益矛盾的行為規則。因此，它與其它社會意識形態相比較，它所包含和所要解決的特殊矛盾問題，主要的就是個人和社會整體的關係問題，或者說，是解決由一定經濟關係所決定的個人利益和社會整體利益的矛盾問題。

道德規範的這種特殊矛盾性還表現在解決此類矛盾時還有其特殊的方式：其一，它在評價人們處理個人利益與社會整體利益矛盾時，是以善惡為其標準的。例如製造商品者，一心一意為顧客著想，保質保量地適應社會需要，這就是道德的；而只顧個人賺錢贏利，不顧廣大顧客損失，以至危害社會，這種行為就是不道德的。其二，它在調節個人利益和社會整體利益時，運用的只是社會輿論、內心信念和傳統習慣。比如它對社會風尚的若干規定以及對人們一些行為的提倡和制約就是靠社會輿論、理想信念和傳統習慣的力量實現的，其三，它在解決矛盾和衝突時，要求個人作出必要的節制和或多或少的自我犧牲。例如當某些個人欲

望和要求與社會整體利益發生抵觸時，道德規範則要求個人做出必要的犧牲，維護社會整體利益。

總之，道德規範的這種特殊矛盾性主要表現為：以個人必要的自我節制與犧牲為前提，用善惡標準來評價和解決個人與社會整體之間的矛盾。我們提倡的社會主義道德規範和共產主義道德規範，更具有這種特殊矛盾性。然而用道德規範來解決這類特殊矛盾問題時，不是靠行政權力，而是靠教育宣導，正如李瑞環在《講話》中指出的，道德規範是宣導性的。

另外。道德規範還表現為社會意識形態的層次性和超前性，這也是它的特殊性。例如對於不同社會層次的人，就有不同的道德行為要求，因而就有不同的規範內容。所謂超前性，是指在道德規範中還包括對一部分社會先進分子理想的要求，例如愛護公共財物，把個人、集體和整體社會的利益正確地結合起來，把愛國主義和國際主義正確地結合起來等等。

所謂現行政策，是指國家或政黨，在處理最廣大人們現實利益的關係時，按照路線所制定的現實的規定。我們國家的現行政策，都是在社會主義社會初級階段基本理論的指引下制定的，它是用來處理人們之間各種利益關係的最現實的規定。例如經濟方面的分配政策、稅收政策等；政治方面的知識份子政策、統戰政策等，就是依據一定的路線、方針政策制定出來的。

現行政策也是用來解決個人、集體、國家以及整個社會之間的利益關係，但是它卻有自己解決問題的特殊表現和方式，具體表現為以下幾點：

第一，現行政策具有控制性。在一定範圍內，它依靠國家政權和行政機關，強制人們執行，同時，它又有力地保護積極貫徹的人們。

第二，現行政策具有權威性。現行政策是由一定的權力機關或被一定的權力機關指導制定的。因此，具有較強的政治性，它與完成一定的政治任務相聯繫。在一定權力機關的組織下實施，所以它具有權威性。

第三，現行政策具有現實性。總的來看，現行政策是爲解決人們經濟利益關係的最現實的規定，在現實生活中，它具有十分明顯的作用，它與人們的實際利益密切相關。

正確認識二者的特殊性，有助於在思想教育中克服「絕對平均主義」和「拜金主義」的思想。

二、正確認識道德規範與現行政策的統一性

道德規範與現行政策不僅各自具有特殊性，而且還具有統一性。總的來看，它們都是社會存在的反映，它們對社會存在又都有能動作用。下面以我國社會主義社會初級階段提倡先進道德和執行現行政策的情況爲例，具體說明這個問題。

在我國社會主義社會初級階段裡，提倡先進道德同執行現行政策雖然不能混同或不能互相取代，然而，它們是能夠辯證地統一起來的。具體表現在以下幾個方面：

第一，二者存在著辯證統一的客觀基礎。

這個基礎就是我國已實行了社會主義的社會制度，建立了生產資料公有制爲主體的經濟基礎。我們的上層建築、意識形態包括路線、方針、政策的制定和道德建設都是以馬克思主義爲指導的。我們制定的現行政策和提倡的道德都是爲了發展社會主義的市場經濟。因此，要求各項政策的制定，不僅要講求經濟效益、社會效益，而且要有利於人際關係的協調和健康良好的社會道德風尚的形成。同樣，道德的教育和宣傳，先進道德的提倡，不僅

要致力於提高全民族、全社會的道德水平。而且要有利於現階段各項政策的實施。

第二，我們提倡的先進道德和執行的現行政策所維護的根本利益具有一致性。

我們提倡的先進道德是社會主義道德和共產主義道德，是維護社會絕大多數成員的利益。最低標準的道德規範也是反對一切損人利己，損公肥私，金錢至上的言行，而決不否定按勞分配等社會主義原則。

我們的現行政策維護的同樣是國家和集體的利益，是最廣大人民群眾的合法的、正當的利益。它同樣反對一切損人利己，損公肥私等行為，堅決反對一切違背社會主義道德規範的活動。

總之，我們提倡的先進道德和執行的現行政策，根本目的是一致的，是維護社會主義和人民大眾的利益。

第三，努力尋求道德建設與現行政策的統一。要「正確處理提倡先進道德與執行現行政策的關係」，就要從理論和實踐的結合上努力尋求道德建設與現行政策的具體的歷史的統一。

一、要看到道德建設和現行政策的各個不同方面與其關係；二、要看到各個方面的必然聯繫；三、要把它們具體地有機地統一起來。比如宣傳和提倡先進的道德，就要認識其各個不同的方面，處理好三個關係，即現實與未來的關係，多數與少數的關係，廣泛性與先進性的關係。在實際工作中，應該根據不同對象的不同時期的實際情況，講究道德的層次性，注意工作的漸進性，明確地區分應當提倡的是什麼，必須做到的是什麼，允許存在的是什麼，堅決反對的又是什麼。既要照顧多數，又要鼓勵先進，以引導不同覺悟程度的人們一道前進。總之，先進的思想道德必須提倡，現行的政策也必須執行。只有把二者有機地結合起來，現行政策才能發揮更大的威力，思想道德教育才能收到更好的效果。

　　應特別注意防止把道德建設與現行政策分割開來、對立起來的現象。一方面，要克服不重視道德建設，不提倡先進道德，而是只想靠現行政策來管理的錯誤思想，同時還要防止把道德問題歸咎於現行政策，對現行政策產生懷疑和誤解，影響現行政策的貫徹執行，以至否定現行政策的另一種極端傾向。

發表於《思想政治工作研究》，1991，第 3 期。

社會主義市場經濟條件下
公民道德建設問題的探討

　　社會主義市場經濟條件下的公民道德建設，既有理論問題，又有實踐問題，理論問題弄不清，實際操作就很難，因此，把存在的問題弄清楚，對於把社會主義市場經濟條件下的公民道德建設提高到一個新水平有十分重要的意義。

　　一、公民道德建設與社會主義市場經濟的關係。

　　首先，社會主義市場經濟決定公民道德建設的方向。社會主義市場經濟與資本主義市場經濟不同之處就是在社會主義制度下搞市場經濟，因此公民道德建設是以社會主義思想爲根本指導思想的，正如《公民道德建設實施綱要》第二部分指出的：

> 「在全民族牢固樹立建設有中國特色社會主義的共同理想和正確的世界觀、人生觀、價值觀，在全社會大力宣導『愛國守法、明禮誠信、團結友善、勤儉自強、敬業奉獻』的基本道德規範，努力提高公民道德素質，促進人的全面發展，培養一代又一代有理想、有道德、有文化、有紀律的社會主義公民。」

　　這就是說，在社會主義市場經濟條件下搞公民道德建設，它的社會主義方向和性質是不能模糊的。

　　其次，堅持公民道德建設要與發展社會主義市場經濟相適應。

　　我們搞的社會主義市場經濟，概括地看，它仍是市場經濟。市場經濟的規律在社會主義市場活動中是同樣具有的。因此在公民道德建設中，要充分發揮社會主義市場經濟機制的積極作用，不斷增強人們的自主意識、競爭意識、效率意識、民主法制意識

和開拓創新精神。正確運用物質利益原則，反對「一切向錢看」、不講道德的錯誤傾向，在實踐中確立與社會主義市場經濟相適應的道德觀念和道德規範，為發展社會主義市場經濟，為進一步改革開放，為加速發展社會主義現代化建設提供強大的精神動力與思想保證。

從另一方面說，不能把公民道德建設與發展社會主義市場經濟對立起來，必須使它們相適應。

二、公民道德失範的主要原因。

我國公民道德建設雖取得了不小的進步，但在許多方面還存在不少問題，社會的一些領域和一些地方道德失範，其中有的還相當嚴重。具體表現在是非不分，善惡不辨，美醜界限混淆。拜金主義、享樂主義、極端個人主義有所滋長，見利忘義、損公肥私行為時有發生，不講信用、欺騙欺詐成為社會公害，以權謀私、腐化墮落現象嚴重存在，等等。

在社會主義市場經濟條件下，為什麼會產生以上問題？原因何在？

關於社會存在的道德失範或道德滑坡的原因，有人說，這是搞市場經濟的必然結果；有人說，道德失範或道德滑坡不是搞市場經濟的必然結果，而是「私」字氾濫成災造成的；還有的說，是對道德建設的教育和「投資」不夠造成的，真是眾說紛紜，莫衷一是。到底是什麼原因，這是很值得探討的。如果原因不明，存在的問題就難以解決，這些問題如果得不到及時有效解決，就必然損害正常的經濟和社會秩序，損害改革發展穩定的大局，這應當引起全黨和全社會的高度重視。

社會存在的道德失範或道德滑坡問題，是搞社會主義市場經濟的必然結果嗎？

有的人說，回顧新中國成立後的五六十年代，那時搞的是社會主義的計劃經濟，當時的公民道德和道德環境確實比今天市場經濟條件下的好。那時候，主要強調熱愛集體，講究集體利益，全心全意爲人民服務。特別是 20 世紀 60 年代的「向雷鋒同志學習」，營造了非常好的公民道德環境，因此，當時的社會秩序，人的道德面貌確實很好。而今天搞了市場經濟，在社會的一些領域和一些地方，公民道德出現了相當嚴重的失範現象，以至於嚴重滑坡。因此他們就推論出這是市場經濟造成的必然結果。

也有的人反駁道：搞市場經濟的人多得很，爲什麼有很多人就沒有發生道德失範，沒有發生道德滑坡？不但如此，還做出了許多造福社會、造福他人的好事，從而顯示出了高尙的道德風範。這就證明道德失範與搞社會主義市場經濟沒有必然的聯繫。

筆者認爲，對社會主義市場經濟條件下發生的道德失範的原因要具體分析，不能一概而論。

首先，對社會主義市場經濟要有具體深入的認識。就公民道德與市場經濟的關係而言，我們作如下分析。

社會主義市場經濟是屬於市場經濟的範疇，搞社會主義市場經濟的目的與搞其它市場經濟的目的是一樣的。大家都知道，市場經濟活動的目的就是爲了賺得利潤和獲得利益。就市場經濟的生產者、經營者來說，他們的目的是爲了賺取利潤，爲了實現商品價值的最大化，實現利潤的最大化。他們在市場運營的過程中還要積極地多方面地參與競爭，去爭奪利益。這種競爭與爭奪，是市場經濟的客觀規律、諸如價值規律、供求規律和優勝劣汰規律所決定的。同樣，市場經濟的消費者，即商品的購買者，他們參與市場經濟的目的是爲了從中得到好處，實現商品使用價值的最大化，實現商品效用的最大化，爲了達到這個目的，也要參與競爭和爭奪利益，例如公民要用盡心計，買到物美價廉的商品。

在市場經濟活動中，市場經濟人（生產經營者和消費者）為了達到自己的目的，往往採取以下兩種手段去獲取利潤或利益：一種是造福社會，造福他人去生產、經營，服務，從中得到自己應得的合理的利潤或利益。在社會主義市場經濟條件下，絕大多數企業都是這樣做的。他們為廣大公民，也包括他們自己，生產出了必要而有用的商品，為人民謀了福利，當然他們也從中賺得了應得的利潤。我們稱這種手段叫「利他為己」的手段。另一種卻相反，他們通過損害社會、損害他人去從中牟利。例如，制假造假，以次充好，以劣冒優，偽造欺詐，坑蒙拐騙，等等，他們通過這些手段去損害大眾，坑害社會，從中獲取不義之財。我們稱這種手段叫「損人利己」的手段。

由以上可見，由於市場經濟是一種趨利經濟，只要搞市場經濟活動，就為它的市場交換的本性所決定，就必然要去追逐利潤和利益。又由於市場經濟是一種競爭經濟，只要搞市場經濟活動，就要千方百計力爭在競爭中獲勝，這裡就有一種可能會採取不道德或道德失範的手段去獲取利潤或利益。因此，雖說道德失範或道德滑坡不是社會主義市場經濟的必然結果，但是在社會主義市場活動中，是有可能性導致道德失范或道德滑坡的。

其次，對道德失範的歷史原因要作必要分析：

在社會主義計劃經濟時期，雖然公民道德風貌，道德環境較好，大家都很注重集體利益。但是這種道德風貌和道德環境不會堅持很久，因為廣大公民在為集體利益奮鬥時，最後必須獲得相應的個人利益。而在計劃經濟時期，雖然集體利益有了，但廣大人民群眾沒有得到相應的個人利益，人民生活水平沒有得到很大提高（不僅當時中國如此，原蘇聯更是如此）。這種情況時間長了，廣大群眾的積極性就會受到挫傷，集體利益必然受到破壞。在這種情況下，我們搞了社會主義市場經濟，因此經濟和生產發展很

快，人們要獲得個人利益的心情也就更加急迫，人們急功近利的思想和行為大增，由於歷史的這種潛在因素，不擇手段追逐個人利益的現象就會頻頻發生，這種歷史的因素也是道德失範的一個重要原因。

最後，一些公民道德基礎薄弱，就會受到一些消極因素的影響，這也是道德失範或道德滑坡的原因。

三、公民道德建設的主要途徑。

要加強公民道德建設，就要使全體公民充分認識公民道德建設的必要性，認真貫徹公民道德建設的指導思想和方針原則，明確公民道德建設的主要內容，大力加強基層公民道德建設的教育，深入開展群眾性的公民道德實踐活動，積極營造有利於公民道德建設的社會氛圍，努力為公民道德建設提供法律支持和政策保障，切實加強對公民道德建設的領導。總之，要認真貫徹落實《公民道德建設實施綱要》。

關於公民道德建設的途徑，筆者提出幾個問題來探討和研究。

第一，關於「倉實養廉」問題。

就是說要通過積極發展經濟，不斷增加公民的經濟收入，不斷提高廣大公民的生活水平，去促進公民道德水平的提高，而減少或防止道德失範。有些搞市場經濟的國家是這麼做的。他們實行「高薪養廉」。我覺得這對多數人是有效的。試想，如果一個人的工資養活不了自己，養不活家中老小，他就很可能想些歪點子去撈錢養家糊口。因此，筆者非常贊成給公務員、事業單位的工作人員提高工資。讓他們解除後顧之憂，積極工作，為發展經濟貢獻力量，為社會主義現代化而努力奮鬥。但是，這不是說經濟發展了，生活水平提高了，道德就一定好了。對於那些「私心」氾濫者，追逐私利無止境的人仍是不奏效的。

第二，關於「抑私防貪」問題。

過去有人說「私字是萬惡之源」，其實，這是不完全符合事實的。在社會主義市場經濟條件下，對「私」字也要作全面分析，必須有清醒的認識。一方面不能全面否定「私」字，合理合法取得的私利是受到國家法律保護的。這種私利也有積極的好的作用。它能鼓勵或調動人的積極性，有時還是人們前進向上的一種動力；另一方面，「私」字有消極或壞的方面，那就是它會無限的惡性膨脹。膨脹為壞或惡的界限和標誌是侵犯他人或社會的利益。任何一個公民，只要他侵犯了他人或社會的利益，他就道德失範了。輕微地侵犯他人或社會的利益，就是輕微地道德失範。例如不遵守交通秩序，騎自行車闖紅燈，使直行的車輛受阻；隨地吐痰，破壞環境衛生等自然是不道德的行為。嚴重地侵犯他人或社會的利益，就是嚴重地道德失範，以至於違法亂紀。例如貪污腐化，行賄受賄，偷盜詐騙，就屬此類。

因此，在加強公民道德建設教育時，必須進行「抑私防貪」教育，每個公民在任何時候，任何場合不得侵犯他人或社會的利益。只要侵犯了，就開始道德失範了。

第三，關於營造良好道德環境問題。

良好的道德環境對公民道德建設有很大的影響力和滲透力。俗話說：「近朱者赤，近墨者黑。」在一個具有良好道德環境的家庭裡，孩子就能養成良好的道德習慣。在醜惡道德環境裡的孩子就會養成許多壞習慣。因此，一切思想文化陣地，一切精神文化產品，都要宣傳科學理論，傳播先進文化，塑造美好心靈，弘揚社會正氣，宣導科學精神，大力宣傳體現時代精神的道德行為和高尚品質，激勵人們積極向上，追求真善美；堅決批評各種不道德行為和錯誤觀念，幫助人們辨別是非，抵制假惡醜，為推進公民道德建設創造出良好的輿論文化環境。

一切大眾媒體，都要堅持以正面宣傳為主，廣泛宣傳先進模範人物，充分發揮他們的榜樣作用，要把先進性與廣泛性緊密結合起來。

第四，關於公民道德建設的「投資」問題。

公民道德建設是需要「投資」的。這裡的「投資」既包括精神鼓勵或獎勵，也包括物質或貨幣的投入。例如，對見義勇為者，勇鬥歹徒、奮勇搶救落水者，他們可能負傷或獻出生命。他們當中的有些人，可能醫療費都付不起，因此對這些英雄或模範人物，不僅要從精神上獎勵，而且要從物質上給予獎勵，使他們的崇高道德品質得到發揚。使為實施崇高公民道德而付出代價的人無後顧之憂。在社會主義市場經濟條件下，為實施公民道德規範的付出，就像工廠生產出產品需要投資一樣，也是需要給予「投資」的，當然這種「投資」的內涵可能更為廣泛，但「投資」是必須的。

第五，關於領導者「率先垂範」的問題。

中央制定了《公民道德建設實施綱要》已向全國公民發佈，下面的關鍵是認真貫徹落實，其中各級領導者肩負認真落實的重任，各級領導者身先士卒，帶頭踐行是十分必要的。領導者不僅要說得好聽，至關重要的是要做得好看。不僅貫徹《實施綱要》如此，而且對地方政府發佈的有關公民道德建設的行為規範也要帶頭踐行。領導者帶頭做了，就是無聲的號令，廣大公民就會跟著去做。例如很多省市都發佈過在公共場所（會議廳、影院、教室、公共汽車內、火車箱內等）禁止吸煙的道德規範。其中浙江省寧波市、江蘇省張家港市就落實得很好。原因在於那裡的領導者嚴格要求自己，在所有公共場合堅決不吸煙，他們也要求廣大幹部和群眾在公共場所不吸煙，由於他們認真帶頭貫徹，加強管

理，措施得力，取得了很好的效果。因此，在公民道德建設過程中，領導者率先垂範，以身作則是非常重要的。

發表於《職業道德學能培養練習》，
天津古籍出版社 2004 年 3 月版。

充分發揮創新思維的
重要社會作用

　　在此豐盈的北方金秋季節，我們在這裡慶祝天津市邏輯學學會創新思維分會成立 10 周年，並舉辦《創新思維與發展趨勢理論研討會》，同時舉行創新思維分會理事會換屆選舉及會員代表會議。我代表天津市邏輯學學會理事會對會議的召開表示最誠摯的祝賀！對各位領導、專家光臨會議表示最熱烈的歡迎！

　　創新思維分會成立的 10 年，正是我國跨入新世紀──21 世紀的前 10 年，在這 10 年裡，我們偉大的黨和人民積極開拓創新，不斷地深化改革開放。這使我國的各項事業取得了創造性的發展。創新思維分會成立的十年，也正是全黨和全國人民高舉鄧小平理論與「三個代表」重要思想的偉大旗幟，在科學發展觀的指引下，全面建設小康社會，構建和諧社會與創新型國家，取得了舉世注目的創造性的巨大成就。

　　我國近 10 年的社會生活、社會實踐再一次證明，創新是我們中華民族進步發展的靈魂，是我們的事業不斷發展的不竭動力。

　　創新的實踐還進一步證明：只有在創新的理論、創新思想的指導下，創新的實踐才能得以實現。正如我國近 30 年來的改革開放，建設中國特色社會主義的偉大實踐，所以能獲得創造性的成就，就是因為有當代發展了的馬克思主義理論鄧小平理論與「三個代表」重要思想和科學發展觀的正確指引。而任何理論思想都是認識的結果、思維的結果。同樣，創新的理論、思想必是創新思維的結果。由此可見，創新思維是各種創新理論、創新思想的必備條件。同樣，創新思維也是當代發展了的馬克思主義理論即

鄧小平理論、「三個代表」重要思想和科學發展觀的必備條件。只有思維的不斷創新，才能形成科學的創新理論。對於我們的黨，也只有堅持思維的不斷創新，才能形成科學正確的理論和指導思想。由此可見，創新思維是領導者執政的核心，也是一個國家、一個政黨永久發展的首要條件。概括地說，創新思維是引導社會發展和進步的基石。

創新思維分會十年來以創新思維為主題，圍繞黨的「十五大」、「十六大」、「十七大」提出的創造性的理論、方針、政策，進行學習和研究，開展富有特色的活動，下面就以近五年來開展的活動為例：

2006 年 12 月 9 日，創新思維分會在天津大港區委所在地舉辦了「創新、創新思維與構建社會主義和諧社會理論研討會」。出席會議的有市政機關的部門領導、企業家、技術管理人員、高校的專家、教授、學者 50 多人，提供 10 餘篇論文，從創新思維方法、模式研究；邏輯學在民主社會中的作用；自主創新和技術創新；創新思維的重要作用等方面進行了深入的研討。會議還選出兩篇論文參加市社聯優秀論文的評獎。這次研討會開得很充實，內容很豐富，發言的學者做了充分準備，這次會議主要研討了創新思維與構建和諧社會和建設創新型國家的關係。以及創新思維對構建社會主義和諧社會的重要意義和作用。大家充分肯定創新思維與構建社會主義和諧社會的關係是非常密切的，創新思維與構建社會主義和諧社會是相互促進的，創新思維是構建社會主義和諧社會的重要條件，只有用不斷創新的思維去把握和諧社會的內涵、實質和精髓，才能認識其價值和意義，離開創造性的思維方法和思維模式，是根本無法做到的。也只有運用創新思維，才能不斷克服建設和諧社會中存在的問題，解決存在的矛盾，消除其不和諧的因素，促進社會主義和諧社會的發展。同時，在高度和

諧的社會主義社會裡，又能推動創新思維的發展，大多數人在祥和社會中，才能更全面、更深刻地發揮自己的聰敏才智，才會更加主動積極地進行創造性思考，這時創新思維就更加活躍、更富有成效。人類的思想、文化、科技多數是在和諧盛世時才能得到充分的顯露和發展，從而創造出輝煌的文明。

2007 年 6 月，在天津市社聯主樓二樓會議室，市邏輯學會召開了「建設和諧社會與創新思維」理論研討會，創新思維分會組織了部分會員參加研討，有 40 多位專家、教授和企業領導者出席，有 6 位學者發言，還展開了問答式的熱烈討論。會議深入討論了如何運用創新思維爲建設社會主義和諧社會服務，以及創新思維方法在建設社會主義和諧社會中的應用。會議開的有聲有色。

同年 12 月 8 日，市邏輯學會在市委黨校召開了「科學發展觀、邏輯與創新思維」的學術年會，創新思維分會積極組織分會會員參加研討。參加會議的有 50 多人，有 10 位同志作大會發言。大家從不同方面深入研討了創新思維與科學發展觀的關係，認爲創新思維是科學發展觀存在的條件，科學發展觀是運用創新思維的理論成果。大家還論證了創新思維與普通邏輯、經濟邏輯、邏輯史等學科之間的關係。

2008 年 12 月 20 日，市邏輯學學會在天津工業大學和平校區舉辦了「邏輯科學創新與應用」研討會，創新思維分會積極組織會員參加。會上有 5 位同志發言，大家從創新的角度具體研討了邏輯科學如何運用創新思維積極創新，比如歸納邏輯、博弈邏輯、辯證邏輯、經濟邏輯等如何運用創新思維爲社會主義現代化建設事業服務。

2009 年 11 月 7 日，在天津港集團有限公司博覽館會議廳舉辦了「企業家創新思維與科學發展觀」研討會。會議圍繞科學發展觀與企業思維創新、經濟邏輯與企業思維創新、創新思維與天津

經濟建設、濱海新區的建設等方面積極研討。這次研討會的一個重要內容是組織會員們參觀了天津港如何在創新中大發展的，從實踐中證明，創新思維在企業和經濟發展中發揮的重要作用。會員們參觀博覽會和天津港之後，深感創新和創新思維的不可忽視的作用，大家感慨地說：「思維創新，事業長青！」

今天的會議，是創新思維分會舉辦的一次重要會議，它將深入研討創新思維發展的新特點、新形勢，以及在社會生活中的重要意義與作用。我們相信這次會議的內容對天津市的一些企事業單位的工作將產生一定的影響！

創新思維分會還薈萃了許多研究成果，先後出版了兩本論文集，其中分會會員的文章占的數量不少！例如在《企業創新思維與邏輯應用研究》這本論文集中，共有 28 篇文章，分會會員就寫了 14 篇。在 2008 年由天津人民出版社出版的論文集《和諧‧思維‧創新》這本論文集中，共有 44 篇文章，分會會員單位就寫了 12 篇。這些論文分別總結和概括出了天津市的許多企事業單位在改革開放、加強企業管理、物質文明和精神文明建設、構建社會主義和諧社會和和諧社區等許多方面的運用創新思維、創新思維方法的規律性的理論觀點，並發揮了重要的社會作用。例如本市大港區在區委的正確領導下，運用創新思維的方法，在各個社區想出了各種新點子，有特色地建設社會主義的精神文明，比如他們以土地換學校、以土地換教育事業的發展引來了許多高等學校在大港區發展，像南開大學的濱海學院，還有司法部門的法官學院，以及外語學院等學校在本區落戶，使大港的文化建設欣欣向榮。從而把大港區建設成了全國社會主義精神文明建設的先進單位之一。兩本論文集中有 30 多家企事業單位論述了運用創新思維後的新發展、新成就。在第一本論文集中有：天津經濟技術開發區、天津鋼管公司、天津市微型汽車廠、市石油化工公司、天津

大橋（集團）公司、天津寶成集團公司、市鼓風機總廠、林業工具廠、市第三建築工程有限公司、天津勸業場（集團）股份有限公司、市地鐵管理處等 22 家企業單位。在第二本論文集中有天津經濟技術開發區、市道路管網配套建設投資有限公司、市河東區文化與旅遊局、天津市水上公園管理處、天津工人報社等十餘家企事業單位。他們通過理性的思考，總結出創新思維的理論問題和實踐經驗，充分反映了創新思維的重要社會功能。

　　從 10 年來創新思維分會所開展的各項活動和所做的工作，我們就可以清楚地總結出創新思維的重要意義和重要的社會作用。當然，我們還可以從許多方面總結和研究，創新思維的作用是很多的。摘其要點，主要有以下幾個方面：

　　首先，創新思維有助於明確構建社會主義和諧社會的發展方向。鄧小平理論、「三個代表」重要思想、科學發展觀都是創新思維的傑出成果，這是我們在建設社會主義社會時必須遵循的根本指導思想，這些重要思想也為我們構建社會主義和諧社會指明了方向。

　　其次，創新思維關係到管理國家、管理企業的優劣。對於一個國家、一個企業的管理必須運用創新思維、堅持創新。一個國家、一個企業經常出現矛盾，出現不和諧的問題是常有的事。問題在於如何解決這些問題（包括各種災難）。我認為，關鍵在於運用創新思維積極進行創造性思考，不斷進行制度創新，機制創新，方法創新和思維方式的創新。鄧小平建設有中國特色的社會主義的理論是運用創新思維的傑出典範，解決了中國社會主義建設中生產力發展緩慢，人民生活水平長期低下的問題。

　　第三，創新思維關係到市場經濟條件下企業競爭的成敗。市場經濟是競爭的經濟，競爭是一切市場經濟的根本性的特徵和規律，誰要想在市場競爭中獲勝、成功，誰就必須在競爭中積極運

用創新思維及其方法，否則就會失敗、破產。我國 2009 年改革創新的十大先進企業及領軍人物的事蹟就充分證明了這一點，他們是海爾集團及其首席執行官張瑞敏、聯想控股集團及其總裁柳傳志；濰柴控股集團董事長譚旭光……。

　　第四，創新思維有助於人的綜合素質的提高。特別是思維素質的提高。人們只有在不斷的運用創新思維，積極創新、敢想敢幹、積極向上，這對於人的經驗的積累、理論水平的提高、思維能力和心理承受能力的加強都是很有作用的。

　　最後，我要表達的，我們邏輯學會理事會對創新思維分會上一屆理事會的工作十分滿意；對他們所做的工作和取得的成績充分肯定。值得表揚的是分會理事會的許多企事業單位的領導和老先生，他們從物力和財力上給分會和市邏輯學會大力資助，使我們的工作得以順利開展。有些人不辭辛苦、不計報酬，團結廣大會員，積極開展各項工作，特別值得表揚。

　　我們希望創新思維分會新一屆理事會繼續發揚思維創新的品格，更加充分地發揮創新思維的重要社會作用，為建設中國特色的社會主義社會，全面建設小康社會、促進各項社會文明建設，特別在提高人的思維素質方面，積極開展工作，做出應有的貢獻。發揚以往的光榮傳統，爭取更大光榮！

　　　　　2010 年 9 月 3 日，在創新思維分會慶祝成立十周年暨《創新思維發展趨勢理論研討會》上的演講。

《思想政治工作中的哲學問題》引言

（一）

在社會主義社會初級階段，在建設具有中國特色的社會主義的過程中，在建設我國現代化物質文明和社會主義精神文明的偉大實踐中，進一步加強和改進思想政治工作，使其爲社會主義社會服務，是完全必要的。

要把思想政治工作做得正確，切實做好，最要緊的，是要把我們的思想方法搞對頭，這就必然要涉及思想政治工作中的許多哲學問題。這些哲學問題需要我們深入研究和認真概括總結。爲什麼要這樣做？我們認爲主要有以下幾點理由：

1、只有堅持實事求是的思想路線，才能把思想政治工作正確地堅持下去，切實做好。

歷史經驗證明，要把思想政治工作做好，主要依據兩條：

首先要依據思想路線正確和方針政策正確，否則，思想政治工作就很難做得正確，很難抓好。正確的思想路線就是實事求是的路線，正確的方針政策就是一切要從實際出發。思想政治工作的實踐充分證明，凡是不按照實事求是的思想路線辦事，就肯定做不好，更不能堅持下去。三年大躍進和「文化大革命」期間的思想政治工作就充分證明了這一點。那時宣傳的和群眾想的完全不一致，越宣傳群眾越不愛聽，實施的結果也只能是離群眾越遠，使群眾不相信思想政治工作，以致厭惡那種宣傳教育。可是從中國共產黨十一屆三中全會以後，進行了「實踐是檢驗真理的唯一標準」的大討論，人們充分認識到實事求是才是正確的思想路線，

根據這條思想路線進行思想政治工作，動員和組織廣大幹部和群眾把工作的重點從階級鬥爭轉移到經濟建設上來，教育人民要堅持四項基本原則，堅持改革開放。由於指導思想、方針政策對頭了，所以做好思想政治工作就有了大前提。

誠然，路線與方針政策正確是第一位的，但是正確並不等於思想政治工作就一定能夠做得正確和有效。因此，除了路線、指導思想正確以外，還有另一方面即思想政治工作本身是否從實際出發的問題，是否能真正做到點子上的問題。這裡就有一個正確處理主觀和客觀的關係問題，就是一個主觀能否正確地反映客觀，主觀和客觀相統一的問題。在我們的思想政治工作中有沒有群眾想的是東，我們宣傳教育的是西，我們和群眾想的不是一回事，想不到一起呢？尤其是實行改革開放的方針以後，我國城鄉出現了許多新情況和新問題，人們的思想也發生了許多新變化，因此對思想政治工作者提出了新的要求。這就要求思想政治工作者既要繼承發揚思想政治工作的光榮傳統和方法，又要適應新的情況進行積極的創新，運用新型的科學的教育方法。這就要求我們正確處理好繼承和創新的關係。繼承不是呆板的繼承，而是要繼承思想政治工作的優良傳統，丟掉過去那一套「左」的東西。創新也不能割斷歷史，而是要緊密結合新時期的新情況和新問題，充分發展思想政治工作的優良思想和方法。

總之，只有堅持實事求是的思想路線，才能把思想政治工作做得正確，否則，就不能解決任何問題。這正如鄧小平在《全軍政治工作會議上的講話》一文中明確指出的。

> 「我們說的做的究竟能不能解決問題，問題解決得是不是正確，關鍵在於我們是否能夠理論聯繫實際，是否善於總結經驗，針對客觀現實，採取實事求是的態度，一切從實際出發。我們只有這樣做了，才有可能正確地或者比較正確地解決問題，而這樣地解

決問題，究竟是否正確或者完全正確，還需要今後的實踐來檢驗。
如果我們不這樣做，那我們就一定什麼問題也不可能解決，或者
不可能正確地解決。」

他進一步指出：

「馬列主義、毛澤東思想的基本原則，我們任何時候都不能違背，
這是毫無疑義的。但是，一定要和實際相結合，要分析研究實際
情況，解決實際問題。按照實際情況決定工作方針，這是一切共
產黨員所必須牢牢記住的最基本的思想方法、工作方法。實事求
是，是毛澤東思想的出發點、根本點。這是唯物主義。不然，我
們開會就只能講空話，不能解決任何問題。」[193]

2、只有堅持全面認識的辯證觀點，運用辯證思維，才能把思
想政治工作正確地堅持下去，切實做好。

思想政治工作的實踐告訴我們，凡是能正確運用全面認識事
物的辯證方法去做思想政治工作的同志，他們的工作就能做得正
確，做出成效。否則，就會把思想政治工作做得走樣。這是為什
麼呢？這裡面有一個方法論問題。

這裡有一個關鍵問題值得我們深入研究。從實際出發，是從
片面的實際出發，還是從全面的實際出發？在過去的思想政治工
作實踐中，有的人不花時間去弄清全面情況，不去專心研究事物
的各種現象，不注意從事物的諸多現象中去抓住事物的本質，而
是看到一些現象就想當然，發議論，作結論，這是十分有害的。
所以，做思想政治工作，也要像做其它工作一樣，重要的是要把
實際看完全，把情況弄清楚。其次才是決定政策，只要弄清了情
況，就不難決定政策了。陳雲指出：

---

[193]　《鄧小平文選》，〈1975—1982〉，人民出版社，1983，頁 108—109。

「我們應該用百分之九十以上的時間去弄清情況，用不到百分之十的時間來決定政策。這樣決定的政策，才有基礎。」[194]

這就是說，在決策之前，必須全面地認清情況。這就是毛主席早就號召我們的：要學會全面地看問題。

所謂全面地看問題，主要包括三個方面：

一是要看到對象的多樣性。

比如作為思想政治工作的對象──人及其思想都具有多種多樣性。具體的人都是作為一定的民族、屬於一定的階級、具有一定的性別、有著一定的文化素養、講一定的語言、生活在一定的地區、養成了一定的性格和生活習慣，採取一定的生活方式而存在著。人的思想也是多種多樣的，它被一個人的經濟地位、政治態度，文化水平、品德修養、特殊性格和氣侯……，所規定。這種多種多樣的規定性決定著一個人思想的運動，變化和發展，決定著不同的人有不同的思想。

二是具有聯繫性。

就是說思想政治工作對象的內在的多方面、多種規定性都不是孤立存在的，各方面是互相聯繫著的，比如一個人的階級地位、政治立場、思想觀念、生活方式、性格特點、風度氣質……，都是存在著內在聯繫的，從而形成一個具體人的內在矛盾性。

三是具有統一性。

就是說思想政治工作的對象又是一個統一的整體，比如看待一個人，不但要看到他的缺點和錯誤，更要看到他的優點和成績；不但要看到他的過去，更要看到他的現在；不但要看到他的一時一事，尤其要看到他的全部歷史和全部工作。總之，要把我們的認識對象作為統一的整體來認識。這種認識對象的方法就是辯證

---

[194] 《思想方法工作方法文選》，中央文獻出版社，1990，頁 348。

的方法，是辯證思維的方法。相反，抓住一點，不及其餘，看不到各方面的聯繫和統一，運用的就是形而上學的方法。列寧曾經指出：

> 「思維應當把握運動著的全部『表像』，為此，思維就必須是辯證的。」[195]

要學會全面看問題，還要注意集體討論，大家交換意見，這是達到全面認識的重要方法。這裡要注意，要鼓勵肯動腦筋想問題的人，肯動腦筋、想問題、發議論的人是很好的。對於在交換意見時提出不同意見的人，決不要生氣，他們的意見，正確的或者錯誤的，對於我們認識問題都有益處，因為正確的東西是在否定錯誤東西的過程中成長起來的。同時，對於各種不同意見要進行比較，可以弄清事物的本質。當然，認識到事物的本質是一個複雜的過程，這也要加以比較，進行分析。以上所述，講的是全面認識事物的方法。

3、只有堅持唯物史觀，才能堅持和做好思想政治工作。

從歷史上看，在中國共產黨誕生以後的革命戰爭年代裡，人們是十分重視思想政治工作的。因為那時，我黨還沒有取得全國政權，要推翻三座大山，要革命，就只有全心全意依靠廣大人民群眾。而要把人民群眾發動起來，組織起來，明確自己的歷史使命，除了做好思想政治工作，宣傳群眾、組織群眾外，手中就沒有什麼更有效的武器。因此在那時，從上到下的各級領導、廣大幹部都非常明白，無論到了哪裡，都是先從思想政治工作做起，深入廣泛地發動群眾，宣傳組織群眾，緊緊地依靠群眾，否則就無法開展別的工作，以至於無安身之處。那時的思想政治工作做得十分有成效，十分成功。新中國誕生以後，中國共產黨成了執

---

[195]　《哲學筆記》，人民出版社，1956，頁245—246。

政黨。起初，大家也比較注意繼承黨的思想政治工作的優良傳統，認真貫徹黨的群眾路線，廣泛發動群眾投入土地改革、抗美援朝、三反五反、社會主義改造等，因此取得了輝煌的成就。但是後來，特別是進入經濟建設時期，由於我們的一些領導人忘記了黨的群眾路線，忘記了有事要向群眾商量和廣泛發動群眾的工作方法，而認爲執政黨手中有權，有了權力就可以發號施令，久而久之就在有些人的思想上產生了一種錯誤的觀念，認爲利用政權發佈的命令，群眾是非聽不可的，於是就不重視做廣大群眾的思想政治工作。這種現象有時嚴重一些，有時吃了苦頭又糾正一些。不重視思想政治工作的最根本原因就是群眾觀念淡薄了，忘記了共產黨人的宗旨，丟掉了手中的法寶。最嚴重的是表現在十年動亂時期，當時根本不把群眾放在眼中，而把宣傳群眾，發動群眾的思想教育工作變成了愚弄和強制民眾的手段，完全改變了黨的思想政治工作的性質，改變了它的本質。

因此，我們要把思想政治工作正確地堅持下去，切實做好，首先就要認清做好思想政治工作是堅持唯物史觀的應有之義。這是因爲，唯物史觀特別強調：人民，只有人民才是推動歷史發展的真正動力。是他們遵循社會歷史發展的規律創造了歷史。人民群眾不論在過去，還是在現代化科學技術高度發達的今天，都是社會歷史實踐的真正主體。而今天人民群眾在歷史活動中的主觀能動性和創造性的發揮是否正確以及程度如何，首先取決於他們對客觀世界的科學認識。我們黨的思想政治工作，就是用人類歷史最先進，最科學的世界觀、方法論去教育人、啓發人，解決人的立場和思想問題，使人們從各種錯誤和偏見中解放出來，不斷提高其認識世界和改造世界的能力。

這就是說：只有堅持唯物史觀，堅持馬克思主義的群眾路線、群眾觀點，才能切實有效地做好思想政治工作。因此，堅持唯物

史觀問題是思想政治工作中的一個十分重要的問題，需要我們深入地學習和研究。

總而言之，只有堅持實事求是的思想路線，只有堅持全面認識事物的辯證方法，只有堅持唯物史觀，才能把思想政治工作做正確，才能有效地把思想政治工作堅持下去，發揮作用。而這些問題（當然還有一些問題）都是思想政治工作中帶有根本性的哲學問題，我們必須加以深入研究和探討。這些問題的研究和探討，對於進一步做好思想政治工作，對於推動思想政治工作理論研究都有重要的現實意義和理論意義。

（二）

應從哪些方面去研究和探討思想政治工作中的哲學問題或理論呢？我們在這裡只是從總體上談幾點粗淺看法作為引子。

1、思想政治工作中哲學的實踐基礎和理論基礎是什麼？

思想政治工作中的哲學理論是對人類的思想工作實踐和理論，特別是對共產黨人的思想政治工作實踐和理論的發展。不僅提出了研究和總結思想政治工作中哲學理論的必要性，而且也為它的研究和總結提供了現實的可能性。

共產黨的思想政治工作在半個多世紀中，雖然幾經挫折，但仍在不斷完善和發展，積累了豐富的經驗，形成了光榮的傳統。自從十一屆三中全會以後，我們不斷總結以往的經驗教訓，走上了自覺探索和不斷完善的道路，並在建設具有中國特色的社會主義的改革開放的實踐中取得了顯著的成效。

思想政治工作實踐發展到今天，已進入到科學化、系統化和越來越成熟的階段。思想政治工作的巨大進步和發展，使其各種活動和組織機制更加健全，為我們認識思想政治工作的本質、運

動變化的發展規律及其科學方法，爲對思想政治工作活動進行哲學概括奠定了實踐基礎。

思想政治工作中的哲學理論又是對思想工作和思想政治工作理論的概括和總結。從最一般的意義上看，人類做思想工作的傳統源遠流長，不同的階級做思想工作形成了不同的理論。而作爲馬克思主義的思想政治工作才是我黨所特有的，我黨的思想工作即思想政治工作建立了科學的理論之後，已有了幾十年的歷史，它經歷了從單一到多樣，從個別到一般的發展，開始是在紅軍、八路軍中進行和研究，建國以後從部隊推廣到工廠、農村、機關和學校；從對分門別類的研究上升到對這些對象的一般共性的研究，這些理論的研究爲揭示思想政治工作活動的一般性質和規律，也從而爲思想政治工作哲學的研究和建立提供了理論基礎。

2、思想政治工作中哲學問題或理論的研究內容是什麼？

思想政治工作中的哲學的問題或理論應是從世界觀和方法論的角度對思想政治工作活動進行考察研究，又應是從思想政治工作實踐與對其研究的成果中概括出哲學問題，因此，它應是哲學和思想政治工作理論的有機綜合。思想政治工作中哲學問題或理論的研究內容，正是由此目標和任務決定的。

思想政治工作中的哲學問題或理論是對思想政治工作學和哲學相互滲透和融會而形成的一些問題的概括和總結。然而它並非是兩者的簡單拚湊。我們初步認爲，思想政治工作中哲學問題或理論應該研究以下的內容：

第一，在馬克思主義哲學的理論和方法的指導下，去研究思想政治工作活動和理論中的具體問題，從中抽象概括出哲學問題。

這種研究，要從思想政治工作活動的內在邏輯出發，通過對思想政治活動、理論的各個因素、環節的分析，對之進行哲學思考。比如要對思想政治工作的主體、客體及其相互關係進行研究。

我們思考如下：所謂主體並非任何人在任何時候都自然而然地是思想政治工作的主體，只有根據社會主義革命和建設事業發展的需要，自覺地去影響他人的思想時，才成爲主體。具體的講，我們黨的思想政治工作的主體是黨和代表其利益自覺影響他人思想的個體成員。思想政治工作的客體是人，但並不是人的一切方面，而是人的思想行爲。群眾的思想行爲做爲黨的思想工作的對象，既有客觀性，又有主觀能動性。主體和客體的關係也象思想工作與其它社會實踐的關係一樣，也是主體能動地影響改造客體的活動。這種哲學概括的研究，可以具體直接地指導思想政治工作實踐和理論的研究，也是哲學從思想政治工作中汲取養分的一個直接步驟。在這裡，除了研究主體和客體，還要研究思想政治工作的過程、規律以及思想政治工作的效益和評價等等。

第二，研究思想政治工作活動和理論中共同的哲學問題。

這種研究是運用馬克思主義哲學對各種思想政治工作活動和理論進行分析考察，根據哲學理論的內在邏輯，分別對思想政治工作中的哲學問題進行抽象和概括，從而提出思想政治工作的共同的哲學問題。比如思想政治工作的認識論問題、思想政治工作的辯證法問題、思想政治工作的方法論問題等等。在思想政治工作的認識論方面，又可分出主體和客體、目的性和能動性、實踐和認識，道理和真理、真理和利益等等。在思想政治工作的辯證法方面又可分出整體與部分，共性和個性，現象與本質、抽象與具體等等。思想政治工作的方法論方面又可分出分析和綜合，歸納和演繹，類比和聯想、從抽象上升到具體、邏輯和歷史的統一等等。第三，研究馬克思主義哲學和思想政治工作理論的交叉點，並把它們有機地綜合起來，組成一個具有內在邏輯的、具有獨特內容的思想政治工作的哲學體系。

3、思想政治工作中哲學問題或理論的科學性質是什麼？

　　思想政治工作中的哲學或理論到底是什麼性質的理論？在前面的考察和探討中，已涉及到了這一問題。這就是：思想政治工作中的哲學理論是馬克思主義哲學的一個應用部分，是馬克思主義哲學的一個分支，是黨性很強的理論。相對於思想政治工作理論來看，思想政治工作中的哲學理論則是最一般的或最高層次的思想政治工作的理論。

　　同時，我們還可以把思想政治工作中的哲學理論看成是馬克思主義哲學和思想政治工作學的科學聯繫的仲介和紐帶。因此我們可以從思想政治工作中的哲學理論和思想政治工作學、馬克思主義哲學的關係的比較研究中來揭示其性質。

　　首先，把思想政治工作中的哲學理論和思想政治工作學相比較一下。我們認為，前者是後者的指導，後者是前者的基礎，前者具有抽象性，後者具有具體性。

　　思想政治工作中的哲學理論研究的思想政治工作的本質和一般規律、因而依賴於思想政治工作學對思想政治工作活動的各種特殊問題的研究，以思想政治工作學的研究成果為素材，再作進一步的概括和總結。否則，思想政治工作中的哲學理論就勢必變成無源之水、無本之木。因此，進行思想政治工作中的哲學理論的研究，首先必須從思想政治工作活動實際出發。而不能用哲學理論簡單的亂套。同時，思想政治工作學的研究又必須以思想政治工作中的哲學理論為指導。唯物主義辯證法表明：一般性的規律對於具體的事物總是具有指導作用的，用思想政治工作中的哲學理論所揭示的一般規律的知識做指導，就能有效地進行思想政治工作理論的研究。

　　這裡要強調一點，不能把思想政治工作中的哲學理論與思想政治工作學混淆起來，要注意他們的區別。思想政治工作學是直接研究思想政治工作活動中不同層次的具體問題及其規律的理

論，而思想政治工作中的哲學理論則是通過對思想政治工作理論去研究思想政治工作的一般規律的哲學理論。即它是研究世界觀和方法論的。而思想政治工作學是研究具體思想政治工作的科學。

思想政治工作中的哲學理論與馬克思主義哲學之間的關係是個別和一般的關係。思想政治工作中的哲學理論，作為馬克思主義哲學的一個分支，同其它應用哲學一樣，不能離開馬克思主義哲學一般原理的指導。

馬克思主義哲學是對人類全部實踐和理論的科學概括的結晶，是人類最科學的世界觀和方法論。研究思想政治工作中的哲學理論就是將馬克思主義的普遍原理同思想政治工作實踐相結合，運用馬克思主義的立場、觀點和方法，去分析研究思想問題。它也像其它應用哲學一樣，是馬克思主義哲學與部門科學相結合的產物。具體地說，思想政治工作中的哲學理論是馬克思主義哲學和思想政治工作學的有機結合。

4、思想政治工作中的哲學理論的作用是什麼？

思想政治工作中的哲學理論對於思想政治工作實踐和理論研究，具有重要的指導作用。具體表現在以下兩方面：

第一，思想政治工作中的哲學理論為思想政治工作者提供了科學的世界觀和方法論。

思想政治工作是有目的有計劃地運用先進的意識形態對人們施加影響，灌輸教育，以期轉變人們的思想，並且把人們組織起來，為實現當前和長遠的政治目標而奮鬥。由此可見，思想政治工作是以人為主體，並以人的思想為客體的活動。人的行為總是以一定的觀點和方法為指導的，思想政治工作作為一種人的行為也不例外。要做好思想政治工作，就要有科學的世界觀和方法論指導，而思想政治工作中的哲學理論正是從思想政治工作的實踐和理論中總結和概括出來的，因此它最能起到這種作用。

　　第二，思想政治工作中的哲學理論能指導人們進行思想政治工作理論的研究和發展。

　　如前所述，思想政治工作中的哲學理論既然是研究思想政治工作本質、方法和規律的，既然是研究、把握思想政治工作理論與規律的學問，人們掌握其規律的目的就是使其規律變爲手中的武器和方法，進一步推動思想政治工作理論的研究。

　　同時，思想政治工作學是階級性、實踐性和現實性很強的科學理論，爲不斷地發展思想政治工作理論，就必須對在社會主義建設過程中出現的新情況、新問題進行研究，不斷豐富和完善思想政治工作學的理論。要做到這一點，就必須用馬克思主義哲學的立場、觀點和方法爲指導，而思想政治工作中的哲學理論正是爲適應這種需要而產生的。因此它對思想政治工作理論研究能起到指導作用。

　　關於思想政治工作中的哲學理論的研究，已經公開出版了一些著作和發表了一些論文，這些研究成果是十分珍貴的，並對我們的研究和寫作很有啓發，使我們開闊了視野、拓寬了思路、豐富了知識，我們誠心誠意地向他們學習，衷心地感謝他們。然而這種研究，還剛剛起步，處於很不成熟的階段，我們這本書的研究也是一樣，因此，擺在讀者面前的這本《思想政治工作中的哲學問題》，只是研究的起步見解，還談不上建立思想政治工作哲學的科學體系，還只是一種嘗試。由於我們的水準有限，書中的疏漏之處和缺點錯誤，在所難免，在此敬請專家和讀者賜教。

發表於《思想政治工作中的哲學問題》，
天津大學出版社 1992 年 8 月第 1 版。

《新時期企業領導幹部實用大辭典》前言

　　自十一屆三中全會以後，我們偉大的社會主義祖國進入了光輝燦爛的歷史新時期。在新時期，我國億萬群眾都有一個美好的願望：要把國民經濟搞上去！兩個文明一起抓！

　　企業，特別是社會主義公有制企業，是當今中國經濟大廈的脊樑，也是我國發展經濟的重要支柱。在新時期，這些企業正面臨著一場艱鉅的經濟體制的革命，它們要從舊的計劃經濟體制下解放出來，建立社會主義市場經濟體制。內抓體制，外抓市場，堅決、真正地轉換經營機制，把一切不適應生產力發展的生產關係的方面轉變過來，全力以赴地解放生產力，促進生產力的發展。當前的關鍵是，各級領導要認真學習建設有中國特色的社會主義理論，學習社會主義市場經濟理論，還要把這些理論、方針、政策與本企業的實際緊密結合起來，把一般與特殊有機地統一起來。這些，對企業的發展具有重大的現實意義。

　　當前，企業還面臨著另一場偉大的革命：科學技術的革命。鄧小平同志指出：「科學技術是第一生產力。」因此，企業領導同志必須把這場革命搞好，把科學技術轉化為生產力，從而推動國民經濟的快速發展。」

　　在快速發展經濟中，人才是非常寶貴的，特別是掌握現代管理科學知識、掌握社會主義市場經濟的管理理論、掌握現代科學技術的人才更為寶貴。在企業中，如果我們的廠長經理、黨委書記、總工程師、總經濟師和工會主席等領導人，都是具備上述知識的人才，都是管理的專家裡手，那我們的企業就一定能成為發展我國國民經濟的強大主力軍。

　　為了培養企業的領導幹部，國務院經貿委（原國務院生產辦）曾多次發出通知，要加強對企業領導幹部進行崗位培訓，並堅持

企業領導幹部要持證上崗，還規定了崗位培訓的具體內容，要求統一考試或嚴格考核。

正是出於為發展經濟服務，為企業經濟改革服務，為企業培養領導幹部服務，我們組織了一批對企業較為熟悉的專家學者、企業家和管理幹部。編寫了這本《新時期企業領導幹部實用大辭典》，這本大辭典共分四編：第一編馬克思主義；第二編社會主義經濟理論與經濟改革的路線、方針、政策；第三編現代化企業管理；第四編相關科學的基本知識。全書又分為 23 篇，共約 110 餘萬字。我們期望它能成為企業領導幹部進行科學管理的常用工具書，並成為企業領導幹部進行崗位培訓學習的必要參考書。

在編撰過程中，我們榮幸地得到了天津市工業工委書記張永根、天津市委宣傳部副部長李錦坤和天津市社科聯合會常務副主席喻宗浩的大力支持和具體指導，也得到了一些管理專家和大中型企業廠長經理、黨委書記的具體幫助，天津人民出版社趙振福副編審在編審稿件和出版方面鼎力相助，提供方便，我們在此一併對他們表示衷心感謝。

本辭典的編寫大綱是由本人制定的，並審定了編寫詞目，組織了編寫，全書由本人統稿。但我深感自己能力之不足，專業知識的廣度和深度很不夠，因此我特邀請了吳元茂、楊輯周和王極三位副教授擔任本書的執行主編，還邀請了二十多位有專長的學者擔任各編和各分篇的主編，協助我組稿、編稿和統稿。他們從不同的方面為本辭典的面世做了許多工作，我非常感謝他們的真誠合作。由於被我們的思想水平、知識水平和能力所限，在本辭典的內容中，肯定有這樣或那樣的缺點和不足，在此特敬請專家和讀者賜教。

發表於《新時期企業領導幹部實用大辭典》，
天津人民出版社 1993 年 9 月版。

深入學習鄧小平
「科學技術是第一生產力」的思想

最近召開的全國科技大會已經勝利閉幕。這次大會是以鄧小平建設有中國特色社會主義的理論爲指導，具體落實「科學技術是第一生產力」這一思想的大會。這次大會對推動我國的社會主義現代化建設，對保證我國實現 20 世紀末的「小康」目標和下世紀中期達到世界中等發達國家經濟水平的目標，具有重大的里程碑性的歷史作用。大會之後，關鍵的問題是：必須廣泛地發動廣大人民群眾，全面深入地學習鄧小平「科學技術是第一生產力」的思想和現代科學技術知識，特別是領導幹部要帶頭學好，貫徹落實好，並充分認識到今後的經濟發展必須依靠科學技術和勞動者素質的提高。

在深入學習鄧小平關於「科學技術是第一生產力」的思想時，我認爲有如下方面必須充分注意：

首先，要全面準確地理解和領會鄧小平關於「科學技術是第一生產力」思想的科學涵義。

鄧小平於 1988 年 9 月 5 日在會見外賓時說：

> 「馬克思說過，科學技術是生產力，事實證明這活講得很對。依我看，科學技術是第一生產力。」

他還在 1988 年 9 月 12 日一次聽取彙報的會議上又強調：

> 「馬克思講過科學技術是生產力，這是非常正確的，現在看來這樣說可能不夠，恐怕是第一生產力。」[196]

---

[196] 《鄧小平文選》，卷 3，人民出版社，1993 年，頁 274—275。

　　為什麼說「科學技術是第一生產力」？科學技術是怎樣成為第一生產力的呢？

　　鄧小平指出：

> 「歷史上的生產資料，都是同一定的科學技術相結合的；同樣，歷史上的勞動力，也都是掌握了一定的科學技術知識的勞動力。我們常說，人是生產力中最活躍的因素。這裡講的人，是指有一定的科學知識、生產經驗和勞動技能來使用生產工具，實現物質資料生產的人。」[197]

　　這就是說，科學技術滲透、擴散並融合於生產力的全部要素之中，從而使生產力飛躍發展，進而推動人類社會的進步。歷史事實證明了這一點，當人類進入文明社會之後，比如掌握了青銅器技術，就創造出了奴隸社會的生產力；掌握了鐵器技術，就創造了封建社會的生產力；人類發明和使用蒸汽機等機器之後，就創造了資本主義的生產力。

　　由此可見，人類社會每個歷史階段生產力的發展，都是以科學技術為先導的。因此江澤民說：

> 「科學技術是生產力發展的重要動力，是人類社會進步的重要標誌。」[198]

　　下面具體分析一下生產力諸要素是如何融合著科學技術的。

　　勞動力是生產力中最活躍、最積極並起主導作用的要素。勞動力是指勞動者的勞動能力，它不僅包含著勞動者的體力，更重要的它還包含著勞動者的智能。勞動能力的高低，不僅取決於勞動者的體力，更關鍵的是取決於勞動者的智慧。智慧中包含科學文化水平的高低和掌握技術的能力大小。科學技術的發展能促使

---

[197]　〈1975─1982 年〉，《鄧小平文選》，人民出版社，1983，頁 85。

[198]　〈幹部選讀〉，《現代科學技術基礎知識》，科學出版社，1994，頁 1。

勞動者智慧迅速提高。20世紀以來，勞動力結構正在向智慧化趨勢發展。由此可見，勞動者勞動能力的增強，總是以科學技術為先導的。

　　勞動工具也是生產力諸要素中的重要因素，勞動工具的改進和創新，對生產力的發展起著巨大的作用。不同歷史時期使用不同的勞動工具，這也是由科學技術發展水平決定的。人類歷史上的每次產業革命，都是以勞動工具變革為標誌的，而工具的先進也是被科學技術的先進決定的。

　　生產力中的另一要素就是勞動對象，勞動對象包括著自然物以及通過人們勞動加工過的原材料。隨著科學技術的進步，人們的勞動對象在不斷擴大，勞動已不僅僅以自然物、半自然物為對象，更多的是用人類創造的全新材料、原料為勞動對象。現在世界上用的材料已達幾十萬種，而新材料每年又以5%的速度增長。由此可見，人類勞動對象的擴大，也是以科學技術的發展為先導的。

　　社會發展到近現代，人們已清楚地認識到，生產管理也是生產力的重要因素。而生產管理中也是滲透著科學技術的。這是因為當生產力其它要素處於分散狀態還不能構成現實生產力時，只有運用現代科學技術進行科學管理，把生產力各種要素合理地組成一個有機整體，才能變成現實的生產力。現代科學為生產管理提供了科學理論和方法。現代技術諸如電子電腦技術、信息技術等等技術也為管理現代化提供了新的工具和手段。由此可見，現代管理也密切地依賴於現代科學技術的發展。

　　綜上所述，現代科學技術與生產力諸要素的關係，可以用公式表達為：生產力=科學技術×（勞動力+勞動工具+勞動對象+生產管理）。

從這一關係式不難看出，由於科學技術具有乘法效應，它放大了生產力各要素，科學技術發展得越快，這個乘數的增大也越來越迅速。從這個意義上說，它（科學技術——引者注）上升到「第一地位。」[199]

其次，要充分認識，應用科學技術是推進現代經濟發展的重要動力。

近現代經濟發展史的許多事實證實，科學技術已處在「第一生產力」的位置上。例如，二次世界大戰後，日本經濟的恢復和騰飛，是與他們對科學技術的重視和應用分不開的。1950 年，日本鋼產量只有 480 萬噸，為美國的 1/18；工業勞動生產率為美國的 1/5；科學技術比美國和西歐落後 20-30 年。自此以後，由於日本善於引進技術，並積極消化改進，努力研製開發，在短短的 20 年裡，走完了其它發達資本主義國家在半個世紀裡走過的路程，實現了工業現代化。在這 20 年裡，日本工業生產增長了 15 倍，平均年增 14.1%；鋼產量增長 14.5 倍，平均每年增長 558 萬噸。這樣在所有主要工業部門的技術裝備，都趕上並在某些方面超過了歐美發達國家。現在，日本人均國民生產總值已經超過美國，在科學技術水平上已超過西歐國家，同美國旗鼓相當。我國自改革開放的 10 多年來，開展了科技興農的「星火計劃」、發展高新技術的「863 計劃」、將高新技術成果迅速商品化和產業化的「火炬計劃」等等，都獲得了巨大的經濟效益和舉世公認的經濟成就。正如鄧小平所說：

> 「社會生產力有這樣巨大的發展，勞動生產率有這樣大幅度的提高，靠的是什麼？最主要的是靠科學的力量、技術的力量。」[200]

---

[199] 引自〈幹部選讀〉，《現代科學技術基礎知識》，科學出版社，1994，頁 56。
[200] 〈1975—1982 年〉，《鄧小平文選》，頁 84。

再次，要認清高科技及其產業是當代經濟發展的火車頭。

1992 年初，鄧小平在視察南方時，又進一步指出：

> 「經濟發展得快一點，必須依靠科技和教育。我說科學技術是第
> 一生產力。近一二十年來，世界科學技術發展得多快啊！高科技
> 領域的一個重要突破，帶動一批產業的發展。我們自己這幾年，
> 離開科學技術能增長得這麼快嗎？要提倡科學，靠科學才有希
> 望。」[201]

鄧小平這幾年有關科學技術的談話，多數是集中在發展我國高科技問題上，他對我國高科技及其產業的發展十分關心。由此說明，發展高科技及其產業是當代經濟發展的火車頭或推進器。為什麼這麼說呢？這是因為：

第一，發展高科技及其產業有助於勞動生產率的大提高。

據統計，我國手工業人均年產值約為 0.2 萬元；傳統工業人均年產值大約為 2 萬元；高科技產業人均年產值可達 20 萬元。

第二，高科技領域的每一項突破，都能帶動一大批新產業的誕生。

例如，鐳技術的發明，不僅可用於軍事工業，而且還可用於鐳射加工、鐳射通訊、鐳射測量、鐳射唱片、鐳射醫用等一大批產業。

第三，發展高科技及其產業，有助於傳統產業技術面貌的大改變。

例如半導體集成電路的迅速發展取代了電子管，從而降低了工業產品的成本，增加了產量，提高了產品品質，有利於市場競爭。

最後，要千方百計重視教育，重視人才，重視提高勞動者的素質。

---

[201]　《鄧小平文選》，卷 3，頁 377—378。

我們知道，任何科學技術都是人去發現和發明的。在科學技術的發展中，人是第一個最重要的因素。人從哪裡來？即科學技術人才從哪裡來？這就要靠教育。因此鄧小平指出：

> 「科學技術方面的投入、農業方面的投入要注意，再一個就是教育方面。我們要千方百計，在別的方面忍耐一些，甚至犧牲一點速度，把教育問題解決好。」[202]

鄧小平特別強調，要重視人才，重視知識份子的作用，解決好他們的待遇問題，要關心他們，調動他們的積極性。他還指出，關於教育、科技、知識份子的意見，是作為一個戰略方針、一個戰略措施來說的。對這些問題的認識要真心實意。特別是關於人才，要真心關懷愛護，決不是權宜之計。總之要：

> 「調動他們的積極性，尊重他們，會有一批人做出更多的貢獻。」[203]

毛澤東曾說過這樣的名言：理論一旦被群眾掌握，就會變成強大的改造世界的物質力量。「科學技術是第一生產力」的思想只有變成全社會的共識，被廣大群眾認同和掌握，才能轉化為巨大的物質力量。因此，重視科學技術不僅僅是國家領導層或科學技術部門和生產部門的事，而要使科學技術的發展成為全民族的事。使大家都要認識到，依靠科技進步和提高勞動者素質，是全社會的事情，人人有責，全社會的人們都要參與奉獻，這是把「科學技術是第一生產力」思想落到實處的關鍵。

發表於《企業之友》1995 年第 4 期。

---

[202] 《鄧小平文選》，卷 3，頁 275。
[203] 《鄧小平文選》，卷 3，頁 275。

後記：

守祖宗清白二字
教子孫耕讀兩行

我於 1940 年 3 月出生於江蘇連雲港。1953 年，在我考入新海
中學準備離家時，我總是默默地看著我家堂屋中間牆上貼的對聯：

守祖宗清白二字

教子孫耕讀兩行

這也許就是我們家的家訓吧。我從上中學起至今，始終以此
爲訓，也是我後來圓教師夢的主要動力。

1965 年，我從南京大學哲學專業畢業後，分配到外交部工作。
1967 年調到海軍政治部聯絡部任幹事。1974 年 12 月轉業到南開
大學，任《南開大學學報》編輯部哲學編輯，一年後任理論組組
長；後調南開大學哲學系任副系主任、黨總支書記；1992 年任中
國人民大學成人教育學院天津分院院長；1994 年任天津市經濟管
理幹部學院教務長兼教務處長。同年 11 月，評聘爲教授。所授的
主要課程有形式邏輯、辯證邏輯、科學邏輯、辯證邏輯思想史、
馬克思主義哲學經典文選、職業道德、企業決策的科學方法等。

從 1975 年到南開大學任教開始，我就對辯證邏輯產生了濃厚
的興趣。當時中國大陸境內還沒有一本辯證邏輯的教材或專著，
僅有一些零散的文章；書場上只有前蘇聯羅森塔爾的《辯證邏
輯》，這時我就開始學習和研究辯證邏輯及其它相關的思維科學。
到 1978 年，我編寫了辯證邏輯的講義，並在南開大學哲學系助教

進修班開辯證邏輯講座，我是第一位在南開大學講辯證邏輯課的教師。到 1979 年，我從《南開大學學報》編輯部調到哲學系講授辯證邏輯與其它邏輯課程。這一年我參加了中國邏輯學會。1980年在廈門大學成立的全國辯證邏輯研究會上，我就成為第一批會員。1981 年，我在中國社會科學出版社出版了第一本著作《辯證邏輯的思維方法論》，第一版就印刷了 4 萬多冊，很快銷售一空。1984 年在南開大學出版社又出版了教材《辯證邏輯思想簡史》，對不同時代的邏輯學思想家進行了考察與研究。我參加了武漢大學張巨青教授為首的科學共同體之後，我對辯證邏輯的研究有了新的突破，著重從科學方法論的角度進行研究。1989 年我們共同體編寫了國家教委的推薦教材《辯證邏輯導論》，後由人民出版社出版，我編寫了第十二章「辯證邏輯思想發展簡史」。此後，我在這個共體中又開闢了新的研究方向，即科學邏輯的應用研究。1989年我主編的《管理科學方法論》由天津人民出版社出版，就是這方面的研究成果。

我在南開大學哲學系擔任副系主任期間，對邏輯科學的教學與研究極為關注。在我的倡導與主持下，在邏輯教研室同仁們的支持下，向國家教委提出申報並得到批准，在哲學系建立了邏輯學專業，又招了兩屆研究生班，為招收本科生和研究生培養了教師。為了邏輯科學的普及與發展，我們還在天津市舉辦了邏輯教師培訓班，為本市各高校培養了一批邏輯學教師。我為他們講授了辯證邏輯與科學邏輯。

1984 年我被選為天津市邏輯學學會的會長之後，更關心邏輯科學的普及和研究。此後，我又發表了一系列辯證邏輯與科學邏輯的文章，積極普及這些方面的知識，並在應用上開展研究。

我還先後擔任了中國邏輯學會理事、全國形式邏輯研究會副會長、全國辯證邏輯專業委員會秘書長、全國科學邏輯專業委員

會常務理事、天津市邏輯學學會理事長（會長）、天津政治學會理事等社會兼職。

　　這些年，我主要從事邏輯學和科學方法論的教學與研究，對辯證邏輯思想史和管理科學方法論的研究有了一些學術成果。我在辯證邏輯思想史和管理科學方法論研究中的主要觀點是：辯證邏輯思想史從體系上分為三個歷史階段，即古代樸素的辯證邏輯思想、近代唯心主義的辯證邏輯理論、現代唯物主義的辯證邏輯理論階段。認為從古至今的辯證邏輯的思想是沿著從抽象上升到具體的道路發展的。主編的《管理科學方法論》專著，是中國大陸第一部系統研究管理科學方法的著作，提出管理科學始於「管理問題」，這門科學的目的是認識和解決管理問題。

　　至 2015 年，我就 75 周歲了。同時是我從南京大學哲學專業畢業 50 周年，也是我從事教師職業 40 周年。有些老友建議我把已經公開發表的以及未公開發表的文章彙集起來，集冊發表問世，以作對蒼桑歲月之紀念。所以近一年來，我主要做了這方面的工作。

　　我編著本書的目的在於：一是為了整理和總結我的學術觀點與成果；二是為了傳播邏輯與思維科學的知識；三是期望更多的人能掌握科學的思維工具，應用它們正確地認識事物和做好工作！

　　在本書的編著過程中，我要感謝我的夫人徐漪萍教授的真誠支持；還要感謝天津工人報社新聞二部主任張春津先生在聯繫出版事宜及編輯、校對、審稿方面給予的鼎力相助，並對劉明明教授寫序，以及與馬英、肖子進等老師幫助打出電子版表示謝意；更要感謝蘭臺出版社的編輯所付出的辛勤勞動。

　　本書的一些學術觀點僅為本人的見解，未必成熟，偏頗之處在所難免，敬請各位同仁賜教、斧正！

陶文樓

2014 年 5 月於天津

附錄：著作目錄

1、著作 2 部

1）《辯證邏輯的思維方法論》，中國社會科學出版社出版，1981
　　年 8 月版。

2）《辯證邏輯思想簡史》，南開大學出版社，1984 年 9 月版。

2、主編著作、教材 11 部

1）《管理科學方法論》，天津人民出版社，1989 年 9 月版。

2）《公共關係學簡明教程》，天津人民出版社，1989 年 11 月版。

3）《普通邏輯教程》天津教育出版社，1990 年 12 月版。

4）《公共關係學導論》，青海人民出版社，1992 年 6 月版。

5）《思想政治工作中的哲學問題》，天津大學出版社，1992 年 5
　　月版。

6）《新時期企業領導幹部實用大辭典》，天津人民出版社，1993
　　年 9 月版。

7）《企業創新思維與邏輯應用研究》，天津人民出版社，1998 年 7
　　月版。

8）《鄧小平理論與創新思維研究》，天津人民出版社，2001 年 7
　　月版。

9）《職業道德概論》，天津科學技術出版社，2001 年 8 月版。

10）《職業道德學能培養練習》，天津古籍出版社，2004 年 3 月版。

11）《職業道德原理》，科學普及出版社，2003 年 10 月版。

3、統稿教材 1 部

《普通邏輯自學綱要》，南開大學出版社，1986 年 11 月版。

4、副主編教材 1 部

《工業企業思想政治工作》，天津人民出版社，1989 年 9 月版。

5、合著專著、教材 11 部

1）《辯證邏輯綱要》，河南人民出版社，1982 年 2 月版。

2）《科學邏輯》，吉林人民出版社，1984 年 3 月版。

3）《自然科學認識論問題》，湖南人民出版社，1984 年 9 月版。

4）《邏輯學基礎教程》，天津人民出版社，1987 年 1 月版。

5）《辯證邏輯導論》，人民出版社，1989 年 7 月版。

6）《科學研究的藝術》，湖北人民出版社，1988 年 2 月版。

7）《思想政治工作與相關科學》，天津教育出版社，1988 年 9 月版。

8）《邏輯學》，江蘇人民出版社，1986 年 11 月版。

9）《辯證邏輯與科學方法論研究》，湖北人民出版社，1984 年 9 月版。

10）《職業道德教程》，天津社會科學院出版社，1994 年 8 月版。

11）《創新思維導論》，大眾文藝出版社，1999 年 12 月版。

6、參與翻譯的著作 1 部

《中國古代的語言和邏輯》（第二章的部分），社會科學文獻出版社，1998 年 10 月版。

國家圖書館出版品預行編目資料

邏輯與思維談概－－陶文樓文集 / 陶文樓 著
-- 民國 103 年 12 月 初版.-- 臺北市：蘭臺出版社 –
ISBN：978-986-5633-01-1(平裝)
1.邏輯 2.思維方法 3.文集
150.7   103023882

《邏輯與思維談概 —— 陶文樓文集》

著　　者：陶文樓
執行主編：高雅婷
執行美編：高雅婷、林育雯
封面設計：謝杰融
出 版 者：蘭臺出版社
發　　行：蘭臺出版社
地　　址：台北市中正區重慶南路 1 段 121 號 8 樓之 14
電　　話：(02)2331-1675 或(02)2331-1691
傳　　真：(02)2382-6225
E—MAIL：books5w@yahoo.com.tw 或 books5w@gmail.com
網路書店：http://store.pchome.com.tw/yesbooks/
　　　　　http://bookstv.com.tw、華文網路書店、三民書局
　　　　　博客來網路書店 http://www.books.com.tw
經　　銷：蘭臺出版社
地　　址：台北市中正區重慶南路 1 段 121 號 5 樓之 11 室
劃撥戶名：蘭臺出版社　帳號：18995335
香港代理：香港聯合零售有限公司
地　　址：香港新界大蒲汀麗路 36 號中華商務印刷大樓
C&C Building, 36,Ting, Lai, Road, Tai,Po, New,Territories
電　　話：(852)2150-2100　　傳真：(852)2356-0735
總 經 銷：廈門外圖集團有限公司
地　　址：廈門市湖裡區悅華路 8 號 4 樓
電　　話：(592)-2230177　　傳真：(892) 5365089
出版日期：中華民國 103 年 12 月 初版
定　　價：新臺幣 580 元整

ISBN　978-986-5633-01-1